99 SACHEN
die muss ein **BAYER** machen!

Band 2

Dieses Buch gehört:

....

Günter Albrecht
arbeitet seit 1974 in unterschiedlichen Funktionen beim Bayerischen Rundfunk und war viele Jahre für das Programm Bayern 1 tätig.
Er ist Verfasser mehrerer Bücher zu bayerischen Themen.

Impressum

99 Sachen, die muss ein Bayer machen! Band 2
Das Buch zur gleichnamigen Bayern 1-Aktion

© 2013 Verlag Lutz Garnies, Haar / München
Alle Rechte vorbehalten.

Autor: Günter Albrecht

Redaktion: Michael Heinemann

Art Direktion: Josef Straßer

Konzeption, Gestaltung, Satz und Herstellung:
Verlag Lutz Garnies – Verlag und Agentur.
www.vlg.de

Das Buch ist im BRshop, im Buchhandel sowie direkt beim Verlag erhältlich.

ISBN 978-3-926163-77-6

99 SACHEN
die muss ein **BAYER** machen!

Günter Albrecht

VORWORT

Sie haben recht: Zusammen mit Band 1 sind es ja dann eigentlich »198 Sachen«, die ein Altbayer, ein Franke, ein Schwabe machen muss. Nach der großartigen Resonanz auf Band 1, der aus einer Höreraktion im Radioprogramm von Bayern 1 heraus entstanden ist, und durch die vielen Hundert Vorschläge weiterer »Sachen« fühlten wir uns aufgefordert, noch einmal »99 Sachen« zusammenzustellen. Davon abgesehen – unser Bayern hat so viel Typisches zu bieten, dass ein zweites Buch sowieso gerechtfertigt ist.

Das Buch richtet sich an Einheimische, an Zuzügler und auch an Urlauber – an alle, die dieses Bundesland mit seiner langen Geschichte, mit seiner vielerorts noch urwüchsigen Natur, mit seinen vielfältigen Traditionen und liebenswerten Eigenarten besser oder überhaupt erst kennenlernen möchten.

»99 Sachen, die muss ein Bayer machen!«, Band 2, ist wie sein Vorgänger Reise- und Schmankerlführer, Nachschlagewerk und Bilderbuch, Brauchtumsfibel und Ratgeber in einem. Um dieses Buch genießen zu können, müssen Sie Band 1 nicht unbedingt kennen. In gewisser Weise ist das neue Buch aber dennoch eine Fortsetzung, die auf den Vorgänger aufbaut, indem es »Sachen« teils ergänzt und vertieft.

So haben wir einige »Sachen« aus Band 1 im zweiten Teil thematisch wiederaufgenommen. Bier beispielsweise hat in Bayern einen so großen Stellenwert, dass man ihm auf zwei Seiten nicht ansatzweise gerecht wird. Haben wir in Band 1 die »Sachen« »Anzapfen« und »Rauchbiertrinken« beschrieben, geht es in Band 2 um weitere Spezialitäten wie Zoiglbier und Starkbier und ums Bierbrauen.

Freuen Sie sich auf interessante Geschichten aus und über Bayern, freuen Sie sich auf weitere »99 Sachen«, die Sie unbedingt einmal machen müssen – zu Wasser, zu Land und in der Luft. Stürzen Sie sich erneut in die unterschiedlichsten bayerischen »Abenteuer«, begeben Sie sich auf Entdeckungstour – im Kopf oder tatsächlich. Bunt, bunter, Bayern.

Ich wünsche Ihnen im Namen von Bayern 1 viel Spaß beim Lesen, Schmökern und Blättern.

Maximilian Berg
Programmchef Bayern 1

INHALT

Einmal …

Einmal ...

IM B(R)AUKASTENSYSTEM

Einmal sein eigenes Bier brauen

»Heute back ich, morgen brau ich ...«, verkündet das Rumpelstilzchen in unbeobachteten Momenten, und der Vers weist darauf hin, dass es früher durchaus üblich war, zu Hause sein eigenes Bier zu brauen. Praktischerweise am Tag nach dem Backen. Weil dann noch Hefebakterien durch die Luft schwirrten, ohne dass die Menschen davon wussten. Dem Bierbrauen hing daher auch lange etwas Zauberisches an, mal gelang der Sud, dann wieder nicht, und niemand wusste, woran's lag. Heute tun sich brauende Heimwerker leichter. Es gibt komplette Sets zu kaufen, mit deren Hilfe man, wie ein Hersteller versichert, im »B(r)aukastensystem« nahezu jede Biersorte selber sieden kann. So schwierig wird es schon nicht sein. Das Rezept steht ja in vorbildlicher Knappheit im »Bayerischen Reinheitsgebot«. Der Wittelsbacherherzog Wilhem IV. ließ darin 1516 festschreiben, dass »... zu keinem Bier mehr Stücke als allein Gerste, Hopfen und Wasser verwendet und gebraucht werden sollen«. Also her mit einem Topf, Wasser hinein, ein paar Handvoll Gerstenkörner und einige Hopfendolden, aufkochen und schon einmal den Maßkrug herrichten! Das wird natürlich nichts. Aber Gott sei Dank gibt's ja Spezialläden, die Hobbybrauern ein »Bierhefeset« mit vier verschiedenen Sorten ins Haus liefern, mit zehn Kilo Bierwürzekonzentrat hell oder einem Milliliter Bitterhopfenextrakt mit Dosierpipette. Die Zutaten hätten Sie jetzt. Aber überlegen Sie es sich noch mal! Es gibt verlässliche Zeugenaussagen, in denen berichtet wird, dass das Gebräu, das bei solchen Selbstversuchen zuweilen herauskommt, im Mittelalter dazu geführt hätte, dass man »dem Fass den Boden ausgeschlagen« hätte, die mildeste Strafe für unfähige Brauer. Wenden Sie sich lieber an die Brauerei Ihres Vertrauens. Ziemlich sicher gibt's auch in Ihrer Nähe eine, die Bierseminare anbietet, und der Lernstoff sollte dann nicht nur die Kunst des Trinkens, sondern auch die des Brauens umfassen. »Was gibt es Schöneres, als den ›Tag des Bieres‹, den 23. April, in einer Brauerei zu verbringen?«, fragt so eine Seminarbrauerei und gibt auch gleich die Antwort: »Eigentlich nur, dort sein eigenes Bier brauen zu können.« Und in einer fränkischen Brauerei kann man in vier Stunden ein

»Bierdiplom« erwerben. Mit diesem an der Wand mag man sich zu Hause dann vielleicht doch ans Selberbrauen wagen. Freunden, die bei der Verkostung kritisch die Stirn runzeln, kann man ja entgegenhalten: »Hallo! – Ich bin fei Diplom-Brauer!« ♦ ♦ ♦ ♦ ♦ ♦ ♦ ♦ ♦ ♦ ♦ ♦ ♦ ♦

Der Weg zu Sudkessel und Läuterbottich: → *www.bierakademie.net*
Wer nicht gleich den Rang eines Brauers anstrebt, der kann hier zunächst einmal das »Bayerische Bierkenner-Diplom« erwerben: → *www.kulmbacher-moenchshof.de*
Hier geht's zur »Hausbrauerei«: → *www.bier-kwik.de*
Braukurse, Seminare und vieles mehr: → *www.bier-spass.de*

Weingeistselig

Erst Ende des 19. Jahrhunderts entschlüsselte man das Geheimnis der Hefepilze. Ein paar Jahrzehnte früher starrten Wissenschaftler fasziniert durch die ersten leistungsstarken Mikroskope auf die Kügelchen der Bierhefe. 1846 schrieb der Mediziner G. Hopf: Diese Kügelchen »sind Thiere, welche die ganz besondere Art eines Destillierapparates besitzen. Die Röhre des Helms ist ein mit feinen Borsten besetzter Saugrüssel, Magen, Darm, Anus, Harnorgane sind zu unterscheiden. Diese Thiere verschlucken fortwährend Zuckerwasser, verdauen es und entleeren aus dem Anus Weingeist, aus den Harnorganen Kohlensäure.« Na dann prost!

MEISTERSTÜCKE

Einmal ein bayerisches Naturphänomen bestaunen

Unseren Vorfahren war nicht ganz geheuer, was wir heute als »Naturphänomene« bestaunen. Wo die Natur ein ungewöhnliches Schauspiel bot, da musste – so sah man es früher – der Teufel seine Hand im Spiel haben. Die »Steinerne Agnes« in den Berchtesgadener Alpen – eine keusche und gottesfürchtige Sennerin, die in Stein verwandelt wurde, um sie vor den Nachstellungen des Teufels zu schützen. Die »Steinerne Frau« am fränkischen Walberla – die durch einen grässlichen Fluch versteinerte Nebenbuhlerin einer Königin. Der »Zauberwald« von Ramsau, ja gut, da war's nicht der Teufel, sondern zwei Riesen, die sich im Streit mit Felsbrocken bewarfen. Aber in der »Teufelsküche« von Obergünzburg, da lauerte er höchstpersönlich, der Beelzebub, um verirrte Wanderer zu sich in die Felsspalten zu ziehen. All diese Orte, über die sich unsere Vorfahren in dunklen Winternächten schauerliche Sagen zuraunten, sind heute fein säuberlich erklärt und katalogisiert. Das Bayerische Umweltministerium hat die 100 schönsten Geotope des Freistaats in einer Liste zusammengestellt, für jedes dieser Naturphänomene ein Faltblatt verfasst und an den entsprechenden Orten Informationstafeln angebracht. Und da wird dann die Steinerne Agnes zu einer 15 Meter hohen bizarren Felsformation aus Ramsaudolomit. Am Walberla hat die Verwitterung markante Felstürme geschaffen, darunter die Steinerne Frau. Die Steintrümmer im Ramsauer Zauberwald stammen nicht von Riesen, sondern von einem Bergsturz, und die haushohen Felsblöcke der Obergünzburger Teufelsküche wurden nach der letzten Eiszeit aus einer Steilwand des Tales gebrochen. Das liest sich dann schon ganz anders als die alten Sagen, aber schon Kurt Tucholsky wusste: »Es gibt keine richtige Art, die Natur zu sehen. Es gibt hundert.« Eindrucksvoll bleiben sie alle, die bayerischen Naturphänomene: Der Donaudurchbruch von Weltenburg, den vor 80.000 Jahren gar nicht die Donau, sondern ihre Nebenflüsse schufen. Die Donau hat sich erst später ins gemachte Bett begeben. Der »Wachsende Felsen« von Usterling beim niederbayerischen Landau an der Isar, der mittlerweile

Die steinerne Agnes

Donaudurchbruch   *Zauberwald Ramsau*   *Teufelsküche Obergünzburg*

mehrere Dutzend Meter lang und fünf Meter hoch ist: Ein kalkhaltiges Quellbächlein hat in Tausenden von Jahren mit seinen Ablagerungen eine natürliche Mauer geschaffen, die schon auf dem gotischen Flügelaltar der Usterlinger Pfarrkirche zu sehen ist, als Hintergrund für Johannes den Täufer. Die Grundlage für die Partnachklamm wurde gar schon im Mittleren Trias geschaffen, vor 240 Millionen Jahren, als sich auf dem Grund eines flachen Meeres harter »Wurstelkalk« ablagerte, der heute die Wände der Klamm bildet. Und auch der Quarz, aus dem der »Pfahl« besteht, ein Naturmonument, das man am schönsten in Regen und in Viechtach sehen kann, quoll schon in frühen Erdzeitaltern aus dem Untergrund. Aber auch heute entstehen ständig neue Naturphänomene – wenn auch nicht ganz so beeindruckende wie die in der Geotopliste verzeichneten. Am Staffelsee bei Murnau freut man sich über einen gelben Süßwasserschwamm, den man vor gut zehn Jahren im See entdeckt hat. Dieser Spongilla lacustris wird normalerweise nie höher als 30 Zentimeter, im Staffelsee hat er aber die unerhörte Größe von über einem Meter erreicht. Und in einem Stollen im allgäuerischen Sulzberg lebt seit einiger Zeit ein gallertartiges Gebilde, das zu den ältesten Lebensformen der Erde gehört, ein Biofilm, der sich mit seinem Schleim seine eigene Tropfsteinhöhle geschaffen hat. Gruslig! Von außerirdischen Aliens wurde schon gemunkelt – na ja, solange nicht der Teufel seine Hand im Spiel hat … ◆◆◆◆◆◆◆◆◆◆◆◆◆◆◆◆◆◆◆◆◆◆◆◆◆◆◆◆◆◆◆

Unter → www.lfu.bayern.de/geologie/geotope_schoensten/ findet sich eine Karte mit 100 beeindruckenden bayerischen Naturphänomenen. Auf sie alle passt ein Satz des Dichters Johann Peter Hebel: »In der ganzen Natur ist kein Lehrplatz, lauter Meisterstücke.«

WIE BALD BRICHT DAS

Einmal einen Glasbläser besuchen

Der Geheimrat war beeindruckt. 1822 reiste Goethe durch das Fichtelgebirge und kam »auf einem schrecklichen Basaltweg« zur »Fikentscher-Glashütte«. In seinen »Reise-Notizen« hält er fest: »Es werden große Fenstertafeln gefertigt; wir sehen die ganze Manipulation mit an, die wirklich furchtbar ist. Sie bliesen Walzen von drei Fuß Höhe in verhältnismäßigem Durchmesser. Diese ungeheuern Körper aufschwellen, glühend schwingen und wieder in den Ofen schieben zu sehen, je 3 und 3 Mann ganz nah nebeneinander, macht einen ängstlichen Eindruck ...« Was Goethe ängstigte, die Glasmacherei, war zu seiner Zeit schon seit Jahrhunderten heimisch im Frankenwald, in der Oberpfalz und im Bayerischen Wald. In Glashütt bei St. Englmar wurde schon im 13. Jahrhundert Glas geschmolzen. Ende des 17. Jahrhunderts gab es in Ostbayern bereits 60 Glashütten. Spiegelglas, Trink-gläser und Glasperlen für Rosenkränze wurden gefertigt – und die Butzenscheiben, deren »Manipulation« Goethe beobachtet hatte. Noch in den 60er-Jahren des vergangenen Jahrhunderts war die Glasindustrie einer der wichtigsten Arbeitgeber im Fichtelgebirge, in Niederbayern werkelten fast 10.000 Menschen im Umfeld der Glasöfen. Doch kurz darauf setzte der Niedergang ein. Automatisierung, Billigprodukte, Konkurrenz aus aller Welt zwangen einen Betrieb nach dem anderen in die Insolvenz. Doch kann man heute an vielen Orten im alten Glasland wieder dabei sein, wenn Meister der Zunft aus Quarz, Soda und Kalk schimmernde Kunstwerke erschaffen. Etwa an der Glasstraße, die auf 250 Kilometern von Neustadt an der Waldnaab bis nach Passau führt, quer durch den Oberpfälzer und den Bayerischen Wald. Da wachsen im Gläsernen Wald um die Burgruine Weißenstein Fichten und Tannen aus Flachglas, in Raubühl bei Viechtach präsentiert Rudolf Schmid in seiner »Gläsernen Scheune« auf 200 Quadratmetern bemaltem Glas Legenden und Mythen aus dem Bayerischen Wald. Bei Riedlhütte steht sogar ein gläserner Maibaum, und am deutsch-tschechischen Grenzbahnhof Bayerisch Eisenstein wirbt eine Glasarche für die traditionelle und mittlerweile wieder weltweit berühmte Glasregion.

In neu entstandenen oder neu erstandenen Hütten wird an hochwertigen Gebrauchsgläsern geschliffen, kristalline Sonderanfertigungen gehen in die Welt hinaus, die Glashütten und ihre Verkaufsräume wurden zur touristischen Attraktion. Aus dem alten Glasmacherdorf Ludwigsthal stammt die Autorin Christiane Sellner. Sie schreibt in ihrem Essay »Glastage – Glasnächte«:

»So steht auch der Bayerische Wald heute im inneren Widerspruch zwischen Mythos und Wissenschaft, zwischen Glasnächten und Glastagen, zwischen Abschied und Ankunft – und wird sich nach dieser Zeit des Umbruchs als neue Glasregion wieder finden.« ♦

»Das ist die Welt;
Sie steigt und fällt
Und rollt beständig;
Sie klingt wie Glas:
Wie bald bricht das!«

Johann Wolfgang von Goethe: »Faust«

Entlang der Glasstraße

In vielen Glashütten können sich Gäste in der Kunst des Glasblasens versuchen und bei Erfolg ein ganz persönliches Erinnerungsstück mit nach Hause nehmen. Wo genau? Entlang der Glasstraße: ➜ *www.die-glasstrasse.de*

DIE NATURWÜCHSIGE GRAZIE DES AUERHAHNS

Einmal Schuhplattln ausprobieren

»'s Schuhplattln ko'nit glei
Oana in'ganzn Gai
So guat, wie i'bei'm Tanz
Kimm g'wiß nit aus'n Kranz.«

Franz von Kobell: »Sammlung oberbayerischer Lieder«, 1860

Der junge Mann springt auf und gegen ihn das Mädchen, dem Falken gleicht er – und sie gleitet wie die Schwalbe; kaum sind sie nahe, sind sie schon vorbeigeschossen – er greift sie werbend an, doch sie sieht man entflattern, und keiner der die beiden schauen darf, vermochte im Sprung und Handgebärde sie zu meistern.« Aus der Ritterdichtung »Ruodlieb« stammt diese Beschreibung, die vielen als erster Beleg für das Schuhplattln gilt, weil von »Sprung und Handgebärde« die Rede ist. Der »Mönch vom Tegernsee« soll das Epos verfasst haben, und das würde auch geografisch passen. Denn ursprünglich war der Schuhplattler nur zwischen

→

Ruhpolding und der Salzach, Garmisch und dem Pustertal daheim. Und da wär der Mönch vom Tegernsee ja mittendrin gesessen! Abgeschaut haben sich die Bauernburschen und Holzfäller den Tanz angeblich vom Auerhahn, der im Frühjahr flügelwedelnd um die Hennen herumspringt – so ein Balztanz soll auch der Schuhplattler sein. Jedenfalls hat die Tanzkunst der Oberlandler schon früh fasziniert. 1886 schreibt der französische Weltreisende Hugues Krafft über einen Besuch in Partenkirchen: »Die größte Attraktion jedoch ist sogar für die hiesigen Bauern immer wieder der Schuhplatterl. Wenn ein Paar damit beginnt, bilden andere einen Kreis. Während nun die Tänzerin kurzzeitig von ihrem Partner getrennt wird und weiterhin Walzerschritten folgt, muss der Tänzer zum Takt der Musik eine Reihe schwieriger Bewegungen ausführen. Er dreht sich um die eigene Achse, klopft sich auf Schenkel und Beine, fällt auf die Knie oder springt in die Luft und wirft seinen Hut, während er ein freudiges ›Tju-hu‹ ausstößt. – Schuhplatterln darf nicht jeder, der gerne möchte. Diejenigen, die dürfen und den Tanz beherrschen, werden dafür mit kräftigem Applaus angefeuert ...« Ja, nicht jeder durfte plattln, man brauchte stramme Wadln dazu und die zweite Luft, aber es werden schon damals nicht nur »in jahrelangen Mühen abgehärtete Jäger und die sonst von der Welt abgeschiedene Sennerin« getanzt haben, wie's ein Städter beobachtet haben wollte. Die hätten gar nicht die Zeit gehabt für das ausschweifende Vergnügen. Denn schon 1828 heißt es in der bayerischen Zeitschrift »Aurora«: »... die Burschen tanzten den ganzen Nachmittag beinahe ununterbrochen bis tief in die Nacht hinein, was für die Kondition der Gebirgsburschen spricht«. Ein paar Jahre später klagt dieselbe Zeitschrift: »Das sogenannte Austanzen der Mädchen mußte im Jahre 1846 vom Landgericht Rosenheim aus Gesundheitsrücksichten verboten werden, da gute Tänzerinnen selten ein paar Minuten an ihrem Platz bleiben, sondern unausgesetzt ganze Abende und Nächte durchtanzten ...« 1846 schickt Kronprinz Maximilian den Maler und Schriftsteller Joseph Friedrich Lentner auf Erkundungsreise durch sein Königreich, und der kam auch mit Nachrichten über das Plattln zurück: »... in dem Gebiete der Gerichte Miesbach und Tegernsee vornehmlich wird dies ›Platteln‹ mit großem Eifer und mit einer Art naturwüchsiger Grazie geübt; es geht dabei immer sehr laut her: Jauchzen, Pfeifen und Gesang des höchst tanzlustigen Volkes übertönen oftmals die gellenden Klarinetten und die Trompeten, die gewöhnlich zum offenen Fenster hinaus geblasen werden, um neue Gäste anzulocken ...« Gut 150 Jahre später ist das Plattln einerseits in Fesseln gelegt, genau reglementiert von »Gauvorplattlern«, die beim »Preisplattln« auf die rechte Schrittfolge achten. Und andererseits hat sich das Plattln von allen Fesseln befreit. Da wird das Plattln mit einem Watschentanz angereichert und mit

Hähne und Hennen

»Es ist schon auch bei der Balz so, dass die Hähne gewöhnlich nicht der Henne nachbalzen, sondern es sind gerne mehrere Hähne in der Runde beisammen und spielen. Die Hennen sitzen irgendwo in den Bäumen und Büschen rundherum.«

Der oberbayerische Forstmann und Tanzmeister Schorsch Kaufmann über die Ursprünge des Plattlns

Kuhglockengeläut untermalt, während im Hintergrund jemand in einer Eisenpfanne einen Schmarrn anrührt. Wenn's die Sommerfrischler glücklich macht …! Da gibt's das Dirndlplattln, bei dem Madln in der kurzen Lederhose auftreten, vielleicht, weil das Gerücht umgeht, dass das Schuhplattln bei regelmäßigem Training nicht nur Fett abbauen, sondern sogar Cellulite bekämpfen soll. Und eine Gruppe gstandner Mannsbilder, bis auf den letzten Westenknopf korrekt in Tracht, treten als »Schwuhplattler«, die erste schwule Schuhplattlergruppe, auf. Ja mei – die balzen halt auch gern.

Und wie wird man jetzt ein Plattler? Melden Sie sich in einem der vielen Trachten- oder Volkstanzvereine, die bieten häufig auch Kurse im Plattln an, zumindest in Altbayern. Auf ➔ *www.you-tube.de* finden sich eine ganze Reihe von Plattl-Anleitungen. Man kann aber auch versuchen, sich mit der Reiter-Regel in der Hand den Balztanz selber beizubringen – es müssen ja nicht schon bei den ersten Schritten ein paar Hennen um den Auerhahn herumsitzen. ♦ ♦ ♦

1. Takt
Mit dem rechten Fuß aufstampfen,
mit der linken Hand auf den linken Schenkel schlagen,
mit der rechten Hand auf den rechten Schenkel schlagen.

2. Takt
Mit der rechten Hand von hinten auf die linke Schuhsohle schlagen.
Mit der linken Hand auf den linken Schenkel schlagen.
Mit der rechten Hand auf den rechten Schenkel schlagen.

3. Takt
Mit der rechten Hand von hinten auf die linke Schuhsohle schlagen.
Mit der linken Hand auf den linken Schenkel schlagen.
Mit der rechten Hand auf den rechten Schenkel schlagen.
Mit der linken Hand auf den linken Schenkel schlagen.
Mit der rechten Hand von vorne auf die linke Schuhsohle schlagen.
Mit der linken Hand auf den linken Schenkel schlagen.

KALDAUNENSCHLUCKER

Einmal eine Knöcherlsulz probieren

Es war einmal eine Zeit, da gingen Geschichten um wie die von dem Arbeiter, dem seine Kollegen heimlich das als Brotzeit mitgebrachte Lüngerl streckten, indem sie eine gekochte, klein geschnittene Schuhsohle untermischten. Heute kaum mehr denkbar, wer nimmt sich schon noch ein Lüngerl mit in die Arbeit? Da holt man sich schon lieber eine Leberkässemmel, einen Burger oder einen Döner. Innereien? Nein danke! 1985 haben die Deutschen davon noch über zwei Kilo pro Kopf verputzt, derzeit sind's weniger als ein Pfund im Jahr. Aber es gibt natürlich noch genug Bayern, die sich über eine saftige Knöcherlsulz, Kalbsnieren, Wellfleisch, Blut- und Leberwürscht oder ein würziges Lüngerl freuen! Und es gibt noch genug Hausfrauen, die sich auch zutrauen, diese Gerichte zu kochen. Es ist aber ganz bestimmt nicht jedermanns Sache, etwa ein Lüngerl vorzubereiten. Nämlich »die Lunge in kaltem Wasser mit Salz, Gemüse, Zitronenscheibe, Gewürzbeutel, Essig ca. 1 Std. köcheln. Wenn sie mit der Fleischgabel zu durchstechen ist, abkühlen, in Scheiben schneiden, Knorpel und Adern entfernen, Lunge in feine Streifen schneiden …« Jetzt könnte der Spezialist auch noch weitere Innereien wie Herz, Zunge und Niere von Schaf, Ziege, Rind und Schwein dazu schneiden. Wem's da jetzt irgendwie leicht grauselt, der steht sicher nicht allein da. Schon im späten Mittelalter war es so, dass die Wohlhabenderen das Fleisch gegessen haben und die Ärmeren, wenn überhaupt, die Innereien. Studenten etwa, die nicht aus begütertem Elternhaus kamen, nahmen mittags oft an sogenannten »Freitischen« Platz, bei reichen Bürgern oder in Klöstern. Dort wurde ihnen häufig gereicht, was in der Küche übriq blieb: essbare Innereien, die Kaldaunen. Und so fretteten sich diese Benefizianten mit dem wenig schmeichelhaften Beinamen »Kaldaunenfresser« durchs Studium. Heut ist das anders? Ja und nein. Denn so eine Sau oder ein Ochs, die bestehen ja nicht nur aus Filet. Und wo bleibt wohl der Rest? Man könnt's ein wenig hinterkünftig so sagen: »Was aus den Innereien wird, ist doch eh Wurst.« Dazu eine kleine Anekdote aus Niederbayern: Ein Student fährt mit dem Auto von München aus Richtung Bayerwald. Am Straßenrand steht ein älterer Mann. Der Student nimmt ihn mit und setzt ihn in Straubing ab. Als der Mann einen Zehner als Benzinzuschuss rauskramt, lehnt der Jüngere ab. »Na gut«, meint da der Mann, »dann geb ich Ihnen wenigstens einen guten Rat auf den Weg. Wissens, ich bin ein Metzger, essens nie in Ihrem Leben einen Leberkäs.«* ♦

Und hier für mutige Köche das Rezept für die Knöcherlsulz

Zutaten:

½ Kalbsfuß, 2 gespaltene Schweinefüße, 2 Bund Suppengrün, 1 Zwiebel, 4 EL Essig, 10 Pfefferkörner, 1 großes Lorbeerblatt, 2 Wacholderbeeren, 2 Nelken, Salz, Verzierung nach Belieben

Zubereitung:

Alle Zutaten mit 1,5 l kaltem Wasser aufsetzen, zum Kochen bringen und mindestens 2 Stunden wenig sieden lassen. Die Flüssigkeit durch ein Tuch abseihen und erkalten lassen. Sorgfältig entfetten und wieder aufkochen. Alle Haut- und Fleischteile von den Füßen entfernen und nicht zu fein hacken. Auf vier Teller verteilen, nach Belieben verzieren (Petersilienblätter, Tomaten- oder Eierscheiben, saure Gurke) und mit dem Sud begießen. Erstarren lassen und mit Röstkartoffeln servieren.

*Wichtige Anmerkung des Autors (sonst grüßt mein Metzger nicht mehr): Ich bin bekennender Leberkäsfan!

HORCH!

Einmal auf Schloss Harburg eingekerkert sein

Eigentlich kann man sich ja kaum etwas Romantischeres vorstellen: eine alte Burg mit Mauern und Türmen, einem Fürstenbau, Schießscharten und Ziehbrunnen. Und das alles auch noch von Kerzen und Laternen ins rechte Licht gesetzt. Es könnte so schön sein, mitzuwandern bei der Nachtführung durch die Burg Harburg, im schwäbischen Donauries. Aber horch: War das nicht ein Stöhnen, von da unten, aus der Gruftkapelle? Und der Schatten dahinten, bei der Vogtei, hat der sich nicht bewegt? Es ist immer auch ein bisschen gruslig in alten Burgmauern, und das kommt nicht von der eigentlichen Bestimmung der Burgen – Feinde fernzuhalten. Das versuchten schon die Römer in ihren Kastellen. In dem Wort »Veste«, wie man es etwa in der »Veste Coburg« findet, hat sich der ursprüngliche Zweck der Burgen noch erhalten: als Festung über einem Landstrich zu thronen. Wobei: Nur 60 Prozent der deutschen Burgen stehen auf einer natürlichen Anhöhe und gelten als Höhenburgen. Die anderen gürteten sich nicht mit schroffen Felsen. Sie vertrauten auf Wasser, wie Insel-, Brücken- oder Wasserburgen. Sie wurden vor Höhlen gemauert, in die man notfalls flüchten konnte, wie etwa die Burg Luegstein bei Oberaudorf. Und es gab Sumpfburgen, die dem Feind den Angriff erschwerten, weil sie mitten in einem tückischen Moor lagen. Eines aber hatten all diese Burgen gemeinsam: Sie waren abschreckend und einladend zugleich. Abschreckend für den Feind und einladend für die Menschen, die im Umfeld der Burgen siedelten. Bei einem Angriff konnten sie sich hinter Mauern und Tore retten. 20.000 Burgen soll es auf dem Gebiet der heutigen Bundesrepublik gegeben haben, 505 Burgen listet ein aktuelles Verzeichnis für Bayern auf. Die Herren all dieser Gemäuer erkannten schnell den doppelten Nutzen ihrer Festungen: Was gut war, um jemanden draußen zu halten, das war

auch geeignet, um jemanden innerhalb des Burgfrieds festzuhalten. Und damit sind wir zurück bei unserer Nachtwanderung und dem Schrecken, der so manchen dabei befällt. Denn wenn man hört, wie ein Turm der Harburg im Volksmund hieß, dann weiß man auch, wer hier festgehalten wurde. »Diebsturm« hieß der Bau, auch »Faulturm« oder »Hungerturm«: ein spätmittelalterliches Verlies, an dem sich die Besucher heute schaudernd vorbeidrücken. Hat ihnen der Fremdenführer doch gerade noch erzählt, dass die Gefangenen, die hier einsaßen, für die Wasserversorgung der Burg zuständig waren. Mit einem Tretrad holten sie Eimer für Eimer aus dem 129 Meter tiefen Brunnenschacht. 40 Minuten Treten brachten 100 Liter Grundwasser nach oben. Den menschlichen Hamstern in ihrem Tretrad war dabei mindestens so heiß wie den Insassen des »Schwitzkastens«, eines Vorläufers der Sauna, der auch im Turm untergebracht war. Und wie heiß muss es erst den armen Seelen gewesen sein, die in der Folterkammer des Turms mit glühenden Zangen … Aber lassen wir das, sonst kommt ja keiner mehr zur Burgbesichtigung. ◆

Sie haben ihn gefangen

Einen besonders prominenten Gefangenen hatte im Mittelalter die Burg Thann im Landkreis Nürnberger Land: den gefürchteten Raubritter Eppelein von Gailingen. Schon einmal hatte man ihn gefangen und in Nürnberg eingekerkert. Doch dann passierte, was Ernst Weber in einem Gedicht, mit dem vor 50 Jahren noch die Schulkinder gequält wurden, so reimte:

»Ein Hurrahopp – Stoß rechts, Stoß links
quer durch die Lanzenreihen ging's,
und hoch trotz voller Rüstung
zwang er die Mauerbrüstung.
Die Wellen klatschten über ihn,
die Städter rannten her und hin;
doch eh' sie kamen an den Rand,
er schon auf Nimmersehn verschwand.«

Wenig später hieß es wieder: »Sie haben ihn gefangen, mit Spießen und mit Stangen …«, und von der Burg Thann gab's kein Entrinnen. Eppelein wurde grausam hingerichtet: Man flocht ihn aufs Rad. Den Nürnbergern aber blieb von Eppeleins Flucht der Spott: »Die Nürnberger hängen keinen – sie hätten ihn denn zuvor!« Einen Blick auf alle noch erhaltenen Burgen Bayerns findet man hier:
→ *www.burgenwelt.de/bayern.htm*

DU GE IN KOR UND SING

Einmal einem bayerischen Knabenchor zuhören

»O holde Ruhe, steig hernieder;
Kehr in der Menschen Herzen wieder;
Dann ist die Erd' ein Himmelreich,
Und Sterbliche den Göttern gleich.«

eilen aus Mozarts berühmter Oper »Die Zauberflöte«. Diese Arie der Drei Knaben hat die Tölzer Sängerknaben berühmt gemacht. Dabei sollte ein Knabenterzett eigentlich nicht die »holde Ruhe« preisen, sondern eher wohl den »frohen Schall«. Denn dafür sorgen die bayerischen Knabenchöre, die Weltruf haben und auch weltweit auftreten. In Kuwait und auf den Philippinen, in Südafrika, Australien und drei Dutzend weiterer Länder sind sie schon zu hören gewesen. Zeit zum Üben hatten sie: In Würzburg sollen die Vorläufer der heutigen Domsingknaben schon 742 bei der Gründung des Bistums ein frohes Lied angestimmt haben. Die Tölzer Sängerknaben waren weit später dran, sie zogen nach dem Zweiten Weltkrieg zunächst einmal als Tölzer Pfadfindergruppe durchs Land, wahrscheinlich mit den Liedzeilen:

»Wir wandern ohne Sorgen, singend in den Morgen …«

Und sie mussten ganz schön weit wandern, bis sie singend auf der Bühne des Münchner Nationaltheaters ankamen, wo sie im Sommer 2013 eine Aufführung des »Parsifals« begleiteten. Aufs Jahr gleich alt wie die Tölzer ist der Windsbacher Knabenchor. Die Buben, die 1946 als Neunjährige den ersten Chor bildeten, zunächst als »Provinzchörle« geschmäht, die sind heute fast 80 Jahre alt. Wenn man alle 1.500 Sänger, die schon einmal mit dabei waren in Windsbach, zusammen auf eine Bühne brächte, dann wäre wohl schwer zu erreichen, was ein Kritiker an einem A-cappella-Konzert des Chors lobte: »Reinstes Pianissimo!« Die Regensburger Domspatzen üben Pianissimo und Forte schon seit 975, als Bischof Wolfgang von Regensburg eine Domschule gründete. Der Schwerpunkt des Chors liegt auf der geistlichen Musik. Die alten Stundenzettel der Domspatzen haben sich erhalten, etwa der vom Ostersonntag 1913:

> »8 Uhr Veni Creator / 9 Uhr Pontificalamt ecce sacerdos
> Nachmittag 3 Uhr Vesper: Psalmen von Viadana«

Da hieß es früh aus den Federn. Und das gilt bis heute wohl für alle Knabenchöre. Kein Wunder, dass sie in Windsbach mit Inbrunst eine Bachkantate singen, in der es heißt: »Wacht auf, ruft uns die Stimme!« Aber der Einsatz lohnt sich. Eine überregionale Zeitung schrieb vor einiger Zeit über bayerische Sängerknaben: »Da sind sich alle einig: Es gibt keinen besseren Knabenchor, nirgendwo auf der Welt.« Wen die Zeitung damit gemeint hat, verraten wir nicht. Passen würde das Lob auf alle bayerischen Knabenchöre. ◆◆◆◆◆◆◆◆◆◆◆◆◆◆

Sing

Lausbuben, die gerne einmal eine Chorprobe schwänzten, gab es schon vor 600 Jahren. Im Regensburger Dom findet sich eine Plastik aus dem 14. Jahrhundert. Sie zeigt den Kopf eines Kirchendieners mit dem Spruch: »Schuler, du hast nit szu schik, du ge in kor und sing« – »Schüler, du hast hier nichts zu suchen, geh in den Chorraum und sing!«

Vom Neujahrssingen bis zum adventlichen Liederabend: Bayerns Knabenchöre geben jedes Jahr Hunderte von Konzerten. Hier geht's zum Überblick:

➜ *www.domspatzen.de*
➜ *www.toelzerknabenchor.de*
➜ *www.windsbacher-knabenchor.de*
➜ *www.wuerzburger-dommusik.de*

EIN STERN FÜR JEDES KIND

Einmal für »Sternstunden« spenden

»Sternstunden« übernimmt seit 20 Jahren Verantwortung für kranke, behinderte und in Not geratene Kinder – in Bayern, in Deutschland und weltweit. Der Förderverein reagiert dort, wo Not ist, schnell und unbürokratisch. Dank der ungebrochenen Hilfsbereitschaft vieler Menschen konnte »Sternstunden« seit Gründung mehr als 2.300 Kinderhilfsprojekte mit einer Gesamtfördersumme von über 158 Millionen Euro unterstützen. Rund 300 Veran-

SPENDENAKTIONEN

Vom Märchenfieber erfasst, erfanden die Schüler der beiden dritten Klassen der Grundschule Wettstetten ihre eigenen Märchen und verzierten diese mit selbst gemalten Bildern. Durch die finanzielle Unterstützung zahlreicher Sponsoren wurden die 51 Märchen zu einem Buch gebunden und auf dem diesjährigen Schulfest verkauft. Der Reinerlös von 1.530 Euro wurde zugunsten der »Hochwasserhilfe Bayern« von »Sternstunden« gespendet.

Der lang ersehnte Auftakt der neuen Fußballsaison fand für den FC Sternstunden anlässlich des 100-jährigen Bestehens des lokalen FC in Schwaig bei Erding statt. Das Spiel endete 7:3 für die »Sternstunden«-Elf. Alles in allem konnte der FC Sternstunden einen sehr gelungenen Saisonauftakt vermelden, der vor allem durch die Spendensumme von 1.800 Euro versüßt wurde. Somit hieß es wie nach jedem Spiel: 10:0 für notleidende Kinder!

Das privat organisierte Motorradtreffen für Tourenfahrer im Bayerischen Wald bringt jedes Jahr viele Menschen zusammen, die ihre Leidenschaft für gemeinsame Motorradtouren mit dem guten Zweck verbinden möchten. Der Organisator der Bayerwaldtour, Johann Scheitinger, überreichte zusammen mit seinen Bikerfreunden eine Summe von 1.300 Euro an »Sternstunden«.

Die Erlanger Blues Brothers Revival Band engagiert sich schon seit sieben Jahren für die gute Sache. Ihr Benefizkonzert 2013 auf dem Erlanger Schlossplatz hatte die Band aus Handwerkern des Erlanger Mittelstands in eigener Regie auf die Beine gestellt und bei freiem Eintritt für die Erlanger Bürger die Massen mobilisiert. Mehr als 7.500 Leute kamen und spendeten freiwillig für gemeinnützige Zwecke. Dabei wurden auch für die »Sternstunden« 4.000 Euro gesammelt.

Wenn Sie mithelfen möchten: → *www.sternstunden-spenden.de*

staltungen und Aktionen werden jährlich zugunsten von »Sternstunden« durchgeführt. Ob Basar, Sommerfest oder Marathonlauf – den Ideen zum Spendensammeln sind keine Grenzen gesetzt. Das ganze Jahr über berichtet der Bayerische Rundfunk in Fernseh- und Radiosendungen über die Benefizaktion und dokumentiert auf diese Weise die Verwendung der Gelder im In- und Ausland. ◆◆◆◆◆◆◆◆◆◆◆◆◆◆◆◆◆◆◆◆◆◆◆◆◆◆◆◆◆◆◆◆◆◆◆◆◆◆

HILFSPROJEKTE

Die Kinder-, Jugend- und Erwachsenenhilfe Garmisch-Partenkirchen feierte 2013 nach 15-monatiger Bauzeit die Einweihung ihres Integrationskindergartens. Dank der Unterstützung von »Sternstunden« konnten auch die Außenanlagen und der Spielplatz behindertengerecht gestaltet werden.

Im Rahmen eines Freiwilligendienstes leisteten 55 Auszubildende der Versicherungskammer Bayern den Sozialen Tag auf dem Irmengard-Hof der Björn Schulz Stiftung ab. Der historische Dreiseithof wird aktuell mithilfe von »Sternstunden« umfangreich saniert und behindertengerecht um- und ausgebaut. Helfende Hände konnten somit gut gebraucht werden. Bei Gstadt am Chiemsee gelegen, bietet der Irmengard-Hof Familien und Angehörigen von krebs- sowie unheilbar kranken Kindern und Jugendlichen einen Rückzugsort und Erholung.

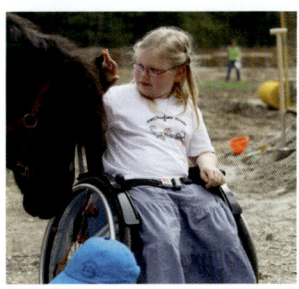

Schon seit zehn Jahren bietet der Bunte Kreis Augsburg mit sehr großem Erfolg tiergestützte Therapien für chronisch kranke und schwerbehinderte Kinder an. Da das alte Gelände des Vereins zu klein geworden ist, entsteht nun auf einem sechs Hektar großen Areal mit Unterstützung von »Sternstunden« eine Aktionswelt für tiergestützte Pädagogik und Therapie. Dort werden auch Angebote der Musik- und Kunsttherapie sowie der Erlebnispädagogik mit eingebunden. Im Herbst 2014 soll das neue Therapiezentrum eröffnet werden.

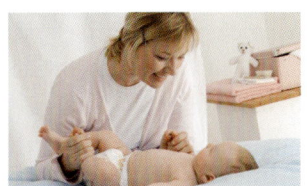

Um den Kleinen den Start ins Leben zu erleichtern, bietet der Verein Harl.e.kin e.V. seit 2003 am Klinikum Harlaching in München eine Frühchennachsorge für Familien an. Aufgrund des hohen Bedarfs sind jetzt auch in der Kinderklinik Schwabing und im Klinikum Rechts der Isar spezielle Zimmer für Frühchen und ihre Eltern eingerichtet worden. »Sternstunden« unterstützt das Projekt mit 80.000 Euro.

FRASS IHN AUF BIS AUF DEN SCHWANZ

Einmal einen Radi fachgerecht schneiden

»Das süße Zeug ohne Saft und Kraft!
Es hat mir all mein Gedärm erschlafft.
Es roch, ich will des Henkers sein,
wie lauter welke Rosen und Kamilleblümelein.
Mir ward ganz übel, mauserig, dumm,
lief in den Garten hinterm Haus,
zog einen herzhaften Rettich aus.
Fraß ihn auch auf bis auf den Schwanz.
Da ward ich wieder frisch und genesen ganz.«

Eduard Mörike

Das immer neue Aussäen des Radis (Rettichs) im Küchengarten vor dem Bauernhof, das war natürlich die Sache der Großmutter. Aber das fast an jedem Sommertag stattfindende Zeremoniell des Auswählens eines zur Brotzeit bestimmten Exemplars und das anschließende Aufschneiden und Salzen, das war das unbestrittene Privileg des Großvaters. Sorgfältig prüfend stand er über dem Radibeet, der Ansatz, an dem die Blätter aus dem weißen Wurz wuchsen, durfte nicht mehr zu grün sein – der da, ja, der ist genau richtig, ein kurzer Dreher, ein kleiner Ruck: Haman scho! Und wenn der Radi dann auf einem Holzbrett auf dem Küchentisch lag, holte der Großvater seinen »Schnapper«, sein Taschenmesser, aus dem Hosensack, prüfte mit dem Daumen die Schneide und schnitt dann den Raphanus sativus, wie der weiße Bierrettich im Pflanzenreich heißt, in dünne Scheiben, alle fast exakt gleich stark, von der Wurzelspitze bis zum Blattansatz. Mit Daumen und Zeigefinger holte er Pris um Pris Salz aus einer Schale und rieb die einzelnen Bladln damit ein. Zehn Minuten später lag der Radi, heftig weinend, im eigenen Saft – eine Delikatesse. Über die freilich schon der griechische Arzt Dioskurides im 1. Jahrhundert v. Chr. das bis heute gültige Urteil fällte: »Der Rettich erzeugt Blähungen, er schmeckt gut, ist dem Magen aber nicht bekömmlich, bewirkt Aufstoßen und treibt den Harn.« Wie der gelehrte Grieche wohl seinen Radi zerkleinert hat? Heute kommen über das Schneiden eines Rettichs Stammtische ins Streiten. Der Länge nach, quer, zur Ziehharmonika, dünnere oder dickere Scheiben, einfach Zammschnipseln zum Salat? Immer mehr Radifreunde behelfen sich dabei mit einer Rettichschneidemaschine, für die es im Internet eine ganze Reihe von Angeboten gibt. Wer bei so viel Fachsimpelei jetzt glaubt, dass die Deutschen Weltmeister in Sachen Radi sind, der täuscht sich schwer. Gerade einmal 250 Gramm pro Kopf werden bei uns im Jahr verdrückt, bei den Koreanern sind's 30 Kilo. Jetzt wenn man halt wüsste, wie die ihren Radi schneiden! ◆ ◆ ◆ ◆ ◆ ◆ ◆ ◆ ◆ ◆ ◆

Ein kleiner – finaler – Tipp
für echte Radi-Fans: Leo
Fall lässt in seiner Oper
»Der goldene Vogel« einen
Sänger flehen: »Pflanzt mir
einen schwarzen Radi auf
mein Grab …«

Die Radiquetschn

Schneiden Sie den Rettich in Längsrichtung etwa zwei Drittel tief ein, und zwar so, dass die Schnitte etwa drei Millimeter nebeneinander erfolgen. Drehen Sie den Rettich dann um 180 Grad nach oben. Schneiden Sie den Rettich quer zur Längsrichtung ebenfalls zwei Drittel tief ein. Auch wieder im Abstand von drei Millimetern. Jetzt können Sie den Rettich zur Ziehharmonika auseinanderziehen.

COMES DE SKYRUM

Einmal den Stammsitz der Wittelsbacher besuchen

Im 12. Jahrhundert ging's den heiligen Stätten in Jerusalem ganz buchstäblich wieder einmal nass nei, so sehr, dass der Patriarch von Jerusalem den Kreuzritter Konrad nach Europa schickte, um Almosen zu sammeln. Und er gab ihm einen Span vom Kreuz Christi mit, zur Erhöhung der Spendenfreudigkeit. Irgendwie brachte eine Seitenlinie der Wittelsbacher die Reliquie in ihren Besitz (Wern doch keine Raubritter gwesen sein?) und nach Scheyern, wo sie als Scheyerner Kreuz noch immer das Wappen des Klosters ziert.

Interessanter ist aber, was außerdem im Wappen des Klosters zu finden ist: ein goldener Zickzackbalken. Er gilt als Allodzeichen der Wittelsbacher, ein Symbol, mit dem sie ihre Besitztümer kennzeichneten. Das heutige Benediktinerkloster war tatsächlich die Stammburg der Dynastie, die länger als 700 Jahre Bayern regierte. Ihre ersten Schritte in die Geschichte machten die Wittelsbacher als Grafen von Scheyern. Aber diese »Comes de Skyrum« hielten es gerade einmal 100 Jahre aus in ihrer Burg im Herzen Bayerns. Hat's zu sehr gezogen in dem Gemäuer? Jedenfalls packte Graf Otto V. von Scheyern seine Siebensachen und zog ein Häusl weiter, nach Aichach, in die Burg Wittelsbach, nach der sich die Familie von nun an benannte. 1119 war das, sagen die einen, 1124 sagen die anderen, vielleicht hat es ja auch fünf Jahre gedauert, bis alle Rüstungen und Burgfräuleins umgezogen waren ins neue Domizil? Aber jetzt: Was tun mit dem verlassenen Stammsitz? Graf Otto dachte an sein Seelenheil und übergab Scheyern an die Benediktiner: Hauskloster und Grablege der Wittelsbacher sollte das Kloster werden. Von da an galt auf dem Burgberg von Scheyern die benediktinische Regel »ora et labora«, »bete und arbeite« – und sie gilt bis heute. Wer den ehemaligen Stammsitz der Wittelsbacher besuchen möchte, der kann das reiche Programm des

Klosters nutzen und etwa zu den Petersberger Pfingstmusiktagen kommen – hier würde die Benediktinerregel »Höre – neige das Ohr deines Herzens« gut passen. Man kann Kurse im Obstbaumschnitt besuchen, ergänzt durch Vorträge über die Bedeutung des Baumes in der Bibel, Anfang Mai zum Fest der Kreuzauffindung im Kloster vorbeischauen oder sich gleich ein paar Tage in einer Benediktinerzelle einrichten, was freilich den Männern vorbehalten ist. Wer sich mehr für die Geschichte der Wittelsbacher interessiert, eine Geschichte, die hier mit den »Comes de Skyrum« beginnt, für den gibt es in der Kapitelkirche des Klosters Anschauungsmaterial – die berühmten Fürstenbilder des Klosters.

Die ersten waren schon 1325 gemalt worden, an die Wände der Kirche. Im 17. Jahrhundert fragte dann ein Abt bei Kurfürst Maximilian I. an, ob er »das Gemäl« auf Holztafeln übertragen dürfe. Maximilian stimmte zu und findet sich heute selber in der Galerie der Fürstenbilder wieder, als erster Kurfürst der bayerischen Wittelsbacher. Es findet sich hier aber auch der erste Wittelsbacher, dem – 1180 – die Herzogwürde verliehen wurde, Otto I., aber auch Figuren, die für dramatische Begebenheiten in der Geschichte des »angestammten Herrscherhauses« stehen: Ludwig der Kelheimer etwa, wie er auf einer Donaubrücke ermordet wird, oder Ludwig der Strenge, der seine Gemahlin wegen Untreue enthaupten ließ. Als sich – zu spät – die Unschuld der hohen Dame herausstellte, gründete er zur Sühne das Kloster Fürstenfeld, die Keimzelle des heutigen Fürstenfeldbruck. Anschaulicher kann Geschichtsunterricht nicht sein! ♦♦♦♦♦♦♦♦♦♦♦♦♦♦♦♦♦♦♦♦♦♦♦♦♦♦♦♦♦♦♦♦♦♦

Das ausführliche Jahresprogramm des Klosters finden Sie unter: → *www.kloster-scheyern.de*

NUR KEINE HEMMUNGEN

Einmal beim Bauerntheater mitspielen

*»Der Mensch spielt nur, wo er in voller Bedeutung des Wortes Mensch ist –
und er ist nur da ganz Mensch, wo er spielt.«*

Friedrich Schiller

Sie werden eher Lorbeeren als Reichtum ernten, haben aber dafür Spaß an der Freude, an Kameradschaft, geselligem Beisammensein und Lampenfieber. Wenn das für Sie zutrifft…«, dann könnten Sie sich nicht nur beim Ammerseer Bauerntheater melden, das mit diesem Aufruf Darsteller zwischen 18 und 80 sucht, sondern auch bei einem der vielen anderen Bauerntheater, die in Bayern ihr Publikum begeistern. Wobei – »Bauerntheater« – das trifft's nicht ganz. Wahrscheinlich gibt's schon bald mehr Vollblutschauspieler an den bayerischen Laienbühnen als Vollerwerbsbauern. Und mehr Zuschauer sowieso! Denn bei den

→

Laientheatern geht's aufwärts, was Besucher, Mitspieler und Aufführungen angeht. Die Namen dieser Bühnen haben in den meisten Fällen das Wort Bauerntheater gar nicht mehr auf dem Programm stehen. Sie heißen »Die Pampel Musen Germering«, »Bürgerressource Bayreuth«, »Junge Oberwerrner Bühne« oder »Aichacher

Volkstheater«. Richtige Bauerntheater gibt's freilich auch noch, etwa in Mittenwald, wo man Klassiker spielt wie »Das Verlegenheitskind«, »Der falsche Vitus« oder »Das rotseidene Höserl«. Und wo die Schauspieler Neubauer und Haglberger heißen, Schandl, Kofler oder Wurmer. Über 100 Jahre haben solche Bühnen oft auf den Brettern, wie etwa das Schlierseer Bauerntheater, das schon 1892 als Laienbühne gegründet wurde und auf eine besonders ruhmreiche Geschichte zurückblicken kann. Ein leibhaftiger Hofschauspieler gründete das Theater, und mit dem Volksstück »Jägerblut« fand man einen Text, der so gut zum See und seinen Bergen passte, dass er schon 1910 zum 5.000. Mal aufgeführt wurde. Der Erfolg brachte den Schlierseern einen Ehrenplatz in der deutschen Theatergeschichte ein. »Viermonatige Gastspielreise durch die Vereinigten Staaten«, vermeldeten die Feuilletons im Winter 1895, gerade mal drei Jahre nach der Gründung des Theaters. Sogar in der Metropolitan Opera hatten die Schlierseer gefeierte Auftritte – wer das Mundartstück vom Jägerblut ins Englische übertragen hatte, ist nicht bekannt, vielleicht hat man die Amerikaner aber auch im schönsten Miasbecker Dialekt begeistert. Heute spielt man am Seeufer den »Schusternazi« von Ludwig Thoma, aber auch den »Eingebildeten Kranken« von Molière. Auch andere bayerische Laienbühnen versuchen sich gerne an internationalen Autoren. Wenn die »Aichacher Nachrichten« über eine Aufführung des Aichacher Volkstheaters schreiben: »Da ist Chaos vorprogrammiert!«, dann beziehen sie sich nicht auf die Leistungen von Regisseur und Schauspielern, sondern auf die Irrungen und Wirrungen in Shakespeares »Sommernachtstraum«. Ja sogar preußisches Gedankengut findet seinen Weg in die Kulissen bayerischer Bauernbühnen. So gestehen die Spielplanplaner vom Regensburger Bauerntheater, das es auch schon seit 1921 gibt, freimütig ein, »auch die eine oder andere Komödie aus dem norddeutschen Raum aufzuführen«, allerdings »ins Bayerische übersetzt«. Und das muss so sein, denn ein Versprechen der Mittenwalder Schauspieler gilt wohl für die meisten bayerischen Bauernbühnen und Laientheater: »Die Theaterstücke werden in gut verständlicher bayerischer Mundart gesprochen.« Und drum ist es auch »von Vorteil, bayerische Mundart zu sprechen«, wie eine Bühne Bewerbern aufgibt. Ein anderes Laientheater macht Interessenten mit der Versicherung Mut: »Komm, mach mit ... Nur keine Hemmungen ... Alles, was Dir fehlt, um Dich bei uns zu entfalten, kannst Du bei uns erlernen.« Und das stimmt! Denn viele Theater sind, wie etwa die Volksbühne Amerdingen im schwäbischen Donauries, Mitglied im Bund Deutscher Amateurtheater oder im Verband Bayerischer Amateurtheater. Und

dürfen daher, wie die Amerdinger, »ihre Spieler und Jugendlichen auf Wochenendseminare mit diversen Themen« schicken. Einen Kurs in Bühnentechnik bietet der bayerische Verband an und einen Kurs in Sprechtechnik mit dem schönen Titel: »Von Fischers Fritze zum packenden Wortgefecht«. So geschult, können's die Amerdinger Laienschauspieler und ihre Kollegen auf all den anderen bayerischen Volksbühnen weit bringen, zum »Spielleiter im Amateurtheater« oder zum »Schauspieler im Amateurtheater«, der erste Schritt zum Oscar – oder zumindest auf die Bühne des »Komödienstadels«! ◆◆◆◆◆◆◆◆◆◆◆◆◆◆◆◆◆◆◆◆◆◆◆◆◆◆◆◆◆◆

Leidenschaft auf Probe

Nicolas Foltin leitet bei Bayern 1 den Bereich Pogrammmarketing – und wenn ihm der Job Zeit lässt, steht er auf den Brettern der Volksbühne Rosenheim St. Nikolaus:

»Theaterspielen ist eine Leidenschaft – und auch harte Arbeit. Man probt viele Wochen lang, kümmert sich um die Kostüme, baut das Bühnenbild auf, sorgt sich um die Dekoration und die Requisiten. Man beschäftigt sich mit der bayerischen Sprache, lernt viele alte Ausdrücke und Redewendungen dazu, Bräuche und Traditionen – wie das Leben halt so war in der guaden oiden Zeit. Aber vor allem: Das Theaterspielen macht richtig Spaß.«

Hier gibt's einen Blick hinter die Kulissen bayerischer Laienbühnen:
→ *www.amateurtheater-bayern.de*

WEINMÖRTEL UND WACKELBODEN

Einmal in Bayern einen schiefen Turm besteigen

*»Deshalb müssen die Körper mit gleicher Geschwindigkeit alle
Trotz ungleichem Gewicht durch das ruhende Leere sich stürzen ...«*

Das vermutete der römische Dichter und Philosoph Lukrez schon 55 v. Chr. Ja, aber beweisen konnte er es halt nicht! Das gelang erst Galileo Galilei mit seinen Fallgesetzen, und die soll er vom Schiefen Turm von Pisa herab bewiesen haben, indem er unterschiedliche Gewichte nach unten fallen ließ. Was für die Bedeutung schiefer Türme sprechen würde, wenn – ja, wenn – das Ganze nicht nur eine Legende wäre. Aber auch so hat es sich für die Pisaner gelohnt, dass ihr Campanile schon zwölf Jahre nach Baubeginn aus dem Lot geriet und heute an der Spitze eine Neigung mit einer Abweichung von 4,86 Metern hat. Der Glockenturm wurde Weltkulturerbe, und heute strömen sicher mehr Touristen zu dem Wahrzeichen der Stadt, als wenn er schön senkrecht stehen würde. Solche Aufmerksamkeit würden sich auch die bayerischen Orte wünschen, die einen schiefen Turm in ihren Mauern haben. Munningen im Ries etwa, das auf das Römerkastell Losodica zurückgeht, von dem freilich nichts mehr zu sehen ist. Auch nicht vom Kirchturm der katholischen Pfarrkirche Peter und Paul aus, der 1,47 Meter aus dem Lot geraten ist. Noch schiefer steht der Turm von St. Stephan, der Pfarrkirche von Köngetried im Landkreis Unterallgäu da: Mit einer Neigung von gut fünf Prozent übertrifft er sogar den Schiefen Turm von Pisa – hier hätte Galilei seine Fallgesetze überprüfen sollen. Man hatte seinerzeit ein bisserl an den Fundamenten gespart, darum kam der Turm ins Wanken, jetzt hat man Zement in den Untergrund gespritzt – Einsturzgefahr beseitigt. Angst vor einem Einsturz ihres Kirchturms haben auch die Bürger von Opferbaum im Landkreis Würzburg. Und das schon seit genau 400 Jahren. Denn der Echterturm ihrer Kirche neigte sich gleich, nachdem er 1613 vollendet war. Er steht halt auf wasserempfindlichem Lösslehm, und damit, wie es ein herbeigezogener Experte verdeutlichte, auf »Wackelboden«. Der Ingenieur hatte aber auch Trost für die Opferbaumer parat: »Der Turm neigt sich an seiner Spitze am Kreuz und damit in 40 Metern Höhe zwar um 55 Zentimeter, aber er steht schon fast 400 Jahre schief und fällt heute und morgen auch nicht ein.« Eine ganz andere Ursache soll die Schieflage des Kitzinger Falterturms haben. Der ist 52 Meter hoch, und seine Spitze schaut aus, als wären die Maurer und Zimmerer arg weinselig gewesen, die den Turm im 15. Jahrhundert errichteten. Und der Legende nach hat der Wein tatsächlich eine Rolle gespielt beim Bau des schiefen Turms von Kitzingen. Man soll den Mörtel seinerzeit mit Wein angerührt haben. Und das klingt deshalb nicht ganz unwahrscheinlich, weil sich 1482, also zur Bauzeit des Falterturms, in Kitzingen die Abgesandten der fränkischen Fürsten versammelten, um gegen die damals weit verbreitete Weinpanscherei vorzugehen. Was aber findet sich im Kitzinger Weingesetz von 1482, das vom Bodensee bis Sachsen galt?

»Wird gepanschter Wein entdeckt, so werden die Fässer zerstört und eine Buße verhängt.« Und vielleicht hat da ja ein Kitzinger Weinpanscher sein Gesöff unauffällig im Mörtel des Falterturms verschwinden lassen. Alkohol spielt auch eine Rolle beim schiefsten aller schiefen Türme – und der steht ebenfalls in Bayern. Allerdings taugt er nicht für offizielle Rekorde, weil er absichtlich schief in die Landschaft gesetzt wurde: in »Kuchlbauer's Bierwelt« im niederbayerischen Abensberg. In der Werbung der Brauerei heißt es: »Architekt Peter Pelikan hat mit viel Humor einen spektakulären schiefen Turm kreiert, der einmalig in seiner Art ist. Der Turm ist dreimal so schief wie der schiefe Turm von Pisa.« Ob auch bei der Planung des Turms das Weißbier der Brauerei mit im Spiel war, kann nicht mehr geklärt werden. ◆ ◆ ◆ ◆ ◆

Pfarrkirche St. Stephan, Köngetried

Neigung zum Rekord

Der höchste schiefe Turm ist mit 175 Metern der Turm des Montrealer Olympiastadions. Der schiefste Turm der Welt ist laut »Guinnessbuch der Rekorde« der schiefe Turm von Suurhusen in Ostfriesland. Bei einer Höhe von 27,37 Metern hat der Turm am Dachfirst einen Überhang von 2,47 Metern, was einer Neigung von 5,19 Grad entspricht.

OLYMPISCH

Einmal eine bayerische Sportart ausprobieren

Es lässt sich halt das eine nicht mit dem anderen vergleichen. Und drum ist es so schwer zu sagen, wer der Stärkste ist – der stärkste Bayer! Ist es der Alois, ein 47 Jahre alter Zimmerer, der beim Maibaumsteigen im niederbayerischen Thyrnau in luftiger Höhe einen kleinen Fichtenwipfel absägt, das Kranzl? Eine Siegestrophäe, die man nur mit Kraft und Geschicklichkeit erringen kann und mit ein bisschen Pech, dem einzigen Hilfsmittel der Maibaumkraxler. Das klebrige Harz darf auf Hände und Füße geschmiert werden, und drum klettern die starken Männer den Baum nicht nur hinauf wie ein Braunbär, sie sehen irgendwann auch aus wie einer. »'s Pech war guat, und a Glück hab i dann a no ghabt«, ist der Spruch siegreicher Maibaumkraxler. Ganz sicher eine »starke« Leistung, sich in ein paar Sekunden einen glatten Baum hinaufhanteln. Aber hat nicht vielleicht doch der Heiko aus der Fränkischen Schweiz mehr Kraft, der bei der Vereinsmeisterschaft der »Ehrabocha Kerwasburschen« in der Disziplin Maßkrugstemmen den ersten Platz erkämpfte? Drei Minuten 23 Sekunden hielt er mit gestrecktem Arm einen vollen Krug! »Ja und«, würde da jetzt vielleicht der Josef aus Ohlstadt sagen. Er gewinnt seit Jahren immer wieder aufs Neue die Bayerische Meisterschaft im Fingerhakln – in der Kategorie Schwergewicht. Weit und breit kein Mannsbild, das der Josef nicht über den Tisch zieht. Aber den Martin würde er vielleicht dann doch nicht schaffen. Der ist aus Halfing und wurde bei einer Meisterschaft im Stoahebn Erster. Der Kraftbolzen wuchtete einen Stein von 275 Kilo Gewicht 92,5 Zentimeter hoch. Noch stärker als der Martin ist aber vielleicht der Andreas, der bei einem Wettkampf in Eging am See einen Stein zwar nur 7,7 Zentimeter in die Höhe zerrte, aber der wog dafür 375 Kilo. Fast dreimal so viel wie der Sandsteinblock, den man unweit des griechischen Olympia gefunden hat. Der wiegt nur 143 Kilo, aber ein gewisser Bybon konnte ihn über seinen Kopf werfen. Stoahebn –

eine olympische Disziplin? Das hätte den Steirer Hans gefreut, den Urvater der bayerischen Steinheber. Ja, geht's denn bei den bayerischen Sportarten immer nur um Kraft? Was soll denn da ein Krischperl machen? Also, so ein eher schmächtig gebauter Mensch, der könnte sich ja an Max Loibl ein Beispiel nehmen. Der war bayerischer Meister in einer kulinarischen Disziplin. 1914 hat er bei einem Wettessen 73 Knödel verdrückt. Weil er davor offensichtlich viel trainiert hatte, war er irgendwann kein Krischperl mehr. Fast zwei Meter soll er um die Taille rum gemessen haben. Und damit hätte er nicht in einen der Sautröge gepasst, in denen auch Bayern an einem landestypischen Wettkampf teilnehmen können, die nicht ganz so muskulös sind: Bei einem Sautrogrennen, das in einer hölzernen Wanne durchzustehen ist, wie man sie früher zum Abbrühen geschlachteter Schweine brauchte. Da geht's nicht so sehr um Kraft, sondern um Geschicklichkeit. 110 Kilo Kampfgewicht können beim ersten Schaukeln ins Wasser fallen, während ein Trog – mit grazilen Madln an Bord – stabil davonzieht. Etwa die »Attel Queen«, der Sautrog eines vermutlich weiblichen Teams, der 2012 an einem der größten bayerischen Sautrogrennen teilnahm. 91 Wandl gingen damals beim Bruckhofer Sautrogrennen an den Start. Längst nicht alle Teilnehmer kamen trocken ins Ziel. Aber auch hier gilt, wie schon beim olympischen Stoahebn: Dabei sein ist alles! Sautrogrennen, Stoahebn, Maibaumkraxln und all die anderen bayerischen Sportarten – es wird Zeit, dass jemand Regeln für einen bayerischen Zehnkampf aufstellt. Lobenswerte Ansätze gibt es bereits, etwa den »Bayerischen Dreikampf« beim Pasinger Volksfest mit den Disziplinen Stoalupfa, Maßkrugstemmen und Nageln. Und wenn man die zehn Sportarten für den Zehnkampf nicht gleich alle parat hat, was spricht eigentlich dagegen, das Knödelessen mit aufzunehmen? ◆◆◆

DEN SEE RUNDUM UND DEN HIMMEL ÜBER MIR

Einmal am Bayerischen Meer den Sonnenuntergang erleben

Den Chiemsee mit seinen gerade einmal 80 Quadratkilometern als Meer zu bezeichnen, als »Bayerisches Meer«, das kann eigentlich nur einem gewieften Tourismusmanager unserer Tage eingefallen sein – meint man. Aber dann stößt man auf ein Lied des »Hoch-Edelgeborenen Fräule Maria Anna Theresia von Mairberg«, »von ihr selbst als geistlicher Hochzeiterin abgesungen«. Am 12. Juni 1768 war das, kurz bevor sich hinter der edelgeborenen Novizin die Tore des »Königlichen Stifts, und Hochadeligen Frauen-Klosters Chiemsee« schlossen. In ihrem viele Strophen langen Abschied von der Welt finden sich auch bemerkenswerte Zeilen über den Chiemsee.

> *»Chiemsee! Wenn die Winde blasen*
> *Wenn dein Gleichheit wird gestört:*
> *Wenn die tollen Fluten rasen,*
> *Und sich deine Unruh mehrt …«*

heißt es, und dann kommt der Schlüsselsatz:

> *»Jener hat es auch getroffen,*
> *Welcher dich ein Meer genennt …«*

1768! Da war der Tourismus noch nicht erfunden, und den Sonnenuntergang über dem Bayerischen Meer, den schauten sich damals gerade einmal ein paar Fischer an – und die Nonnen im Kloster Frauenwörth auf der Fraueninsel, die freilich schon seit 1.000 Jahren. Im Jahr 772 hatte der Bayernherzog Tassilo III. die Abtei mitten im See gegründet. Damals war der Chiemsee noch weit größer, und auch noch zur Zeit des Edelfräuleins Theresia hat er

eher an ein Meer gemahnt als heute. Denn vor gut 100 Jahren hat man dem See das Wasser abgegraben. Um einen Meter wurde er abgesenkt, und damit verlandeten große Flächen. Auf denen kann man es sich heute in der Abenddämmerung gemütlich machen und auf den Sonnenuntergang warten. Das taten gerne auch die »Chiemseemaler«, die sich schon rund um den See niedergelassen hatten, bevor König Ludwig II. 1874 von Frankreich aus nach Hause schrieb: »Wie an einen wundervollen Traum gedenke ich an meine Reise nach Frankreich, das endlich erschaute, angebetete Versailles.« Vier Jahre später wurde auf der Insel Herrenchiemsee der Grundstein für Ludwigs Versailleskopie gelegt. Und der Vorplatz des Schlosses mit dem großen Brunnen ist vielleicht der schönste Ort, um am Chiemsee auf den Sonnenuntergang zu warten. Man kann sich's aber auch einfacher machen: Im Internet findet sich ein Bild der Chiemseemalerin Amalia del Pilar de Borbón: »Abendliche Chiemseelandschaft«. Auch schön! ◆◆◆◆◆◆◆◆◆◆◆◆◆◆◆◆◆◆◆◆◆◆◆◆◆◆◆◆◆◆◆◆

15

SCHÄRFT DEN VERSTAND

Einmal an siaßn Senf dazugeben

Auf dem alten Münchner Südfriedhof, im Grabfeld 20-4-3, liegt der Erste, der den Bayern an siaßn Senf dazugegeben hat. Zur Weißwurst? Das werden wir noch sehen. Die Grablege wurde ihm von seinem dankbaren König verliehen, von Ludwig II., für seine Dienste als Hoflieferant. »Johann Conrad Develey«, steht auf dem Grabstein und darunter in stolzen Lettern: »Kgl. Bayerischer Hoflieferant«. Der Lindauer Bäckersohn hatte es geschafft, in der Residenzstadt München aus dem kleinen Senfkorn ein wahres Imperium zu entwickeln. 1854 mischte er zum damals üblichen gelben und braunen Senf Essig, karamellisierten Zucker und Gewürze. Die neue, süße Mischung kam so gut an, dass Develey 20 Jahre später Hoflieferant wurde. Dem Senfbaron war es gelungen, mit seiner Rezeptur den kleinen Körnern das auszutreiben, was in wissenschaftlichen Beschreibungen als Mischung aus »Traubenzucker, Schwefelsäure und scharfen tränenreizenden Isothiocynaten« beschrieben wird. Schnell fand Develey Nachahmer. Als der Metzgermeister Karl Händlmaier 1910 in der Regensburger Altstadt seinen Laden aufsperrte, da bot seine Frau Johanna den Kunden zu den deftigen Würsten eine Dreingabe: »süßen Hausmachersenf«, damals noch in der Metzgerküche in einem großen Kochtopf angerührt. Aus diesen bescheidenen Anfängen wurde eine Weltfirma, die heute drei Viertel des süßen Senfs liefert, der in Bayern verzehrt wird, und selbst in den USA einen Fanclub hat: Der »Händlmaier's Freunde Cincinnati e.V. Mustard Club« lädt jeden zweiten Samstag im Monat, pünktlich um 11 Uhr, zu einem Weißwurstessen ein, begleitet natürlich vom süßen Senf seines Namenspatrons. Der süße Senf aus Bayern – ein Welterfolg! Was gewiss damit zusammenhängt, dass bei all dem Wohlgeschmack des süßen Senfs ja die altbewährten Tugenden der Würze erhalten blieben. Schon Hippokrates nennt den Senf einen »großen medizinischen Reiniger«, und der Mathematiker Pythagoras stellt knapp fest: »Senf schärft den Verstand«, eine Weisheit, die allen, die sich gern zu Wurst und Leberkäs einen ordentlichen Löffel der goldenen Delikatesse auf den Teller tun, schon immer geläufig

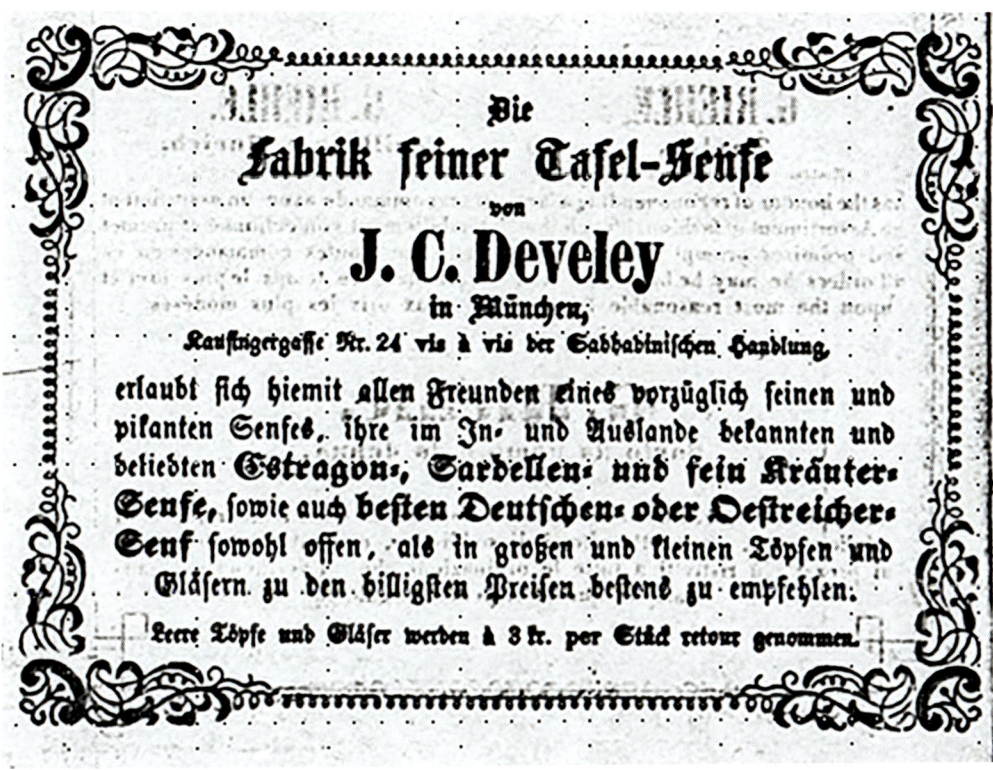

war. Und gar noch der Römer Plinius, der im 1. Jahrhundert n. Chr. schrieb: »Wenn man drei Senfblätter mit der linken Hand pflückt und mit Honigwasser einnimmt, verstärkt das die Liebeskraft.« Senfblätter? Honigwasser? Süßer Senf! Wie heißt's auf der Homepage der Senffreunde aus Cincinnati etwas rätselhaft: »Yum! Wenn u d'Wurschel amoi ned so guud is, da Heudlmoa pichtsscho.«Und jetzt zu unserer Eingangsfrage: Wozu hat Develey die ersten Löffel seines süßen Senfs gegeben? Natürlich zur Weißwurst, werden jetzt viele sagen. Falsch! Die Münchner Tellerzier kam erst drei Jahre nach Develeys Erfindung erstmals auf den Tisch. Was beweist, dass der süße Senf nicht nur zur Weißwurst passt! ♦ ♦ ♦ ♦ ♦ ♦ ♦ ♦ ♦

16

DREIMAL TÄGLICH

Einmal die Fuggerei besichtigen

amlich so sollen soliche hewser Fromen Armen taglönern und handtwerckern und burgern und inwonern dieser stadt Augsburg, die es notturftig sein, umb gottes willen gelichen ...« So steht's in dem Stiftungsbrief, mit dem Jakob Fugger am 23. August 1521 eine Wohnsiedlung für bedürftige Augsburger stiftete. »Den Reichen« nannten ihn seine Zeitgenossen. Zu Beginn des 16. Jahrhunderts gehörten ihm Handelshäuser und Silberminen, er war der Bankier der Habsburger und der römischen Kurie. In Venedig und im spanischen Kastilien, in Tirol und natürlich am Stammsitz in Augsburg mehrte sich das Vermögen, das seine Vorfahren mit Baumwollhandel begründet hatten. Durch einen verwegenen Schachzug hatte sich Jakob der Reiche Raum geschaffen für sein Imperium. Mit der gewaltigen Bestechungssumme von fast einer Million Gulden, die er unter den sieben Kurfürsten verteilen ließ, verhalf er dem Habsburger Karl zur Krone des römisch-deutschen Königs und machte ihn damit zum Herrn über ein Reich, zu dem auch die spanischen Überseebesitzungen gehörten und in dem »die Sonne nicht unterging«. Stolz ließ der Fugger Karl bei Gelegenheit wissen: »Es ist auch wissentlich und liegt am Tage, dass Eure Kaiserliche Majestät die römische Krone ohne mein Zutun nicht hätte erlangen können ...« Wer in dieser Welt alles erreicht hat, wie Jakob der Reiche, der macht sich vielleicht Gedanken über sein Leben in der anderen Welt. Und so stiftete der Fugger, zwei Jahre nachdem er sich erfolgreich als Königsmacher versucht hatte, das, was heute als älteste Sozialsiedlung der Welt gilt: eine Stadt in der Stadt, mit eigener Kirche und mit Mauern gegürtet, die heute 67 Häuser umschließen. Die 150 bedürftigen Augsburger, die hier wohnen, zahlen wie zu Zeiten Jakobs des Reichen eine recht günstige Monatsmiete – den Gegenwert eines rheinischen Guldens, derzeit 88 Cent. Allerdings, der Stifter dachte bei der Gründung der Siedlung ja vor allem an sein Seelenheil. Und darum muss bis heute jeder Bewohner zum Wohle der fürstlichen Seele täglich drei Gebete sprechen, ein Vaterunser, ein Ave-Maria und das katholische Glaubensbekenntnis. Neben dem Rathaus der Stadt ist die Fuggerei mittlerweile das beliebteste touristische Ziel Augsburgs. Die Besucher tragen mit ihrem Eintritt zum Erhalt bei. Besonders interessant ist das Fuggereimuseum, in dem eine Originalwohnung ahnen lässt, wie die Armen der Stadt im 18. Jahrhundert in der Siedlung lebten – und beteten. ◆◆◆◆◆◆◆◆◆◆◆◆◆◆◆◆◆◆◆

Hier geht's zur Fuggerei: ➜ *www.fugger.de*

Prominentester Bewohner der Fuggerei war der Maurermeister Franz Mozart, der Urgroßvater des Komponisten Wolfgang Amadeus Mozart.

Fromme Rechnung

Wenn im Schnitt immer 150 Menschen in der Fuggerei gelebt haben und jeder brav täglich seine drei Gebete gesprochen hat, dann werden zum 500. Bestehen der Siedlung im Jahr 2021 im Himmel rund 82.125.000 Gebete auf dem Konto Jakobs des Reichen eingegangen sein.

17

ST.-VATER-FEST

Einmal die fünfte Jahreszeit mit einläuten

Der Wolfgang Schwaiger aus Schwangau bringt es auf den Punkt. Er ist der »Derblecker« beim Starkbieranstich im örtlichen Bräustüberl, zieht dort im Beisein Seiner Königlichen Hoheit Prinz Luitpold von Bayern über Großkopferte und Lokalpolitiker her und meint dann: »Wenn dem einen oder anderen meine Worte schwerer im Magen liegen als der Schweinsbraten, dann ist das grad richtig so.« Ein Spruch, der für alle Fastenredner gilt, die ans Podium treten, bevor irgendwo in Bayern das erste Fass eines »-ators« angestochen wird. Von diesen Spezialbieren gibt es mittlerweile weit über 100: Den »Aviator« braut man am Münchner Flughafen, den »Bambergator« – ja in welcher Stadt wohl? In Zwiesel schenkt eine Dampfbierbrauerei den »Silvator« aus, und der wird nicht etwa durch Zusatz von Silvaner gewonnen. Er heißt so, weil Zwiesel mitten im Bayerischen Wald liegt. Und wie heißt der Wald auf Lateinisch? »Silva«! Eine Brauerei aus Bad Reichenhall hält's mit dem Lateinerspruch »nomen est omen« und nennt ihr Starkbier »Suffikator«, und im niederbayerischen Mallersdorf verweist der Name des Doppelbocks, den die örtliche Brauerei anbietet, auf den Ursprung aller Starkbierfeste: Er heißt »Pfaffenator«. Das Wort Pfaffe leitet sich ja vom lateinischen »pater« ab, für Vater. Und woher kommt der Name des berühmtesten und traditionellsten Fastenbiers, des »Salvators«? Es hieß ursprünglich »St.-Vater-Bier«, weil es von den Münchner Paulanermönchen oben auf dem Münchner Nockherberg gebraut wurde, aus einer Not heraus. Die Paulaner hätten die kargen Fastenzeiten wohl nicht überlebt, wenn sie nicht in Übereinstimmung mit ihrer Ordensregel vom 17. Jahrhundert an rechtzeitig vor der Hungerperiode ein besonders starkes Bier angesetzt hätten, »flüssiges Brot«. Das mundete nicht nur den Mönchen, sondern auch den Münchnern so gut, dass der Anstich des ersten Fasses schon bald zu einem Volksfest wurde. Zu diesem »St.-Vater-Fest« kam auch der Hofstaat mit dem Kurfürsten an der Spitze. Und der bekam natürlich den ersten Humpen kredenzt. Ein Brauch, der heute noch beim Starkbieranstich auf dem Nockherberg fortlebt, nur dass man den Kurfürsten mittlerweile durch den Ministerpräsidenten ersetzt hat. Der muss jetzt, im Kreis seiner Minister und flankiert von der Opposition, den Spott des Salvatorredners über sich ergehen lassen, bevor er die erste Maß verkosten darf. Die erste Salvatorrede hielt 1891 der Münchner Humorist Jakob Geis. Und wenn heute einem Bruder Barnabas oder einer Mama Bavaria einmal der eine oder andere

Spottvers nicht ganz gelingt, dann können sie bei ihrem Urahn Trost suchen. Der meinte unverzagt: »Wenn von sechs Couplets sieben durchgefallen sind, habe ich ein achtes geschrieben.« Das wäre jetzt ein schöner Schluss für das Kapitel »Fünfte Jahreszeit«, wenn da nicht noch die Franken wären, speziell die Oberfranken. Die feiern sich mit 200 Sudstätten zu Recht als »Brauerei-Weltrekord-Region«. Und geradezu schwärmerisch sprechen die Oberfranken von ihren Stark- und Bockbieranstichen, die sich wie eine »Perlenkette« durch die »fünfte Jahreszeit« ziehen. Aber weil es gar so viele »Perlen« sind, kommt man nicht mit der Fastenzeit aus. Schon Ende September saust im Dillerkeller zu Hallstadt der Schlegel auf den Zapfhahn eines Bockbierfasses, und dann geht's weiter kreuz und quer durchs Frankenland: Reckendorf und Bamberg, Roßdorf, Huppendorf und Mürsbach – bis zum Aschermittwoch. Ja, so lange kann eine »fünfte Jahreszeit« dauern. ◆◆◆◆◆◆◆◆◆◆◆◆◆◆◆◆◆◆◆◆◆◆◆◆◆◆◆◆◆◆◆◆◆

Salve!

Der Maler und Schriftsteller Eduard Ille hat um das Jahr 1900 herum den bis heute gebräuchlichen Spruch der Starkbierredner in einem Gedicht formuliert:

»Dort empfing den Landesvater
Barnabas der Bräuhausfrater,
ihm beglückt und freudeglänzend
einen Humpen Bier kredenzend
mit dem Gruß, der bis zur Stunde
sich erhält im Volksmunde:
Salve pater patriae!
Bibas, princeps optime!«
(»Sei gegrüßt, Vater des Vaterlands!
Trinke, bester Fürst!«)

18

KUNST IST SCHÖN, MACHT ABER VIEL ARBEIT

Einmal im Valentin-Karlstadt-Musäum den Winterzahnstocher suchen

Das wichtigste Ausstellungsstück im Münchner Valentin-Karlstadt-Musäum, das ist natürlich nicht der Winterzahnstocher, sondern ein schlichter Nagel. Es ist der Nagel, an den Karl Valentin, der als Valentin Ludwig Fey in der Münchner Vorstadt Au geboren wurde, den erlernten Schreinerberuf hängte, als er beschloss, Komiker zu werden. 20 Jahre alt war er damals, und er ging die Sache mit der Gaudi durchaus ernsthaft an: Valentin schrieb sich 1902 in der Münchner Komikerschule Strebel ein. Es wird ihm dort sicher besser ergangen sein als in der Volksschule, die er als Zuchthaus empfand. Valentin erinnerte sich: »Ich hab schon in meiner Jugend so ein Pech gehabt mit meinem Lehrer. Wissn's, der hat überhaupt nichts gewusst. Immer hat er mich gefragt, aber alles hab ich ihm auch nicht sagen mögen!« Ein Rohrstock erinnert im Musäum noch heute an die Schulzeit Valentins. Er steht neben Klassikern wie dem Telefon, das Karl Valentin als verzweifelter Buchbinder Wanninger benutzte, und der (leider geschmolzenen) Eisskulptur. Aber es gibt auch Hörstationen mit den wichtigsten Texten Valentins, seine Filme und eine eigene Ausstellung zu seiner Partnerin, der Liesl Karlstadt. Valentin selber wird in all seinen Facetten präsentiert: als Komiker, Stückeschreiber, Wortakrobat, Schauspieler, Filmemacher, Handwerker, Sammler, Philosoph, Museumsdirektor und Avantgardist. Valentin hat sich immer auch als Volkssänger gesehen, und seinen Beruf hatte er im Blut: »… im Artistenblut, in der Familie, im Familienblut, im Artistenfamilienblut. Im artistischen Familienblut.« Der Artisten-Familien-Vollblut-Komiker hat sich auch als Museumsdirektor versucht. 1934 eröffnete er im Keller des Münchner Hotels Wagner das Absurditätenmuseum »Panoptikum« und 1939 die mit selbst gezimmerten Kuriositäten eingerichtete Kabarettkneipe »Ritterspelunke«. Beide Unternehmen scheitern, Karl Valentin und Liesl Karlstadt verlieren ihr ganzes Privatvermögen. Für den Komiker folgen Hungerjahre, an die er freilich schon gewohnt war. Nach einer erfolglosen Tournee durch Berlin schreibt er an die Mutter: »Ich habe 3 Tage nichts gegessen als Butterbrod.« Bitter beklagt er in den Nachkriegsjahren das Desinteresse des heimischen Publikums: Alle anderen außer den Eskimos und den Indianern hätten mehr Interesse an ihm als seine lieben Münchner. Den Erfolg, den seine Stücke, Filme und Wortklaubereien dann doch noch hatten, erlebte Valentin nicht mehr. Er ist, einem Komiker angemessen, am Rosenmontag des Jahres 1948 gestorben. Von seinem Musäum aus hat man übrigens einen wunderbaren Blick über die Münchner Altstadt, durch ein geschickt angebrachtes Aussichtsfenster – das nur leider zugemauert ist. Ach ja, und der Winterzahnstocher, also den erkennen Sie ganz leicht: an dem Pelzerl, das ihn umgibt. Das Eintrittsgeld in das Valentin-Karlstadt-Musäum beläuft sich auf 2,99 Euro für Erwachsene und 1,99 Euro für Schüler und Studenten. Anzumerken ist, dass »99-Jährige in Begleitung ihrer Eltern« freien Eintritt haben. ◆◆◆◆◆◆◆◆◆◆◆◆◆

Hier hängt der Winterzahnstocher: ➜ *www.valentin-musaeum.de*

Original-

Winterzahnstocher
von
höchsten
Herrschaften benutzt!

Nur im
Balentin-Mufäum
erhältlich!

München · Ifartorturm

Winterzahnstocher

19

I FAHR DRIN IN DER AU

Einmal mit dem Kanu auf der frei fließenden Donau fahren

Die größte Gefahr ist, dass einem schwindlig wird! In der Mühlhamer Schleife, bei Oster-hofen, wo sich die Donau einmal um sich selber dreht, na ja, fast! Ansonsten aber ist eine Bootsfahrt auf dem letzten unverbauten Stück des Flusses eine beschauliche Angelegenheit. In die Kategorie WWI haben Kanuten die Strecke eingestuft. Und das bedeutet: einfache Flusskurven, leicht erkennbare Fahrtroute, leicht umfahrbare Hindernisse – geeignet für alle Bootstypen und auch für Anfänger. Gut, dass man den Hinweis noch gefunden hat, denn in einer Warnung der Polizei liest es sich ganz anders: »Dieser frei fließende Teil der Donau ist durch Unterwasserbauwerke wie Quer- und Längsbuhnen, alte Fährrampen und Unterwasserfelsen ein fahrtechnisch anspruchsvoller Abschnitt. Nicht zu Unrecht muss die Berufsschifffahrt für diesen Bereich ein zusätzliches Streckenpatent nachweisen.« Na ja, so ein Kanu hat ja nicht ganz den Tiefgang eines Schleppers. Und so kann man sich denn, etwa von Deggendorf aus, ganz gemütlich von der Strömung treiben lassen, ab und zu vielleicht einmal mit ein paar Paddelschlägen nachhelfend. Die Auenlandschaft an der Isarmündung zieht vorbei, ein Naturschutzgebiet, in dem sich 70 verschiedene Fischarten wohlfühlen. Der »Staatshaufen«, ein geschütztes Altwasser, ist Heimat von Krick- und Knäkenten, Beutelmei-sen und Graureihern. In der Winzerer Letten, noch einem Naturschutzgebiet auf diesem kur-zen Donauabschnitt, wachsen Büchsenkraut, Zypergras und Schwanenblume. Dann kommt schon – Achtung, jetzt geht's rund – die Mühlhamer Schleife. Während das Kanu gemächlich seinen Kreis zieht, kann man darüber nachdenken, was ein massiver Donauausbau zuguns-ten der Binnenschiffer bedeuten würde. Als Kernstück der Flussregulierung auf den letzten 70 Kilometern frei fließender Donau galt lange ein Stichkanal mit Wehr und Schleuse, der die Schleife begradigt hätte. Dann hätte man über die Auwälder wohl bald mit dem Dichter Johann Baptist Mayrhofer klagen müssen: »Trauriges Gestrüpp wuchert fort.« Aber derzeit liegt dieser Plan auf Eis. Und darum können Kanufahrer, die den Dialekt des Gäubodens beherrschen, immer noch das alte Lied anstimmen:

»I fahr drauß in der Rinna, fahr drin in der Au,
und i woaß gar koa Wasser, wo i mi net trau.«

Wer auf der Seite → www.waterweb.de in der Suchleiste »Donau Deggendorf Vilshofen« eingibt, findet zu einer Flusskarte, die den Weg durch das gefährdete Donauparadies zeigt. ♦ ♦ ♦ ♦ ♦ ♦ ♦

20

NACHDEM MIT FETT UND MIT BLUT WIR SIE FÜLLTEN

Einmal tief in den bayerischen Wurstkessel schauen

Der Erste war der Johann Georg Jahn, der »Jahns-Gerch«. 1881 schickte ihn ein geschäftstüchtiger Hofer Metzger zum ersten Mal auf Tour: mit einem Kessel voll »haße Hofer«, heißer Hofer Würste. Seither kann man in der Stadt den »Hofer Wärschtlamo« hören, mit seinem traditionellen Ruf: »Haaß sensa – kalt wernsa«, und die Hofer und ihre Gäste freuen sich über »Wienerla«, »Gnagger«, »Bauern« und »Weisa«. Es ist gut, dass die ambulanten Hofer Wurstverkäufer sich auf den Ruf »Heiß sind sie …« beschränken und nicht ihre Sortenvielfalt anpreisen. Das schont ihre Stimme und die Ohren der Passanten. Ganz aus wäre es, wenn sich einer anmaßen würde, alle regionalen Wurstspezialitäten Bayerns lautstark anzupreisen: Der Tag wär rum, bevor er fertig wär. Saure Zipfel und Wollwürste, Knacker und Leberwurst, Regensburger und Milzwurst, Bierwurst und Leberkäs, Weißwurst, Sulz und Presssack. Sogar Rosswürste, Pferdeknacker, gibt's noch in vielen Metzgereien in ganz Bayern. Und Bratwüste in schier unendlichen Variationen: von den vergleichsweise winzigen Nürnberger Rostbratwürsten über die Coburger Bratwust bis hin zur Mainfränkischen Meterbratwurst. Wenn's um die Wurst geht, bekämpfen sich Regionen, die sonst gutnachbarlich miteinander umgehen, bis zum letzten Wurstzipfel. Die Nürnberger ziehen zum Schutz ihrer Bratwürste vor Gericht, weil doch deren Rezept schon seit 1313 gehütet wird. Die Regensburger lassen neben ihrer »Wurstkuchl« nichts gelten – wehe, es zweifelt jemand daran, dass sie die älteste Wurstbraterei der Welt ist, eingerichtet 1146, als die Baumeister der Steinernen Brücke ihr Büro räumten. Und die Coburger verweisen stolz auf den »Bratwurstmohr«, der seit dem 17. Jahrhundert auf einem Giebelspitz ihres Rathauses steht, in der Hand das »Bratwurstmaß«, an dem sich bis heute jede »Coburger« messen lassen muss: 31 Zentimeter, keinen Millimeter weniger. Klassisch Gebildete werden bei diesen Jahreszahlen abwinken und auf Homer verweisen: In dessen »Odyssee« aus dem 7. Jahrhundert v. Chr. findet sich der Beweis, dass schon die alten Griechen deftige Würste machten: »Ziegenmägen liegen im Feuer, die wir zum Nachtmahl hingelegt, nachdem mit Fett und mit Blut wir sie füllten.« ♦ ♦ ♦ ♦ ♦

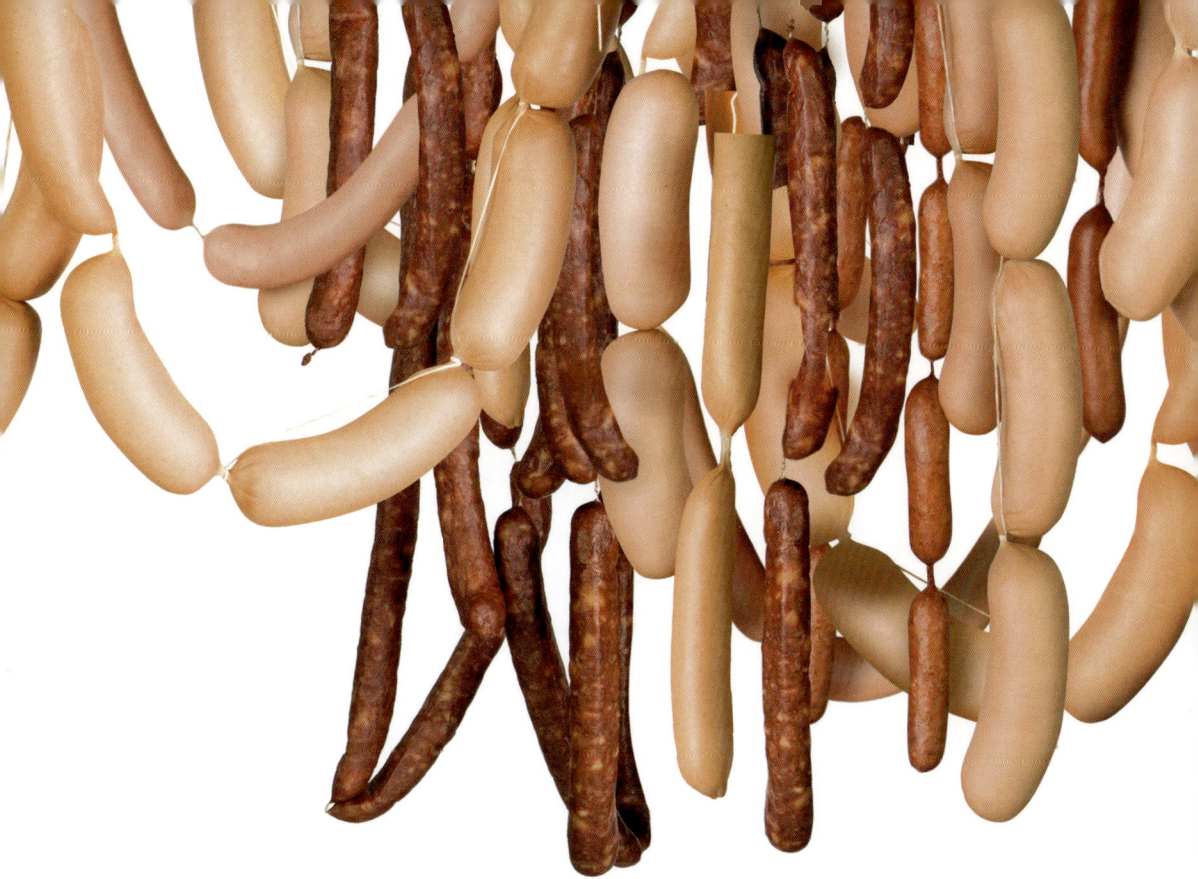

Auss Bauren Baierland

Johann Baptist Fischart, ein Schriftsteller aus dem 16. Jahrhundert, schreibt in einem Roman mit einem Titel, der länger ist als die folgende Aufzählung und daher ungenannt bleiben muss, was sich im »Kasten und Keller« einer seiner Hauptfiguren, des »Grangoschiers«, an Wurstwaren findet, eine ganze »Wurstichität« an: »gedörrten, gereucherten, gesottenen, gepratenen per omnes casus unnd Spezies Würsten, Halsbesteckten Leberwürsten, Kropfstopffenden würgenden Pluthunden, glatgehöbelten Schübling und Pratwürsten, Lantzknechtlichen Schübelwürsten, räsen Pfefferwürsten, Bauchplehigen Rosswürsten, stulgengigen Mettwürsten, zitterigen Rech und Hasenwürsten, Rosenwürsten, Saltzsutzen, Kroptösigen Plutwürsten und Flämmichen Hillen«. Und woher lässt sich der Vielfraß seine Würste bringen? Auch das verrät uns der Autor: »Von Dingelfingen: von Filzhofen, auss Bauren Baierland«.

21

AUGSBURGER KAMM

Einmal in einem Freilichtmuseum Ahnenforschung betreiben

Allein schon die Äpfel! Im fränkischen Freilandmuseum in Bad Windsheim hat man alte Sorten nachgezüchtet, wie sie unsere Ahnen im Mittelalter verspeisten, oder besser verspeisen mussten, weil es keine anderen gab: keine Granny Smith und keine Gravensteiner. Nur diese kleinen, sauren Knubbel, gerade einmal so groß wie ein Golfball. Die Bäume stehen zwischen den 100 Gebäuden des Museums – Bauernhöfen, Mühlen, Handwerkerhäusern und Schäfereien, sieben Jahrhunderte fränkische Baugeschichte und fränkischer Alltag. Wenn man dann hinaufschaut zu dem Klohäusl, das im ersten Stock eines Bauernhauses außen an die Wand geklebt wurde, damit die menschlichen Hinterlassenschaften direkt auf den Misthaufen fielen, kommt man schon ins Grübeln: Recht bequem haben unsere Ahnen nicht gelebt, wie zimperlich sind wir geworden – und hoffentlich hat der Misthaufen im Winter schön warm gedampft, damit die da oben nicht so gefroren haben, wenn sie ihr blankes Hinterteil in die Kälte hängen mussten. In der Rauchkuchl eines alten Häusls im Freilichtmuseum der oberbayerischen Glentleiten kommt man auf ähnliche Gedanken: Nur ein enger Schlot hat den Rauch aus der Kuchl abgeleitet, die Bewohner wurden geräuchert, wenn sie ums Feuer saßen, im Licht eines Kienspans, der in einer kleinen Nische flackerte, die einzige Beleuchtung. Oben in den Schlafstuben der alten Höfe gab es nicht einmal Lichtnischen, und die einzige Heizung war eine Luke, durch die warme Luft von unten heraufsteigen konnte, am Nachthaferl vorbei, das unter der harten Bettstatt stand. Im niederbayerischen Freilichtmuseum Massing und Finsterau kann man miterleben, dass der bäuerliche Alltag unserer Ahnen ähnlich hart war wie ihr Nachtlager. Etwa bei einem

Kurs im Sensenmähen. Während man seine Sense mühsam dengelt, ziehen Säumer vorbei auf dem »Goldenen Steig«, der in Wirklichkeit ein steiniger, steiler Weg war, eine endlose Plackerei für die Treiber und ihre Lasttiere – vom Salzhafen Passau hinüber ins Böhmische. Uns ceranfeld- und zentralheizungsverwöhnten Zeitgenossen leichte Gruselschauer über den Rücken zu schicken ist freilich nicht die Hauptaufgabe der bayerischen Bauernhof- und Freilichtmuseen. Wie alle anderen Museen auch sollen sie sammeln und bewahren. Nur dass es hier etwas schwieriger ist als bei Bildern oder antiken Tonscherben. Historische Bauernhöfe und Köhlerhütten, eine Schmiede aus dem 18. Jahrhundert, eine alte Kegelbahn – wie bringt man die ins Museum? Das Zauberwort heißt: Translozieren, Versetzen. Stein um Stein, Balken für Balken werden die Gebäude vermessen und registriert, abgetragen und im Museum wieder aufgebaut. Und dazu passend erwecken die Freilichtmuseen Pflanzen und Tiere, die aus dem Alltag unserer Ahnen nicht wegzudenken waren, zu neuem Leben, ganz buchstäblich. Da werden alte Getreidearten nachgezüchtet, aus einer Handvoll Körner, die sich in einer Samenbank erhalten haben. Oder die alten Obstsorten – man muss sie ja nicht essen, aber schön, dass sie wieder wachsen. Durch das älteste Freilichtmuseum Bayerns, das schwäbische Bauernhofmuseum Illerbeuren, flattert das Augsburger Huhn, die einzige echt bayerische Hühnerrasse. Nur noch ein paar Dutzend der Viecher gab es. Jetzt picken sie munter zwischen einem Zehentstadel aus Krugzell und dem Bienenhaus beim Uttenhof. Fachkundige Besucher stupsen sich an: »Schau, der Augsburger Kamm« und meinen damit den ganz besonderen, becherförmigen Kopfputz der Hühner. Und wer mäht da drüben? Nein, nicht der Gärtner des Museums, sondern ein weidendes Zaupelschaf. Das ist eine besonders interessante Erfolgsgeschichte der bayerischen Freilichtmuseen. Seit Menschengedenken zogen die Zaupels über schwäbische Wiesen, aber vor 300 Jahren sind sie ausgestorben. Einfach weg! Ein findiger Kopf im Museum kam darauf, dass schwäbische Auswanderer, die damals an die Donau umgesiedelt wurden, Banater und Siebenbürger Schwaben, vielleicht auch Schafe mit auf ihren Treck genommen hatten. Und tatsächlich, an der Donau hatte man besser auf die Zaupel aufgepasst. Man holte einige nach Illerbeuren, und heute määääähen sie wieder wie zu Zeiten unserer Ahnen. ◆◆◆◆◆◆◆◆◆◆◆◆◆◆◆◆◆◆◆◆◆◆◆◆◆◆◆◆◆◆

Saure Äpfel: → *www.freilandmuseum.de*, *Rauchkuchl:* → *www.glentleiten.de*
Säumer: → *www.freilichtmuseum.de*, *Zaupelschaf:* → *www.bauernhofmuseum.de*

Museumsland Bayern

Vom Allgäuer Bergbaumuseum über die Kreisheimatstube Stoffenried und das Oberpfälzer Freilandmuseum Neusath-Perschen bis zum Bauernhof- und Wintersportmuseum, das Markus Wasmeier mit viel Herzblut über dem Schliersee eingerichtet hat, gibt es zahlreiche Orte, an denen man in Bayern Ahnenforschung betreiben kann. Man findet sie unter: → *www.museen-in-bayern.de*

22

OHNE DEICHSEL UND OHNE BREMS

Einmal eine heiße Kufe hinlegen

Man könnt's natürlich machen wie der Hackl Schorsch: schon als Schüler an Rodelmeisterschaften teilnehmen und dann von Erfolg zu Erfolg gleiten, auf heißen Kufen. Aber das werden wohl die wenigsten anstreben: mit fast 150 Stundenkilometern einen Eiskanal hinunterschießen, nichts als ein paar dünne Schlittenbretter zwischen sich und das blanke Eis. Rodeln, das will man eigentlich etwas gemütlicher angehen. Mit einer Seilbahn zu Berge, oben ein bisserl in der Sonne sitzen, einen Kaiserschmarrn verdrücken, ein Achterl Rotwein dazu, und dann juchzend zu Tal. Und das Vergnügen kann man sich fast überall gönnen in Bayern, am Alpenrand und in den Mittelgebirgen. Und wer als Kind mit dem Warnruf »Aus der Bahn, wer's Schlittnfahrn net kann« an anderen vorbeischoss, der liebt es heute, seinen Rodel über kilometerlange präparierte Waldwege zu lenken. Am Wallberg, am Arber oder im Fichtelgebirge. Wer mit kürzeren Abfahrten zufrieden ist, der kann auch im Flachland seinen Spaß haben. Die Nürnberger weisen gleich acht Rodelgebiete aus, die Treuchtlinger freuen sich, wenn auf ihrer Naturrodelbahn im Heumöderntal genügend Schnee liegt, und besonders schön muss es an einem sonnigen Wintertag in Allersberg sein, dort startet man auf dem Klaubesbuck im Himmelreich! Für alle, die beim Rodeln auf den Geschmack gekommen sind und sich von Profis etwas abschauen möchten, bietet sich ein Ausflug nach Gaißach an, ins Tölzer Land. Dort waren Schlitten früher kein Spaßmobil, sondern Arbeitsgerät: Auf großen Zugschlitten, den Schnablern, schafften Bauern und Holzknechte Heu und Baumstämme von den Bergen. 1928 kam's zu einer folgenschweren Wette: Wer schafft am schnellsten die eineinhalb Kilometer von der 1.124 Meter hohen Schwaigeralm bis ins Tal? 40 Schnabler traten an, und bis heute findet jedes Jahr im Fasching das mittlerweile berühmte Schnablerrennen statt, mit dem Höhepunkt einer oft unfreiwilligen Flugschau an einer Schanze – der weiteste Sprung ging über 25 Meter. Zuschauen und sich was für den nächsten Rodelausflug abschauen darf jeder, aber mitfahren dürfen nur die Gaißacher, und auch das nur auf original Schnablerschlitten, an denen nichts verändert werden darf. Die Inspektoren sind da kritischer als bei einem Formel-1-Rennen. Wer das Anmeldeformular mit seinen vielen Warnhinweisen liest, der versteht, warum auf den engen Hohlwegen am Lehener Berg das »Einheimischenmodell« gilt. Die tollkühnen Männer – und Frauen – auf ihren rasenden Schlitten leben gefährlich. Was aber der Freude keinen Abbruch tut: Sonst würd's ja im Gaißacher Rennfahrerlied nicht heißen:

> *»Ohne Deichsel und ohne Brems*
> *is des Rennerts ebbas Schöns!«*

Und wenn der Winter rum ist? Dann heißt es an immer mehr Orten trotzdem: »Rodel gut!« Eine sicher nicht vollständige Liste zählt 32 bayerische Sommerrodelbahnen auf, von der

Silberbergbahn in Bodenmais, auf der man auf 600 Metern Strecke eher gemütlich 90 Höhenmeter überwindet, bis zum Blomberg-Blitz bei Bad Tölz, der schon fast so eingerichtet ist wie
die Rennrodelstrecke am Königssee: 17 Steilkurven und 41 Schikanen. ♦♦♦♦♦♦♦♦♦♦♦♦♦♦♦

Durch die Teufelsmühle

*Wenn man körperlich absolut fit ist, dann kann man am
Königssee auf wirklich »heißen Kufen« zu Tal schießen:
auf der ältesten Kunsteisstrecke der Welt. Sie gilt immer noch
als eine der anspruchsvollsten Rennrodelbahnen. Dort kann
man zwar nicht auf einen Schlitten steigen und auf eigene
Faust den Hackl Schorsch nachahmen, aber professionelle
Bobfahrer lassen Sie aufsitzen zu einer fast zwei Kilometer
langen Schnupperfahrt durch die Watzmannkurve, vorbei
an der Echowand und in die Teufelsmühle.*

→ *www.rennbob-taxi.de*
Auch im Sommer »Rodel gut«:
→ *www.sommerrodelbahn-rodelbahn.de/*
    sommerrodelbahn-bayern.htm
»Ebbas Schöns«: → *www.schnabler.de*

23

PLATZ WÄR

Einmal nackert im Englischen Garten liegen

»Mit Oben-ohne-Baden fängt es an, dann folgt Nacktbaden, und enden wird es beim textilfreien Stadtbummel!«

Winfried Kuttenkeuler, Stadtrat CSU Würzburg, im Jahr 1983

Und sie waren beide nackt, der Mensch und seine Frau, und schämten sich nicht«, so hat Luther die Schöpfungsgeschichte eingedeutscht, und der Satz liest sich, als wäre er vor zehn oder 20 Jahren im Englischen Garten in München geschrieben worden. Damals war die hohe Zeit der »Nackerten«, wie in München die Leute heißen, die sich ohne einen Faden am Leibe auf der Schönfeldwiese, gleich hinter dem Haus der Kunst, präsentieren. »Die Nackerten im Englischen Garten gehören zu München wie die Tauben auf dem Markusplatz zu Venedig«, schrieb die »Süddeutsche Zeitung«, und wer schon einmal auf dem Markusplatz im Getümmel der Tauben stand, der weiß, was gemeint war. Ganz offiziell als FKK-Gelände ausgewiesen ist auch heute noch der Teil des Englischen Gartens, der im Oval der Reitbahn liegt. Das hat wohl schon der Auftraggeber des Parks so geplant: Kurfürst Karl Theodor beschloss im August 1789, den Hirschanger, das herrschaftliche Jagdgebiet in den Isarauen, »zur allgemeinen Ergötzung für Dero Residenzstadt München herstellen zu lassen«. Ja und woran ergötzt sich der gemeine Mann wohl mehr als an ein paar wohlgeformten Nackerten. Bravo, Karl Theodor! Wann sich die ersten Nackerten am Rand des Eisbachs auf der Schönfeldwiese einfanden und wie sie da hinkamen, das weiß keiner so ganz genau. Eine Theorie besagt, dass die allerersten FKK-Pioniere aus ihren angestammten Revieren in der Pupplinger Au, oberhalb von München, und am Flaucher, beides an der Isar gelegen, heruntergschwoabt wurden bis in den Eisbach und irgendwann dann erschöpft an der Reitbahn liegen blieben. Wer auch immer die ersten Nackerten waren, sie fanden schnell Gefolgsleute – Studenten und Althippies, aber auch gstandene Münchner und sogar biedere Angestellte, über die 1995 in der »New York Times« zu lesen war: »Es ist nicht unüblich, dass Geschäftsleute in der Mittagspause in den Englischen Garten kommen, ihre Anzüge zusammenfalten und nackt herumliegen, bis es Zeit

ist, wieder ins Büro zu gehen.« Wer so was im New Yorker Central Park versuchen würde, der würde vermutlich in Sing-Sing landen! Entsprechend beliebt war die Nackertenshow denn auch bei Touristen aus dem prüden Amerika, die in Scharen – und mit geführten Radltouren – an der FKK-Wiese vorbeischauten. Vorbei! Das Biotop der Nackerten, es ist bedroht, die »Zipfischwinga«, wie die Münchner die männlichen FKKler gern nennen, sie stehen auf der roten Artenschutzliste wie ihre weiblichen Gefährten auch. »Das wird ein echtes Problem«, barmt Thomas Köster, der Direktor des Englischen Gartens. »Wir haben viele Nackte verloren, die den Englischen Garten zu einem besonderen Platz gemacht haben.« Und der Parkdirektor untermauert das mit Zahlen: Mehr als 14.000 Nackte hätten sich in den letzten Jahrzehnten in dem gut 360 Hektar großen Park im Zentrum Münchens getummelt – an jedem sonnigen Sommertag! Heute sind's nur noch 1.000 Nackte am Tag. »Früher konnte man ganze Familien nackt umherlaufen oder junge Leute nackt im Biergarten sitzen sehen.« Ganz so, wie's die Spider Murphy Gang 1982 besang: »I renn nackert durchn Englischn Gartn.« Für Schüler und Studenten war es damals eine Mutprobe, sich ohne Gwand den Eisbach runtertreiben zu lassen bis zur Tivolibrücke und dann mit der Straßenbahn zurückzufahren, zum Haus der Kunst. Splitterfasernackt natürlich. Und heute: Ein kleines Häufchen sind sie geworden, die Nackerten an der Schönfeldwiese. Und wer weiß? Vielleicht wird die Truppe, die sich da noch tummelt, längst vom Münchner Fremdenverkehrsverein bezahlt – der amerikanischen Touristen wegen. Der Parkdirektor hat übrigens eine einleuchtende Erklärung dafür, dass das Nacktsein nicht mehr allzu viele anzieht. Das Motto heute laute halt: »Mehr Schein als Sein«. Thomas Köster: »Es ist schwierig anzugeben, wenn man nackt ist.« Also, wenn Sie vorhaben, sich nackert in den Englischen Garten zu legen – jetzt wär Platz! ◆◆◆◆◆◆◆◆◆◆◆◆◆◆◆◆

24

DA GEHT DIE BIMMEL

Einmal beim Hau-den-Lukas ausgelacht werden

Jedes Kind und jeder Comicfan weiß, wie gemein der Kater Tom sein kann, wenn er der Maus Jerry ans Fell will – und in eine besonders raffinierte Falle hat Tom einen Hau-den-Lukas eingebaut, die Kraftmaschine, die auch jeder kennt, vom Volksfest seiner Region. Seit Menschengedenken hört man auf Kirmes, Dult und Jahrmarkt die wuchtigen Schläge, mit denen mehr oder weniger gstandene Burschen versuchen, auf der nach oben offenen Lukasskala einen Wert zu erreichen, der sie nicht blamiert vom Platz schleichen lässt. »Weltmeister«, bei dem der Bolzen ganz oben an eine Glocke schlägt, ja das wär's halt, »Weiberheld«, da kann man auch noch erhobenen Hauptes zurück ins Publikum. Aber wenn der Bolzen nur bis zum »Anfänger« oder zur »Damenhöhe« hinaufruckelt – ganz schlimm! Wobei die Damenhöhe eine ganz neue Bedeutung bekommen hat, seit auch immer mehr Deandln im Dirndl den Hammer schwingen. Und nicht allen geht's dabei so arg wie einer verehrten Mitarbeiterin des Programms Bayern 1, die den Hammer über den Kopf wuchtete und dann das Gewicht nicht derhalten konnte. Der Schlegel riss sie nach hinten, und sie ging beinahe zu Boden. Kläglicher hat kaum jemand den Kampfplatz verlassen. So ein Hammer wiegt aber auch um die sieben Kilo – ist vielleicht doch eher Männersache, der Hau-den-Lukas? Die Münchner Psychologin Brigitte Veiz sieht ihn denn auch als »ritualischen Ort der Männlichkeit«. Aber warum Hau-den-Lukas? Warum nicht Hau-den-Markus, -Matthäus oder -Johannes, um nur die anderen drei Evangelisten neben Lukas zu nennen? Da wird viel gerätselt. Die einen verweisen auf die »Lukasmärkte«, die früher in vielen Regionen um den 18. Oktober herum, den Todestag des Evangelisten Lukas, abgehalten wurden. Auf diesen Lukasmärkten könnten die ersten Kraftmaschinen gestanden haben. Und für Kraftmenschen, die sich gerne im Wiener Prater beweisen, geht's am Hau-den-Lukas gar mit dem Teufel zu: Die Wiener Version heißt »Luziprack«, an ihr geht »der Luzi ab«, von Luzifer, und vielleicht hat sich ja das Luzi einmal in Lukas gewandelt. Wer beim Lukashauen nicht allzu sehr ausgelacht werden will, der hat mehrere Möglichkeiten, sein Handicap zu verbessern: etwa die nebenstehend aufgeführte mathematische Formel, den Gang ins Fitnessstudio, denn »Geschick siegt oft über rohe Kraft, aber ein wenig Muskelmasse hilft schon«, oder fleißiges Üben. Und das ist nicht nur zur Volksfestzeit möglich.

Im Internet findet man viele Firmen, die Hau-den-Lukas-Geräte verleihen. Es gibt sogar Anleitungen zum Selberbauen: ➜ *www.helpster.de*, Stichwort »Hau den Lukas – Bauanleitung«. ♦ ♦

Formel für die Funktion eines Hau-den-Lukas, gefunden in einem Internetforum: $z_{max} = v_0^2/g - v_0^2/2g = v_0^2/2g$

25

VOLXMUSIK

Einmal die neue bayerische Musik live miterleben

LaBrassBanda

Funkmusiker heißen Red Hot Chili Peppers oder Gang of Four und sind aus California. Aber Alfons Hasenknopf, Altötting? Da denkt man eher an Ministranten in der Gnadenkapelle. Und wenn so einer schon darangeht, Jazz, Funk und Soul zu singen statt gregorianischer Choräle, dann doch sicher mit einem coolen Künstlernamen und auf Englisch. Aber der Künstler tourt stolz als Alfons Hasenknopf durch Konzerthallen und Tonstudios, und er singt Zeilen, die von der Seiser Alm stammen könnten: »I wünsch dir guade Freind im Leben ...« Aber wie er das singt! »California Blues« auf Bayerisch – und Tausende Fans feiern ihn. »Locker macha«, meint da die Gruppe Bürgermeista & die Gemeinderäte, auch sie mit bayerischen Texten zu hipper Musik unterwegs. Dutzende von Bands, Sängern und Sängerinnen formen das, was seit einiger Zeit unter dem Genrebegriff Neue Volksmusik die Charts stürmt und die Hallen füllt. Wenn LaBrassBanda aufspielt, ist sogar die Münchner Olympiahalle, die mancher Weltstar schon halb leer ertragen musste, bis auf den letzten

Platz besetzt. Die Gruppe aus Übersee am Chiemsee nennt ihre Musik, nicht ganz ernst gemeint, »Bayerischen Gypsy Brass«, »Funk Brass« oder »Alpen Jazz Techno« und vergleicht sie mit einer bayerischen Spezialität: »Die is wia a Lebakas. Du woast net, was drin is, aber schmecka tuats.« Wenn LaBrassBanda mit ihrem Alpen Jazz Techno auftreten, beim Reggae Summer am Chiemsee, in Moskau oder in Simbabwe, dann tun sie das häufig in Lederhosen – nicht nur weil's zur Musik passt: »Des mit da Lederhosen hat ja auch praktische Gründe. Weil eine Hose für eine dreiwöchige Tour reicht.« Und so eine Lederhose ist auch stabil, für den Fall, dass eintritt, wovor die Münchner Hip-Hopper Blumentopf warnen. Die spielen mit der Münsinger Blaskapelle zusammen und wissen: »Blasmusik hat live eine wahnsinnige Power, die bläst dich halt einfach um.« Das wird jeder bestätigen, der schon einmal in einem Bierzelt zu nah am Podium gesessen ist. Und ganz so neu ist die Neue Volksmusik eigentlich auch gar nicht. Die Well-Brüder mit ihrem Lied »Gott mit dir, du Land der BayWa«, die roten Haare und die grüne Geige von der Monika Drasch bei der Band Bairisch Diatonischer Jodelwahnsinn – das alles ist ja schon ein paar Jahre her. Dann kamen Da Huawa, da Meier und I auf die Bühne, »Ohne Hos'n, ohne Schuah«, die CubaBoarischen kombinierten Lederhosen und Panamahut, und Claudia Koreck sang »Barfuaß um die Welt«. Und auf einmal redeten alle vom »Crossoverjodeln«, von VolXmusik, der eine Sänger versicherte »I möcht leben wia a Kua …«, und ein anderer fragte klagend: »Where is the Edelwei…ei…ei…ei…ß«. Wuid geht's zu bei der Neuen Volksmusik! Und deren Erfolg hat, so sieht's die Oberammergauer Band Kofelgschroa, vor allem eine Ursache: »Seit Kurzem interessiert sich eben auch der trendbewusste Stadtmensch dafür.« Und wenn doch einmal Kritik aufkommen sollte an der VolXmusik, dann würde die Niederbayerin Karin Rabhansl, die ihren Stil als »Mundart-Pop« bezeichnet, kurz mit einer ihrer Liedzeilen anworten: »Hoit's Mei!« ♦♦♦♦♦♦♦♦♦♦♦♦♦♦

Fliang

»I bin aufm Weg, nach irgendwo
Gleich wo i hikim, es is sche do
I her's Rauschen von am Boch
Und s Plätschern vo de Fisch
I spring auf, i setz mi nieder
Häng meine Fiaß in de Frisch
Und i laff über luftige Wiesn in an dunklen Woid
De Ruah genießn, des wos mi am Leben hoit
Über luftige Wiesn, barfuaß im Gras
De Ruah genießn.«

Claudia Koreck

26

AUF SKIROLLERN NACH MEKKA

Einmal in Ruhpolding unsere Biathleten anfeuern

𝕎er Biathlon richtig erleben will, muss nach Ruhpolding kommen.« Dem jungen Norweger blitzt die Begeisterung aus den Augen. Vielleicht auch das eine oder andere Stamperl eines ganz speziellen Getränks: des Ruhpoldinger-Biathlon-Zielwassers. Aber das ist es ja, was die Chiemgau-Arena zum Mekka der Biathlonfans werden lässt: diese Mischung aus Mitfiebern an der Strecke, vor den Videowänden und an den Schießständen, das begeisterte Aaaah, wenn ein Treffer gelingt, und das enttäuschte Ooooh, wenn ein Schuss danebengeht. Und dann, nach all der Aufregung, dem Fahnenschwenken und Strafrundenzählen, die große Party im ChampionsPark und in den umliegenden Lokalen. Biathlon ist zur beliebtesten Wintersportart geworden, es lockt die meisten Fans an die Austragungsorte und die meisten Zuschauer vor die Bildschirme. Und das war schon immer so: Als 1924 in Chamonix die ersten Olympischen Winterspiele gefeiert wurden, da stand auch ein Vorläufer des modernen Biathlons auf dem Programm: der Militärpatrouillenlauf. Von allen nordischen Wettbewerben zog der die meisten Zuschauer an: genau 1.307. Heute kommen zu den Weltcup-Veranstaltungen in die Chiemgau-Arena schon einmal 30.000 Fans. Lange vorbei die Zeiten, in denen die Männer vom norwegischen Gewehr- und Skiclub in der Einsamkeit der nordischen Wälder um die Wette liefen und schossen. 1861 wurde dieser erste Biathlonverein gegründet. Und auch der hatte schon Vorläufer: Die Ureinwohner Norwegens verteidigten sich auf Skiern gegen die Wikinger. Im Mittelalter wurden in Skandinavien und Russland regelrechte Skiregimenter aufgestellt. Heute braucht man für einen Biathlonwettkampf keinen Schnee und folgerichtig auch keine Skier mehr. Die Deutschen Meisterschaften 2013 wurden im September ausgetragen. Für die Veranstaltung warben Bilder, auf denen die Athleten auf einer grünen Wiese herumsausen, in kurzen Hosen und T-Shirts – nicht auf Langlaufskiern, sondern auf Skirollern. Bei spätsommer-

Hier erfährt man alles
über das Mekka des Biathlons:
→ www.biathlon-ruhpolding.de

Gästeschießen

Wenn Sie sich einmal wie ein Norweger fühlen möchten, der auf Skiern gegen einen Wikinger antritt: In Ruhpolding bieten mehrere Veranstalter Biathlonseminare an. Das geht vom Schnupperkurs »Biathlon kompakt« bis zum mehrtägigen Biathlontraining. Es gibt auch ein »Gästeschießen«, mit echten Biathlonwaffen. Aber keine Angst, dabei wird nicht auf die Gäste geschossen, die sind den Ruhpoldingern dann doch zu wertvoll.

lichen Temperaturen passiert dann vielleicht noch häufiger, was auch bei Winterrennen keine Seltenheit ist: ein Fehlschuss oder gar ein Crossfire. So nennt man es, wenn ein Athlet aus Versehen nicht auf die eigene Scheibe schießt, sondern auf eine gegnerische. Das ist sogar schon Magdalena Neuner passiert, einer der erfolgreichsten deutschen Biathletinnen. 63-mal stand die Wallgauerin auf einem Stockerl. Als sie trotz ihrer großen Erfahrung einmal auf die gegnerische Scheibe schoss, da mag mancher Fan geseufzt haben: »Ja hätt sie halt rechtzeitig einen Schluck vom Biathlon-Zielwasser genommen.« ♦

27

MERKWÜRDIG

Einmal eine Asamkirche besuchen

$\mathfrak{F}$leißige Leute, die Brüder Asam! Das muss man ihnen lassen: dem Cosmas Damian und dem Egid Quirin Asam. Maler und Architekt der eine, Stuckateur und Bildhauer der andere. Und darum muss man in Bayern auch nicht allzu weit fahren, ganz egal wo man wohnt, wenn man eine Asamkirche besuchen möchte. Das umso mehr, weil ja nicht nur die beiden berühmten Brüder Kirchen gebaut, ausgemalt, stuckatiert oder mit Gemälden verziert haben: Ein ganzer Clan war da am Werkeln in der Spätphase des bayerischen Barocks. Schon der Vater, Hans Georg, war Klostermaler in der bedeutenden Benediktinerabtei Tegernsee, seine Frau war als Vergolderin geschätzt, und neben Cosmas Damian und Egid Quirin erhielt auch

noch eine Schwester eine künstlerische Ausbildung. Da waren es schon fünf Asams, die Klöster und Kirchen verschönten. Jetzt war aber auch noch ein Sohn des Cosmas Damian, der Franz Erasmus, ebenfalls als Maler tätig und eine Tochter als Malerin, Schnitzerin und Vergolderin. Sieben an der Zahl also die Mitglieder eines Clans, der Bayerns Barockkirchen prägte und überall dasselbe Signum hinterließ: »Asam«. Aber natürlich interessieren sich kunstsinnige Einheimische und Touristen aus aller Welt vor allem für die Kirchen und Klöster, Schlösser und Bürgerhäuser, die von den beiden berühmten Brüdern Cosmas Damian und Egid Quirin gestaltet wurden. Gleich mit ihrem ersten Bau schufen die beiden ein Meisterwerk des Barock: die Asamkirche im Kloster Weltenburg. 23 Jahre lang, von 1716 bis 1739, arbeiteten die Brüder im Auftrag der Benediktiner, ihrer großen Förderer, hier, am Donaudurchbruch von Weltenburg. Und was bis heute als Abteikirche dient, gilt als

→

bedeutendstes Bauwerk des europäischen Barock. In der Zeit, in der auf einer Sandbank am Donauufer dieses Juwel heranwuchs, werkelten Cosmas und Egid aber rast- und ruhelos auch an vielen anderen Orten des katholischen Bayern: 1717 Kloster Michelfeld, 1718 Klosterkirche in Rohr, 1719 Klosterkirche der Abtei Weingarten. Auf dem Weihenstephaner Berg bei Freising entsteht die Korbinianskapelle. Die Brüder sind im Kloster Aldersbach und in der Klosterkirche Einsiedeln, dann wieder in der Münchner Heiliggeistkirche und am Gnadenaltar der Wallfahrtskirche Mariä Himmelfahrt in Dorfen. Wie die Irrwische zucken die beiden durch das barocke Bayern, im Auftrag immer neuer Bauherren und Gönner: 1729 St. Anna im Münchner Stadtteil Lehel, im gleichen Jahr noch eine Kirche, die der heiligen Anna geweiht ist, im niederbayerischen Gotteszell. Drei Jahre sind die Asambrüder im Kloster St. Emmeram in Regensburg tätig, für die Fürsten von Thurn und Taxis – von da aus ist es wenigstens nicht weit bis hinüber nach Weltenburg, wo die Abteikirche ja immer noch nicht fertig ist. Fleißige Leute, wie gesagt! Obwohl sie natürlich nicht all diese Bauten vom Grundstein bis zur Stuckdecke allein gestaltet haben. Da ein Bauplan, dort ein Gemälde, hier eine Kanzel ... Aber es reicht – der Fleiß zahlt sich aus. Die Brüder Asam werden wohlhabend. Und so erhält München zwei Bauwerke, die heute noch die Stadt prägen mit dem ganz besonderen barocken Glanz, der den Asams eigen war. 1729 – in Weltenburg hoffen die Benediktiner auf baldige Fertigstellung ihrer Klosterkirche – baut sich Cosmas, der Ältere der beiden Brüder, im Münchner Vorort Thalkirchen eine Villa, das heutige »Asamschlössl«, natürlich, wie's einem kirchlichen Baumeister geziemt, mit einer Hauskapelle. Der Prunk des Baus muss den Jüngeren, den Egid, recht gewurmt haben. Er kaufte in der Sendlinger Straße, im Zentrum der bayerischen Hauptstadt, gleich einen ganzen Häuserblock und wagte sich an ein Projekt, das ihn, Wohlstand hin, Wohlstand her, fast ruiniert hätte: Ein Haus baute er zu seinem privaten Wohnsitz um, ein zweites stiftete er der Kirche als Priesterhaus, und in die Baulücke zwischen diesen beiden Gebäuden setzte er eine prachtvolle barocke Kapelle, die heutige Asamkirche, das wohl bekannteste und meistbesuchte Bauwerk der Brüder. Von seinen Privatgemächern aus konnte Egid Quirin auf den Hochaltar schauen und damit von zu Hause aus der Sonntagspflicht genügen. Von 1733 an arbeiteten beide, wann immer sie Zeit fanden, an der Vollendung ihres Meisterwerks. Aber keiner der beiden Brüder hat die Fertigstellung erlebt: Cosmas starb im Mai 1739 und Egid im April 1750. Egid wäre gerne in der Gruft beerdigt worden, die er unter seiner Kapelle geplant hatte – aber die war bei seinem Tod noch nicht fertig.

Niederbayern, Oberbayern, Oberpfalz – überall findet man die barocken Zeugnisse der Asams, nicht aber in Franken. Und das liegt nicht nur daran, dass die beiden im engeren Umfeld ihrer Heimat genug zu tun hatten. Nein – die Franken hatten ihre eigenen Barockkünstler und ebenso kunstsinnige wie bauwütige Bauherren. Vor allem die Adelsfamilie Schönborn, die so viele Bischöfe, Erzbischöfe und Fürstbischöfe stellte, dass man sich fragt, wie die Dynastie sich fortpflanzen konnte, überzog ganz Franken mit barocken Monumenten. Balthasar Neumann und der Schöpfer gewaltiger Deckenfresken, der Italiener Giambattista Tiepolo, schufen so berühmte Bauten wie die Würzburger Residenz und die Wallfahrtskirche Vierzehnheiligen.

Balthasar Neumann, der aus Eger nach Würzburg zuwanderte, begann seine fränkische Laufbahn mit einem 1711 in Würzburg erworbenen Lehrbrief der »Büchsenmeister, Ernst- und Lustfeuerwerkerey«, wurde folgerichtig Artilleriehauptmann und Festungsbauer und schließlich von einem schönbornschen Fürstbischof, der vom »Bauwurmb« besessen war, zum Baudirektor ernannt. Und da er fleißig war wie die Asams, stehen auch auf seiner Werkliste fast 100 Kirchen und Klöster, Schlösser, Wohnhäuser – viele davon im schönsten fränkischen Barock. Kein Wunder, dass es in einem Reiseführer heißt: »Ganz Franken strotzt von üppigem Barock.« Die Gebrüder Asam hat's dazu gar nicht gebraucht. ◆

Barockland Bayern

Joseph Maria Lutz, der 1946 den Text der »Bayernhymne« verfasste, lässt in seinem Roman »Das himmelblaue Fenster« die Hauptfigur vom Barockland Bayern und seinen barocken Symbolen, den Zwiebeltürmen, schwärmen:

»Nur zwiebeldachige Kirchtürme blickten noch lange, wie verwundert ob solcher Hast, aus immer größer werdender Ferne dem eilenden Zuge nach. Es waren gemächlich umgängliche Türme, voll metaphysischer Vertraulichkeit … Bayern ist Barockland, ging es Georg Tröger durch den Kopf und er erinnerte sich, auf Ansichtskarten aus Bayern, die ihm Freunde, welche sich Reisen öfters gestatten konnten, geschrieben hatten, solche Türme gesehen zu haben.«

28

NACH ADAM RIESE

Einmal dem bayerischen Genius huldigen

So viele Nobelpreisträger auf einem Fleck dürfte es wohl nur in Bayern geben. Jedenfalls im Sommer, wenn sie zur Konferenz der Nobelpreisträger nach Lindau kommen, um miteinander zu fachsimpeln und ihr Wissen weiterzugeben an herausragende Nachwuchswissenschaftler aus aller Welt. 36 waren es im Juli 2013. Dem »bayerischen Genius« kann man bei dieser Konferenz aber, ehrlich gesagt, nur selten huldigen. Die Zahl der Nobelpreisträger, die in Bayern geboren sind und hier auch gewirkt haben, ist überschaubar. Aber es gibt ja einen Tempel, in dem die Berühmtheiten Kopf an Kopf stehen – die Walhalla bei Regensburg. Dort wird's doch wimmeln von bayerischen Forschern und Erfindern? Auch da tut man sich schwer. Jede Menge Büsten von Feldherren und Königen, sogar der Turnvater Jahn ist vertreten, aber um den bayerischen Genius ist es schlecht bestellt. Ein paar Geistesgrößen findet man dann aber doch: Justus von Liebig, der zwar in Darmstadt zur Welt kam, aber an der Münchner Uni forschte und lehrte und hier auch den Superphosphatdünger erfand. Oder Wilhelm Conrad Röntgen. Stimmt, der kam im heutigen Remscheid zur Welt, aber die nach ihm benannte Strahlung, die entdeckte er an der Uni Würzburg. Dafür gab's dann, 1901, den ersten Nobelpreis für Physik. Auch Albert Einsteins Kopf ist in der Walhalla zu finden. Geboren in Ulm – fast schon bayerisch. Und, kaum abgenabelt, nach München gezogen, wo er Kindheit und Jugend verbrachte. Also haben wir schon einen relativ großen Anteil an Einsteins Formel $E = mc^2$, mit der er die Welt neu erklärte. Einen waschechten bayerischen Genius findet man dann doch noch in der Ruhmeshalle: Max Josef Pettenkofer, ein Bauernbub aus dem Donaumoos. Als Chemiker erfand er den Suppenwürfel, und als Hygieniker wies er durch einen abenteuerlichen Selbstversuch nach, dass die Ausbreitung der Cholera nicht nur vom Erreger, sondern auch von den äußeren Umständen abhängt. Pettenkofer schluckte eine Kultur von Cholerabakterien und erkrankte überraschenderweise nicht. So ein Mann gehört nach Walhall! Aber warum findet man dort Carl von Linde nicht, den Erfinder der Kältetechnik, die uns heute noch ein kühles Bier beschert? Oder den Erlanger Georg Simon Ohm, nach dem die Technische Hochschule Nürnberg benannt ist, weil er das ohmsche Gesetz fand? Auch Erfinder, die sich mehr aufs Praktische verlegt hatten, könnte man sich in der Walhalla vorstellen: Levi Strauss aus dem fränkischen Buttenheim etwa, der 1873 ein Patent für Arbeitshosen mit vernieteten Taschen anmeldete. Milliarden Hosen wurden mittlerweile nach seinem Schnittmuster geschneidert. Und so ein Mann steht nicht in der Walhalla! Hauptsache, Maarten Harpertszoon Tromp hat dort einen Platz gefunden, der war ein niederländischer Admiral. ◆

Wenn die Mathematiker an den bayerischen Exzellenzuniversitäten bequem mit arabischen statt mit römischen Zahlen arbeiten, dann verdanken sie das dem fränkischen Genius Adam Ries(e) aus Staffelstein. Wir alle rechnen bis heute … nach Adam Riese!

Genius-Schmieden

Die Bayerische Staatsregierung tut gut daran, so schnell wie möglich einen Neubau in Auftrag zu geben, der Platz für weitere Büsten berühmter Forscher bietet. Denn im Freistaat gibt es mehrere Dutzend Universitäten und Hochschulen aller Art. 320.000 Studenten sind da eingeschrieben. Und besonders großen Zulauf haben neuerdings die sogenannten MINT-Fächer – Mathematik, Naturwissenschaften und Ingenieurwissen-schaften/Technik. Da wird man doch den einen oder anderen Genius erwarten können!

29

ZIIIIIEEHHHH

Einmal beim Neujahrsspringen Adler fliegen sehen

Der Countdown läuft: Auf der Internetseite eines Reiseunternehmens werden die Tage, Stunden, Minuten und Sekunden heruntergezählt bis zu dem Moment, in dem an der neuen Garmischer Olympiaschanze wieder der erste Skispringer auf seinem Startbalken sitzt, die Ski schon in der Spur. Jetzt nimmt er Fahrt auf, schießt mit nachfedernden Brettern ins Leere – unter ihm 30.000 jubelnde Fans. Ein Fahnenmeer, Glühweindunst und Polonaise, La-Ola-Wellen – und immer wenn ein deutscher Springer in der Luft ist, ein »Ziiiiiieehhhh«, das ihn noch ein paar Meter weiter tragen will, bis der Sprung in einem »Telemark« endet, der die Punktrichter begeistert und den Springer aufs Stockerl bringt. Lange schien dieses »Ziiiiiieehhhh« der Fans magische Kraft zu haben. Die Deutschen Adler Sven Hannawald und Martin Schmitt schwebten zu immer neuen Rekorden – schwebten, obwohl Sven Hannawald nach dem Winter 2001/02, bei dem er alle Springen der Vierschanzentournee gewann, schlicht meinte: »Ich hatte einen Lauf …« Der kam dann ins Stocken. Die Adler des Deutschen Skiverbands gingen in den Tiefflug über, das »Ziiiiiieehhhh« der Fans immer öfter in die bange Frage: »Ja wo fliegen sie denn …?« Nichts deutete beim Blick auf die Wertung der Neujahrsspringen darauf hin, dass der Adler seit der Antike für Macht und Sieg steht. Spötter erinnerten sich beim Anblick der strauchelnden deutschen Skispringer an einen anderen Adler, der Schlagzeilen gemacht hatte, an »Eddie the Eagle«, einen britischen Springer, der als Adler auftrat, aber von der Schanze kam wie ein trudelnder Papierflieger. Aber in letzter Zeit können die Fans, die bei der berühmtesten Skisprungveranstaltung der Welt im Garmischer Olympiastadion schwarz-rot-goldene Fahnen schwenken, wieder ein wenig hoffen. Junge Springer wie Severin Freund erfreuen mit weiten Sprüngen nicht nur die Fans, sondern auch sich selber: Der 25-jährige Bayer ist offensichtlich gerne in der Luft, so lange wie möglich: »Es ist immer auch ein bisschen Arbeit, aber wenn du nach 100 Metern einfach nur noch fliegst, ist es ein Vergnügen!« Jens Weißflog, der die Vierschanzentournee gleich vier Mal gewann, wurde ubrigens nicht als »Deutscher Adler« zur Skisprunglegende, sondern als »Floh vom Fichtelberg«! ◆◆◆◆◆◆◆◆◆◆◆◆◆◆◆◆◆◆◆◆◆◆◆◆◆◆◆◆◆◆◆

Übern Misthaufen

Das sportliche Skispringen begann recht bescheiden am 2. Februar 1891 mit dem steirischen Sprunglauf in Mürzzuschlag. Die Schanze? Ein verschneiter Misthaufen! Der erste Wettkampf in Deutschland fand 1893 im Harz statt. Der Sieger bekam seine Medaille umgehängt, nachdem er die stattliche Weite von acht Metern überwunden hatte. Bei den ersten Deutschen Meisterschaften im Februar 1900 ging die Goldmedaille an einen Springer, der immerhin schon 17,5 Meter geschafft hatte. Heute liegt der Weltrekord bei 246,5 Metern.

JEDER IN SEINEM LANDE

Einmal auf dem Dreisesselberg in drei Ländern sitzen

»So weit das Auge ging, sah es kein ander Bild,
als denselben Schmelz der Forste, über Hügel und
Täler gebreitet, hinausgehend bis zur feinsten Linie
des Gesichtskreises.«

Adalbert Stifter: »Der Hochwald«

Jn der uralten Heidenzeit saßen auf ihm einmal drei Könige, und bestimmten die Grenzen der drei Lande: Böheim, Baiern und Oesterreich – es waren drei Sessel in den Felsen gehauen, und jeder saß in seinem eigenen Lande.« Was Adalbert Stifter in seiner Erzählung »Der Hochwald« beschreibt, wäre so nur an einem Ort möglich: am Dreisessel im Bayerischen Wald. Aber ganz so majestätisch hat sich die Grenzziehung dann doch nicht abgespielt. Erst 1765 wurde der genaue Grenzverlauf zwischen dem Hochstift Passau, das später großteils an Bayern fiel, und dem Erzherzogtum Österreich festgelegt. Die Landvermesser, eher unromantisch, zogen ihre Linien nicht so, dass sie sich an den drei Felsen trafen, die heute »Dreisessel« heißen und dem ganzen 1.336 Meter hohen Berg seinen Namen geben. Und darum muss man heute vom Gipfel aus ein ganzes Stück laufen, um an den Ort zu kommen, an dem man, wenn man einigermaßen gelenkig ist, in Tschechien sitzen und je einen Fuß in Deutschland und Österreich abstellen kann. Und die drei Sessel? Wurden sie von den Knappen der drei Könige in den harten Bayerwaldgranit geschlagen, für die Sitzung am Dreiländereck? »Kaltes Blut der Erde« heißt der Stein auch, und die Knechte hätten schwer zu schaffen gehabt. Aber Gott sei Dank gibt's ja die Wollsackverwitterung. Und die sorgte dafür, dass am Dreisesselberg schwere Granitbrocken schön abgerundet übereinander liegen, eben wie Wollsäcke, und dass man an einigen Vertiefungen findet, die zu der schönen Sage von den drei Königssitzen angeregt haben. ◆◆◆◆◆◆◆◆◆◆◆◆◆◆

Wandertour Dreisessel – Steinernes Meer – Dreiländereck

Beginn: *Dreisesselparkplatz,* **Beschilderung:** *»E6 Nordwaldkammweg«,*
Gehzeit: *ca. 2,5 Std. Hin- und Rückweg*
Vom Dreisesselparkplatz führt der Weg immer bergauf bis zur Abzweigung zum
Rosenberger Gut. Hier folgt man dem Weg ca. 50 m, dann biegt man links ab auf den
Adalbert-Stifter-Steig bzw. Wanderweg »E6 Nordwaldkammweg«. Hier wandern Sie
immer weiter zum Steinernen Meer, das man nach ca. 45 Min. erreicht hat. Unter
Steinernem Meer versteht man übereinandergelagerte riesige Felsen. Weiter geht
es über den Seesteig zum Dreiländereck (Bayern – Oberösterreich – Böhmen).
Der Wanderweg führt nun auf dem Hochkammweg zurück, vorbei am Bayerischen
*Plöckenstein und zum Dreisessel.***Wichtig: Personalausweis nicht vergessen!**
➜ *www.wandern-bayerischer-wald.de*

DAS NÜTZLICHE MIT DEM ANGENEHMEN

Einmal durch Bayern radeln

*»Bei keiner anderen Erfindung ist das Nützliche mit dem
Angenehmen so innig verbunden, wie beim Fahrrad.«*
Adam Opel

as wird überzeugte Franken freuen, die gerne ein bisschen wegrücken würden von Altbayern: Die Mitglieder des Allgemeinen Deutschen Fahrrad-Clubs wählten Bayern zum beliebtesten deutschen Radreiseziel. Und zwar, aufgemerkt, nur knapp vor Franken! Bayern und Franken – der ADFC erfasst die Bruderstämme schön säuberlich getrennt. Dabei eint die beiden Regionen seit einigen Jahren ein ganz neues Band: gewoben aus Radwegen. Zwischen Aschaffenburg und Passau ist sie unübersehbar, die Radlrenaissance, die vor etwa 30 Jahren mit dem Altmühltalweg begann, der von Rothenburg nach Kelheim führt. Mittlerweile ist dieser erste Radlweg Teil eines dichten Netzes, über das rekordverdächtige Rennradler und gemächliche Familienausflügler, Mountainbiker, Tandempiloten und E-Biker strampeln. Eineinhalb Fahrräder hat jeder Deutsche im Schnitt in Betrieb. Damit werden im Jahr rund 400 Kilometer pro Kopf gefahren. Wer bei dieser Fahrleistung Bayerns gesamtes Radwegenetz abfahren möchte, der hat eine Lebensaufgabe vor sich: Alle Strecken zusammen haben eine Länge von fast 9.000 Kilometern. ◆◆◆◆◆◆◆◆◆◆◆◆◆◆◆◆◆◆◆◆◆◆◆◆

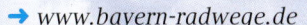

→ www.bayern-radwege.de
→ www.radrunde-allgaeu.de
→ www.tauber-altmuehl-radweg.de

Toto Gaitanides, Erfinder der BR-Radltour

»3,5 Prozent der Bayern geben an, schon einmal bei der BR-Radltour dabei gewesen zu sein. Das wären ungefähr 400.000 Radler. Leider kann das nicht sein, denn in Wirklichkeit sind in den vergangenen 25 Jahren ›nur‹ 30.000 mitgestrampelt. Aber ›mitgefühlt‹ und ›mitgelitten‹ haben offenbar wesentlich mehr – auf 25 Strecken quer durch Bayern. 15.000 Kilometer Leistung unter dem Logo des Bayerischen Rundfunks!«

DIDEL DIDEL DIDEL DUM

Einmal ein bayerisches Musikinstrument ausprobieren

Am einfachsten wär's mit zwei Löffeln: zwischen die Finger der einen Hand geklemmt und mit der anderen Hand auf den Oberschenkel geschlagen. Ein Schlagzeugersatz zur Begleitung rasanter Polkas und immer – und das ganz buchstäblich – zur Hand. Wer das »Löffeln« schon einmal probiert hat, weiß freilich: Ein Kinderspiel ist das nicht! Aber so ist's halt bei der Volksmusik: Wer zum Tanz aufspielen will oder bei einer Stubenmusi, der muss üben, üben, üben. Das gilt auch für Instrumente, die so ausschauen, als ob es wirklich keine Kunst wäre, ihnen ein paar Töne zu entlocken. Das Alphorn zum Beispiel. Keine Klappen, Züge oder Ventile – einfach die Lippen ans Mundstück und Trööööt! Ja, freilich, wenn's so einfach wär! Das Staunen fängt schon an, wenn man hört, dass das Alphorn zwar aus Holz ist, aber trotzdem ein Blechblasinstrument, seiner Spieltechnik wegen. Und dann: Eine richtige Symphonie, für Alphorn und Streicher, die »Sinfonia pastorella«, komponiert von keinem Geringeren als Leopold Mozart, dem Vater des berühmten Wolferl. Da wird's dann wahrscheinlich a bisserl kompliziert mit den Naturtönen, die man dem Instrument entlocken soll. Obwohl, ganz so schwer kann's auch wieder nicht sein. Gstandne Volksmusiker sagen: Beim Alphorn sei's halt so wie bei der Bassgeige – am schwersten sei nicht das Spielen, sondern der Transport. Kein Wunder, das längste Alphorn der Welt bringt's auf stattliche 14 Meter, und das in Bayern gebräuchliche auf F gestimmte Instrument immer noch auf 3,68 Meter. Da tut sich jemand viel, viel leichter, der gerne auf der Maultrommel spielt. Die ist gerade einmal acht Zentimeter lang und passt somit in jeden Hosensack. Aber weil ihr Tonumfang nicht nur in der Fachliteratur mit »eintönig« umschrieben wird, sind vor 100 Jahren viele wandernde Handwerksburschen und Bauernknechte, die gern auf der Maultrommel zupften, umgestiegen auf die variablere Mundharmonika. Noch beliebter in der Volksmusik war und ist die Geige, über die Hoffmann von Fallersleben dichtete:

>»Eine kleine Geige klingt gar lieblich,
>eine kleine Geige klingt gar schön!
>Nachbars Kinder und unser Spitz
>kämen alle wie der Blitz
>und sängen und sprängen
>mit mir auch herum.
>Didel didel didel dum dum dum!
>Didel didel didel dum!«

Wer je zuhören musste, wie ein kleiner Geigenschüler seine ersten Versuche über die Saiten kratzte, der wird eher glauben, dass Nachbars Kinder und der Spitz »wie der Blitz« davonsprangen. Dass die Geige in der bayerischen Volksmusik so wichtig wurde, hat seinen Grund in der Geografie. Als Vorläufer des Instruments gilt unter anderem die bauchige Laute, die aus dem Orient ins Allgäu kam, über Italien und die Alpenpässe. In Füssen, am Endpunkt der Gebirgsstraßen, trafen sich wandernde Lautenmacher und gründeten 1562 die erste Lautenmacherzunft Europas. Und aus der entwickelte sich dann nach und nach der Geigenbau. Älter noch als Geige und Laute ist die Zither, die landläufig als das typische Instrument der bayerischen Volksmusik gilt. Sie wurde vor allem durch einen bekannt und populär: durch Herzog Max in Bayern, den Vater der Sisi. Er hörte den bekannten Zithervirtuosen Johann Petzmayer auf einer Konzerttournee, engagierte ihn als Privatlehrer und wurde zum fanatischen Zitherspieler, was ihm den Namen »Zithermaxl« eintrug. Er soll das Instrument während einer Orientreise sogar auf der Cheopspyramide gespielt haben. »Lasset die Musicam hören!«, wie es in einer alten Version von »Lobe den Herren« heißt. Und das gerne auch auf Hackbrett und Quetschn, Trompete, Tuba und Klarinette. »Hauptsach, d' Luft scheppert!« ♦ ♦

Herzog Max in Bayern pries sein Lieblings-instrument, die Zither, mit den Versen

»Drum ist mir wohl bei ihr allein,
Weil sie, die einz'ge, mich versteht.
Ich laß die Menschen Menschen sein
Und spiel auf ihr von früh bis spät.«

Lust aufs Musizieren bekommen? In Bayern gibt es 215 Musikschulen. Einen Überblick und eine Statistik der beliebtesten Instrumente findet sich unter: ➜ *www.musikschulen-bayern.de*

33

REIF FÜRS ENTMÜDUNGSBECKEN

Einmal die Allianz Arena besuchen

Da wird er den Fans des FC Bayern sauber stinken. Sie haben zwar mit der Allianz Arena das schönere Stadion, aber das älteste Bayerns – und eines der altehrwürdigsten in ganz Deutschland –, das wird auf immer mit den »Sechzgern«, mit dem TSV 1860 München, in Verbindung gebracht werden. Die Spieler dieses Vereins hatten viele Jahre lang rumgekickt, wo sie grade Platz fanden, draußen in Holzapfelkreuth oder am Giesinger Alpenplatz. 1911 sollte Schluss damit sein. Der Vorstand des Vereins kaufte ein paar Wiesen am Isarhochufer, an einer Straße, die ins damals noch ländliche Grünwald hinausführte, und auf diesem Grund baute man einen Sportplatz – für die stolze Summe von 14.000 Mark. Das Geld reichte sogar noch für eine überdachte Holztribüne, die wegen ihrer Form von den Münchnern als »Zündholzschachterl« geschmäht wurde. 160 Fans fanden in dem Schachterl Platz. Nach ein paar Erweiterungen konnte man 1920 einen Rekord vermelden: 8.000 Zuschauer kamen zu einem Spiel des TSV 1860 gegen den Lokalrivalen MTV 1879. Zuschauerrekord! In die Allianz Arena passen fast zehnmal so viele Besucher, genau 71.137. Und damit taucht sie noch nicht einmal unter den zehn größten Stadien der Welt auf. Kaum zu glauben, aber wahr: Das größte Fußballstadion steht in Pjöngjang, der Hauptstadt von Nordkorea. 150.000 Menschen können dort ihrer Nationalmannschaft zujubeln. Was wiederum wenig ist, wenn man es vergleicht mit einer Million Zuschauer. So viele sind in Bayern an einem normalen Fußballwochenende unterwegs, allerdings verteilt auf 15.000 Spiele, von der Kreisklasse bis zur 1. Bundesliga. Und da laufen die Spieler dann auf Plätzen auf, die manchmal nur 1.000 Personen Platz bieten – wenn überhaupt so viele kommen. Oder eben, in der Königsklasse, in der Allianz Arena, die praktisch immer, wenn der FC Bayern antritt, ausverkauft ist. 57.343 Sitzplätze, 13.794 Stehplätze, 1.374 Logenplätze und 2.152 Business Seats, dazu die Sitze für Ehrengäste und Sponsoren: Alles besetzt! Karten sind da nur schwer zu kriegen. Aber wer sich die

Im Entmüdungsbecken des Münchner Olympiastadions wird die Meisterschaft der Saison 1988/89 gefeiert.

Allianz Arena einmal anschauen will, kann dies ja in aller Ruhe tun, wenn nicht gespielt wird. Dann leuchtet sie vielleicht nicht so schön rot oder blau, je nachdem, welcher der beiden großen Münchner Vereine gerade am Ball ist, aber dafür darf man auch ins Allerheiligste des Stadions vordringen: in die Räume, in denen sich die Spieler vor dem Match umziehen, und zum Entmüdungsbecken, in dem sie sich nach dem Spiel entspannen. Und man kommt hoch über dem Spielfeld in die Logen der Reichen und Mächtigen, die, so hört man, das Spiel gerne auf den hier angebrachten Großbildschirmen verfolgen, bei Speis und Trank, und nur in Torsituationen an die Brüstung treten, um ins reale Leben hinunterzuschauen. Von den Spielerspinden unter dem Rasen bis ganz hinauf zu den Logen müssen allerdings einige Stufen überwunden werden: Ein paar Hundert sollen es insgesamt sein. Schade, dass man nach der Besichtigung nicht ins Entmüdungsbecken darf. ◆ ◆ ◆ ◆ ◆ ◆ ◆ ◆ ◆ ◆ ◆ ◆ ◆ ◆ ◆

34

197-MAL

Einmal einen fränkischen Osterbrunnen schmücken

$\mathfrak{W}$as machen die nur mit dem ganzen Dotter und all dem Eiweiß in Bieberbach? Genau 11.108 handbemalte Eier hingen im Jahr 2001 am Osterbrunnen der oberfränkischen Gemeinde. Daraus könnte man ja fast 2.000 Guglhupfe backen oder einen Kaiserschmarrn für mindestens 3.000 Leute zusammenrühren, womit man eventuell ins »Guinnessbuch der Rekorde« käme. Aber da stehen die Bieberbacher eh schon drin: mit dem 2001 größten Osterbrunnen der Welt! Dabei hat alles ganz klein angefangen, mutmaßlich in Aufseß, in der Fränkischen Schweiz. Hier soll man 1909 erstmals einen Gemeindebrunnen mit ein paar bunten Eiern geschmückt haben. Vielleicht als Dank dafür, dass es hier, im wasserarmen Oberfranken, das ganze Jahr aus einem Brunnarohr sprudelte. Heute wird schon ein durchschnittlicher Osterbrunnen mit 80 Metern Fichtengirlanden umwunden und mit 2.000 bunt bemalten Eiern verziert. Dazu kommen noch Blumen und die »Pensala« genannten Büschel aus Papier. Aber der Aufwand lohnt sich. Die fränkischen Osterbrunnen sind längst zu einer Touristenattraktion geworden. In Heiligenstadt hat man ganz genau gezählt: In der Osterzeit kommen jeden Tag 80 Busse zur Eierschau des Ortes. Kein Wunder, dass es das böse Gerücht gibt, die Oberfranken hätten sich in der Wirtschaftswunderzeit Gedanken darüber gemacht, wie man denn auch ein Stück vom Tourismuskuchen abbekommen könnte. Und seien dann auf die Idee mit den Eiern und den Brunnen gekommen. Die amtierenden Tourismusreferenten würden ihre Vorgänger im Amt ob solch weiser Voraussicht sicher loben und nur eines bemängeln: dass man seinerzeit die Fristen so knapp bemessen hat. Zwei Wochen bleiben die Brunnen geschmückt, dann wird wieder abgebaut. Dabei geht heute nicht mehr so viel zu Bruch wie noch vor ein paar Jahren. Weil immer wieder ganze Eiergirlanden mutwillig zerstört werden, haben sich viele Gemeinden längst Kunststoffeier zugelegt, die den Rest des Jahres vielleicht im örtlichen Bauhof auf ihren Auftritt warten. Ist ja auch viel praktischer, als jedes Jahr wieder neue Eier auszublasen, jedes einzeln mühsam zu bemalen – was schon einmal zwei Stunden dauern kann – und wetterfest zu versiegeln. Aber zwischen solche Kunsteier schmuggeln sich dann doch immer wieder mal echte. In der Gegend von Ansbach musste der Osterbrunnen 2013 etwas länger stehen bleiben: Eine Ente hatte beschlossen, das Kunstwerk aus Hunderten bunter Eier mit ihren eigenen zu ergänzen. Wenn sich auch im Osterbrunnen Ihres Ortes einmal eine Ente niederlassen sollte, nur Geduld: Enten brüten 32 Tage, an Pfingsten sind sie also spätestens wieder weg. Es sei denn, die Entenmutter setzt sich aus Versehen auf ein paar bunt bemalte Plastikeier – dann kann's dauern! ◆◆◆

Osterputz

Unter → *www.fraenkische-schweiz.com, Stichwort »Osterbrunnen«, findet sich eine Karte, auf der man alle 197 Orte sieht, die sich zu Ostern herausputzen. Und die eine oder andere Gemeinde ist sicher froh, wenn sich zusätzliche Helfer einstellen. Aber aufgemerkt: Nicht alle Orte schmücken ihre Brunnen in jedem Jahr.*

35

STELZENGEHEN

Einmal auf einem Waldfest feiern

Waldfest in Reitrain, 1908

Im schwäbischen Nattenhausen feiern sie eines und im oberfränkischen Hausen, in der Münchner »Waldwirtschaft« und im Schwarzwald. Waldfeste überall, wahrscheinlich gibt's auch am Amazonas eins, ein Regenwaldfest! Wo ein paar Bäume Schatten versprechen und eine Lichtung groß genug ist, um ein paar Bierbänke und Würstelbuden, ein Podium für die Musik und Zapfanlagen aufzustellen, wird zu einem sommerlichen Fest geladen. Aber bei den meisten dieser Waldfeste würden die Gemeinden und Vereine rund um den Tegernsee nur müde abwinken. Sie sehen sich als Erfinder dieser Spektakel und verweisen auf die legendären Nächte, die man schon 1908 in Reitrain gefeiert hat, Gartenfeste hießen die damals noch. Wer wollte, konnte sich bei Scheibenstechen und Preiskegeln, Schubkarren-rennen, Sackhüpfen und Stelzengehen vergnügen – und natürlich zum Klang von Tuba und Klarinette eine frische Mass trinken. Heute vergeht zwischen Juni und August kein Wochen-ende, an dem nicht irgendwo am Tegernsee ein Waldfest gefeiert wird, ausgerichtet von den

örtlichen Vereinen. Der FC Real Kreuth lädt zum »Leonhardstoana Hof« und die Hirschbergler in ihre »Trachtenhütte« am Fuße des Wallbergs; die Tegernseer Gebirgsschützen richten
ein Festl aus oder auch der Trachtenverein Bad Wiessee. Man trägt gern Tracht, und eine
Lederhosn ist allein schon deswegen von Vorteil, weil's auf den Waldfesten so voll ist, dass
man nur schwer einen gscheidn Sitzplatz kriegt. Insofern stimmt der Spruch: »Die Waldfeste
sind für Tegernsee das, was das Oktoberfest für München ist.« Angesichts übervoller Bierbänke sucht sich der eine oder andere schon einmal einen lauschigen Platz im Moos. Das
macht ja auf der Kurzen keine Flecken. Und die Deandl im Dirndl? Mei, die müssen sich
halt bei ihrem Buam auf den Schoß setzen, natürlich nur, um das Gwand zu schonen. Wenn
gegen Ende eines Waldfestes, oft erst beim ersten Hahnenschrei, schwankende Gestalten
aus dem Unterholz brechen, liegt's nicht daran, dass wieder Stelzenläufer unterwegs sind.
Da hat dann jemand zu tief ins Glas geschaut. Bei schlechtem Wetter werden die Waldfeste
ja abgesagt, wegen der »Gefahr der Bierverdünnung durch Regenwasser«. Und bei schönem
Wetter gibt's die halt nicht, die Bierverdünnung. »Heit hamma Schedlweh ...«, heißt's dann,
aber am Wochenende drauf geht's wieder auf zum nächsten Fest. Ganz schön anstrengend,
einmal rund um den See zu feiern, drei Monate lang, bis Anfang September wieder der
Spruch von Ludwig Thoma gilt: »Im Wald is so staad ...« Noch was: Bei einem Waldfest
außerhalb Bayerns wird feierlich ein Waldschrat inthronisiert. In den Mecki-Geschichten
lief früher manchmal so ein Schrat herum, ein Waldgeist, der Tag und Nacht im Schlafanzug
durchs Gehölz streifte. Für die ganz Harten, die von Juni bis August durchfeiern, wär das ein
praktischer Aufzug. Und wer weiß, vielleicht gibt's ja auch Schlafanzüge mittlerweile schon
in Dirndlkaro und mit Hischhornknöpfen? ♦♦♦♦♦♦♦♦♦♦♦♦♦♦♦♦♦♦♦♦♦♦♦♦♦♦♦♦♦

36

WO DIE GELBBAUCHUNKE ÜBER DEN BLAUEN TARANT SPRINGT

Einmal durch einen Nationalpark pirschen

Ja, wo is er denn – der Alpenbock?« Seit dem ersten Sonnenlicht pirschen wir jetzt schon durch den Nationalpark Berchtesgaden. Luren mit unseren Präzisionsfeldstechern 'nauf zum Watzmann und 'nüber zum Steinernen Meer, schaun, ob er sich am Ufer des Königssees rumtreibt, aber nix, weit und breit kein Alpenbock. Alle möglichen Nationalparkbewohner haben wir schon im Visier gehabt: Rehe und Hirsche, Gämsen, Steinböcke und Murmeltiere, aber keinen Alpenbock. Dabei machen die eine Mordswerbung mit dem Viech. Da: »Durch seinen Schutz auf europäischer Ebene ist der Alpenbock in allgemeineres Interesse gerückt. Sein Bild erscheint in verschiedenen Ländern auf Briefmarken und als Logo von Zeitschriften und Naturparks.« Auf Briefmarken, ja, da vielleicht, aber in der freien Natur? Halt, jetzt seh ich grad noch was in dem Prospekt: »Der Alpenbock (Rosalia alpina) ist ein Käfer aus der Familie der Bockkäfer« – ja dann! Da kann man lang durchs Fernglas schauen! Man kann aber auch leicht den Überblick verlieren in den beiden bayerischen Nationalparks, dem von Berchtesgaden und dem im Bayerischen Wald. Denn da wimmelt und wuselt es nur so von Tieren und Pflanzen, die anderenorts selten geworden sind. Luchs und Wildkatze streifen durch Blauen Tarant und Grünes Besenmoos. Der Schneehase duckt sich in den Pannonischen Enzian, und Schneemaus, Biber und Fischotter, Auer- und Birkhuhn fühlen sich im Schutz der Parks ebenso geborgen wie Mopsfledermaus und Gelbbauchunke, das Große Mausohr und der Alpenkammmolch. Im Bayerischen Wald äsen wieder Elche, die aus dem benachbarten tschechischen Nationalpark herüberwechseln, und bei Berchtesgaden kreisen Steinadler und Bartgeier über Steinböcken. Nur Wölfe will man im Nationalpark Bayerischer Wald so schnell nicht ansiedeln: So ein Raubzeug mögen die Waldler nicht, denen langt schon der Borkenkäfer, der große Teile der Naturparkwälder vernichtet hat. Da gibt's jetzt kein tarnendes Laub mehr und keine Tannennadeln – vielleicht kann man ihn ja dort einmal erwischen, den Alpenbock! ♦

Ranger gesucht

Die Verwaltung des Nationalparks Bayerischer Wald bildet in 14-tägigen Seminaren Waldführerinnen und Waldführer aus, »um den Besuchern im persönlichen Kontakt die Nationalpark-Idee näher zu bringen und Verständnis für den Wildnisgedanken zu wecken. Die Waldführertätigkeit beinhaltet in erster Linie Führungen mit Schulklassen oder Privatgruppen z. B. durch das Tier-Freigelände oder auf den Gipfel des Lusen.« Der Nationalpark Berchtesgaden sucht immer wieder einmal Praktikanten, die besonders intensiv durch die Natur pirschen möchten.

→ *www.nationalpark-bayerischer-wald.de*
→ *www.nationalpark-berchtesgaden.bayern.de*

37

WORTLOSES AUSSTRÖMEN EINER FREUDE

Einmal beim Jodeln den richtigen Ton treffen

Hoi hoi hoi drai ho i hoda ria drai

»Ja, es ist a Freud', meine liebe Leut',
wenn da Bua schö juchzet weit und breit;
wenn da Hirsch aufspringt, und wenn die Senn'rin singt,
dass es schallen tut schön in da Weit'.«

Erzherzog-Johann-Jodler

Die Tiroler sind lustig …« – und das, obwohl ihr Land ja bekanntlich nicht zu Bayern gehört. Trotzdem muss man einen Beitrag über das Jodeln korrekterweise mit Tirol beginnen, weil das Wort »Jodel(n)« vermutlich zum ersten Mal in dem Singspiel »Tyroler Wastl« vorkommt, das kein Geringerer geschrieben hat als Emanuel Schikaneder, von dem auch das Libretto zu Mozarts »Zauberflöte« stammt. 1796 hat Schikaneder das Stück verfasst, und in ihm kommt nicht nur die Volksweise von den lustigen Tirolern vor, sondern auch ein Vogelhändler namens Jodel. Dessen Name soll zusammengesetzt sein aus der ersten Silbe von »johlen« und der zweiten des Wortes »dudeln«. Es gibt sicher noch andere Erklärungen über den Ursprung des Wortes, aber die vom lustigen Vogelhändler Jodel klingt am schönsten. Gesangstechnisch gilt das Jodeln als Singen ohne Text bei häufigem schnellem Umschlagen

ali jo Hoi hoi hoi drai ho

zwischen Brust- und Falsettsimme. Und das beherrschen nicht nur die Älpler zwischen Kärnten und dem Allgäu. Es jodeln auch die afrikanischen Pygmaen und die Eskimos, die Lappen und die Kambodschaner. In vielen unwegsamen Regionen der Welt gab und gibt es diese spezielle Ruftechnik, um sich über weite Distanzen hinweg zu verständigen. In den Alpen ging von jeher zwischen den Almen der Almschroa hin und her, der Juchetzer oder der Küahsucher, den Josef Pommer 1902 in seiner Jodlersammlung aufführt, die »444 Jodler und Juchezer« umfasst. Wer das Jodeln erlernen möchte, hat also reichlich Auswahl. Und das nicht nur, was die Juchetzer angeht. Immer mehr Jodelschulen bieten ihre Dienste an. In der Schweiz gibt es schon einen Jodellehrer-Dachverband. Die »Wertacher Jodlergruppe« hält jeden Sommer die »Jodlarprob« ab, bei der Einheimische und Gäste in einem zweistündigen Kurs eine Art Jodeldiplom erwerben können. Und fast jeder Trachten-, Burschen- oder Fremdenverkehrsverein des Oberlands kann einen Jodelkurs vermitteln. Aber auch da, wo es allenfalls darum geht, die Distanzen zwischen Häuserschluchten zu überbrücken, finden die Juchetzer immer mehr Freunde. An einem Jodelkurs der Stadt München wollten 300 Urbayern und Preußen teilnehmen, nur 85 fanden Platz und durften sich am »Palzer Jodler« versuchen mit seinem »Hoi hoi hoi drai ho i hoda ria drai huli jo«. Loriot bezeichnete solch grammatikalische Besonderheiten in einem Sketch als »Zweites Futur bei Sonnenaufgang« und beschimpft eine Lernbegierige gar als »Jodelschnepfe«. Aber Loriot war auch kein Bayer, anders als Joseph Ratzinger. Der setzt dem Jodeln einen kleinen Heiligenschein auf. Er ist sich sicher, dass der heilige Augustinus mit seinem Jubilus, einer »Form wortlosen Rufens, Schreiens oder Singens«, nichts anderes meinte als das Jodeln. Und solch ein Jubilus ist nach Augustinus das »wortlose Ausströmen einer Freude, die so groß ist, dass sie alle Worte zerbricht«. Kann man es schöner sagen? ◆ ◆ ◆ ◆ ◆ ◆ ◆ ◆ ◆ ◆ ◆ ◆

Einem der Besten mal zuhören, wie es geht: ➔ www.youtube.com – Franzl Lang

38

DÖS SCHMECKT GUAT

Einmal in Regen Pichelsteiner essen

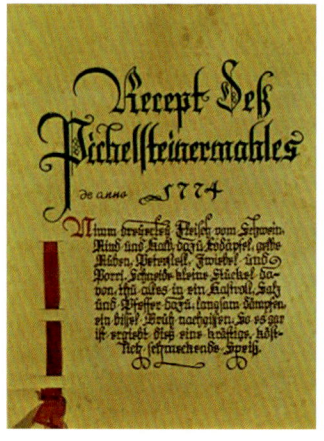

In der Stadt Regen einen Eintopf aus Gemüse, Kartoffeln und Fleisch verspeisen, das kann man natürlich das ganze Jahr über. Aber zum Festessen im wahrsten Sinn des Wortes wird so ein »Pichelsteiner« immer im Juli, wenn in der niederbayerischen Kreisstadt das Pichelsteinerfest gefeiert wird. Dann gibt es Gondelfahrten auf dem Regen, und ein Festzug wälzt sich durch die Stadt, aber das alles ist nur schmückendes Beiwerk und vertreibt die Zeit, bis es endlich aufgetischt wird in Gaststätten, Zelten und in der Festhalle: das »Pichelstoina«. Angefangen hat alles beim Winkler, seinerzeit Hofwirt in Regen. Da sind an einem Montag, es war der 27. Juli 1874, vier Regener zusammengesessen, deren Namen für immer und ewig in den Annalen der Stadt festgeschrieben sind: der Josef Hüttinger, der Xaver Sedlmayer, Peter Biller und Michael Loibl. Man war nach der Kirchweih noch verhockt beim Wirt, das Bier schmeckte, im Eck hinten spielte jemand auf der Harfe, und die Wirtin servierte ein Pichelsteiner. Das alles zusammen tat den vieren so wohl, dass sie spontan den Kirchweihmontag zu ihrem ganz persönlichen Feiertag ausriefen – und den benannten sie nicht nach dem Patron ihrer Pfarrei, sondern nach dem Eintopf, den sie gerade vor sich hatten. Das war die Geburtsstunde des Pichelsteinerfestes, das freilich recht bescheiden begann: Wie der Hofwirt in einer Chronik festhielt, versammelten sich im Jahr nach der Gründung gerade einmal 16 »Pichelstoina« um den Kessel mit dem Eintopf. Aber 1876 kamen schon 130 Besucher, und von da an lassen sich immer mehr Menschen von dem Ruf anlocken, mit dem die kleinen Köche, die den offiziellen Pichelsteinerkoch beim Festzug begleiten, Appetit auf den Eintopf machen: »Dös Pichelsteiner, es lebe hoch, hoch, hoch, und dös schmeckt guat!« Aber was ist das eigentlich, was da so hoch gepriesen wird? Wer hat es erfunden, das Pichelsteiner? Die Legende weiß von einer Wirtin, die im 18. Jahrhundert dem Panduren Trenck und seinen gefürchteten Landsknechten auftischen musste. Sie hatte nur Kraut, Rüben und ein paar Fetzen Fleisch in der Küche und ließ das alles in einem Kessel über dem offenen Feuer köcheln. So ein Kessel soll »Pichel« geheißen haben. Den Panduren hat's geschmeckt … und wenn sie nicht gestorben sind, dann essen sie noch heute. Die nüchterne, aber wahrscheinlichere Variante ist die von der Wirtin Augusta Winkler, die 1839 den Gästen des Büchelsteiner Festes, das bei Grattersdorf im heutigen Landkreis Deggendorf gefeiert wurde, einen Eintopf vorsetzte. Später hat sich die gute Frau nach Regen verheiratet und das Rezept samt dessen Namen mit in die Ehe gebracht. Sie lebe hoch! ◆◆◆◆◆◆◆◆◆◆◆◆◆◆◆◆◆◆◆◆◆◆◆◆◆◆◆◆◆◆◆◆◆◆◆◆

Wohl bekomm's!

Die Regener vermelden es mit Stolz: Kaum ein Kochbuch, in dem nicht ein Rezept ihrer Spezialität abgedruckt wäre. Eine der ältesten Fundstellen ist ein Lindauer Kochbuch aus dem Jahr 1894, und da heißt es zum Pichelsteiner:

»Man nimmt zu gleichen Teilen Rindfleisch, Kalbfleisch und Schweinefleisch; nach Belieben auch Schaffleisch; ersteres soll ein von Fett und Haut befreites Lendenstück sein. Es wird dann Alles über den Faden in große Würfel geschnitten, ferner Kartoffeln, Sellerie, gelbe Rübe, Petersilie, Porree und Zwiebel fein würflig. Nun wird der Boden eines gut schließenden Kastrols*, am besten eines Doppel-Kastrols, mit Ochsenmark belegt, darauf eine Lage der Kartoffeln und Wurzeln gegeben, hierauf je eine Lage von den verschiedenen Fleischsorten, und so wird fortgefahren bis Kartoffeln, Wurzeln und sämtliches Fleisch verbraucht ist. Zwischen jede Lage und obenauf kommt Ochsenmark, Salz und etwas Paprika oder spanischer Pfeffer. Das Kastrol wird als dann gut verschlossen und das Ganze ungefähr eine Stunde auf mittelstarkem Feuer gedämpft; wird ein Doppelkastrol benützt, so wendet man solches von Zeit zu Zeit um.«

* Ein Kastrol ist nichts anderes als ein Kochtopf, der Name ist abgeleitet vom französischen Wort »casserole« = Kochtopf

Zu den wohlgefüllten Kastrolen unserer Zeit führt dieser Pfad: → www.pichelsteiner.de

39

MAA, MEE, MOA

Einmal den Main von der Quelle bis zur Mündung entlangwandern

»… doch nimmer vergeß ich dich,
So fern ich wandre, schöner Main! Und
Deine Gestade, die vielbeglückten.«

Hölderlin: »Der Main«

Er ist Geheimnisträger und Winzer, Lebensspender und Unheilsbringer, Schiffsführer und Arbeitgeber, Seefahrer und Kunstschaffender – und er ist Visionär, der seine Blicke auch in die Zukunft richtet« – so poetisch wurde der Main vor Kurzem in Schweinfurt geschildert, in der Landesausstellung »Main und Meer«. Ein vielseitiger Fluss also und zudem einer, an dem sich trefflich entlangwandern lässt, durch einige der schönsten Landschaften Deutschlands. Der »Mainwanderweg« führt auf 490 Kilometern von der Quelle des Weißen Mains auf dem Ochsenkopf bis zur Mündung in den Rhein bei Mainz. Auf den ersten Metern könnte man es sich noch überlegen, den Weißen Main entlang zum Rhein oder ein paar Meter weiter der Fichtelnaab bis zur Donau zu folgen. Denn im Fichtelgebirge verläuft die europäische Wasserscheide zwischen den beiden großen Strömen des Kontinents. Der Wanderer, der sich für den Main entscheidet, wendet dem Stierhaupt, das in einen Felsen des gut 1.000 Meter hohen Ochsenkopfs eingemeißelt ist, den Rücken zu. Und er nimmt vielleicht noch eine kleine Überraschung mit auf den Weg:

Das Fichtelgebirge ist nicht nach Fichtenwäldern benannt, sondern wahrscheinlich nach der mittelalterlichen Erzgrube St. Veith: Vyth, Veit, Fichtel – so leiten Heimatforscher den Namen ab. Das dem heiligen Veith, eigentlich St. Vitus, geweihte Bergland ist nicht das einzige, das man den Main entlang durchwandert, man quert oder streift auch die Fränkische Schweiz und die Haßberge, den Steigerwald, den Spessart und den Odenwald. Verlaufen kann man sich nicht, ein schlichtes »M« zeigt den Weg, der sich zuweilen mit anderen touristischen Pfaden deckt, etwa dem Fränkischen Marienweg oder dem Fränkischen Rotweinweg – was den einen oder anderen vielleicht über einen kleinen Abstecher nachdenken lässt. Wer ohne Umwege schnurstracks weitermarschiert, kommt nach 50 Kilometern in Kulmbach zu der Stelle, wo sich der Weiße Main mit dem Roten vereint. Und von da an heißt er schlicht ... Nein, das stimmt ja gar nicht. Er heißt jetzt nicht Main, sondern in Oberfranken »Maa«, im östlichen Unterfranken »Mee«, am bayerischen Untermain wieder »Maa« und in der Wertheimer Gegend »Moa«. Das »Moin« der Kelten kommt noch zu dieser Liste, und schließlich das mittelalterliche »Meyn«. Im »Frankenlied« heißt unser Fluss schlicht Main, und wenn man in Staffelstein ist, sollte man sich an eine der Strophen aus dieser fränkischen Hymne erinnern, in der es heißt:

> *»Zum heil'gen Veit von Staffelstein*
> *komm ich empor gestiegen,*
> *und seh' die Lande um den Main*
> *zu meinen Füßen liegen.«*

Bei so einem Blick aus der Vogelperspektive könnte man auf die Idee kommen, die Wanderung etwas abzukürzen, an der Volkacher Mainschleife. Von Eisenheim aus direkt

→

Die Alternative

Wem der weite Weg zu Fuß zu beschwerlich erscheint, der kann den Main auch mit dem Fahrrad erkunden. Der Mainradweg ist etwa 600 Kilometer lang und startet wahlweise an der Quelle des Weißen Mains am Ochsenkopf oder bei der Quelle des Roten Mains in Creußen. ➜ *www.main-spessart.de*

nach Dettelbach queren, das würde ein paar Kilometer sparen, man versäumt so aber die größte Flussmäanderlandschaft Bayerns – und die Weinstuben Volkachs. Beschwingt von Silvaner und Bacchus, erreicht man Würzburg, das in den 70er-Jahren mit dem Motto warb: »Würzburg – Das Weinfaß an der Autobahn«. Hier könnte man zur Festung Marienberg hinaufsteigen und sich die größte Sammlung von Werken des Bildhauers Tilman Riemenschneider anschauen: 81 seiner Plastiken sind hier versammelt, ausgerechnet in der alten Würzburger Festung, in der Riemenschneider, weil er sich bei den Bauernkriegen auf die Seite der Rechtlosen gestellt hatte, eingesperrt und gefoltert worden war. Schon vor den Bauernkriegen des 16. Jahrhunderts war es gefährlich, entlang des Mains zu reisen. Wegelagerer und Raubritter machten nicht nur den Spessart unsicher, sondern auch die Wege entlang des Flusses. Kaufleute aus Nürnberg oder Augsburg, die jedes Jahr zur großen Frankfurter Messe aufbrachen, waren ein lohnendes Ziel. Um sie zu schützen, stellte der Stauferkaiser Friedrich II. den Kaufleuten schon 1240 einen Geleitbrief aus, der ihnen sichere Fahrt nach Frankfurt garantieren sollte. Und in Seligenstadt, auch eine Station des Mainwanderwegs, übergaben die Kurmainzer Schutztruppen die Reisenden an Frankfurter

Soldaten. Dem heutigen Wanderer bleibt ein Brauch, der in Seligenstadt immer noch zur Erinnerung an Friedrichs Geleitbrief gefeiert wird, im richtigen Leben erspart: Wer als Neuling den Schutz von Kaufmannsgilde und Kaiser beanspruchen wollte, der musste als Aufnahmeprüfung einen »Geleitslöffel« Wein auf einen Zug austrinken. Und der Löffel fasste einen vollen Liter! So gestärkt kämen Sie auf den letzten Kilometern nach Mainz, wo der Mainwanderweg endet, wohl arg ins Torkeln. ♦♦♦♦♦♦♦♦♦♦♦♦♦♦♦♦♦♦♦♦♦♦♦♦

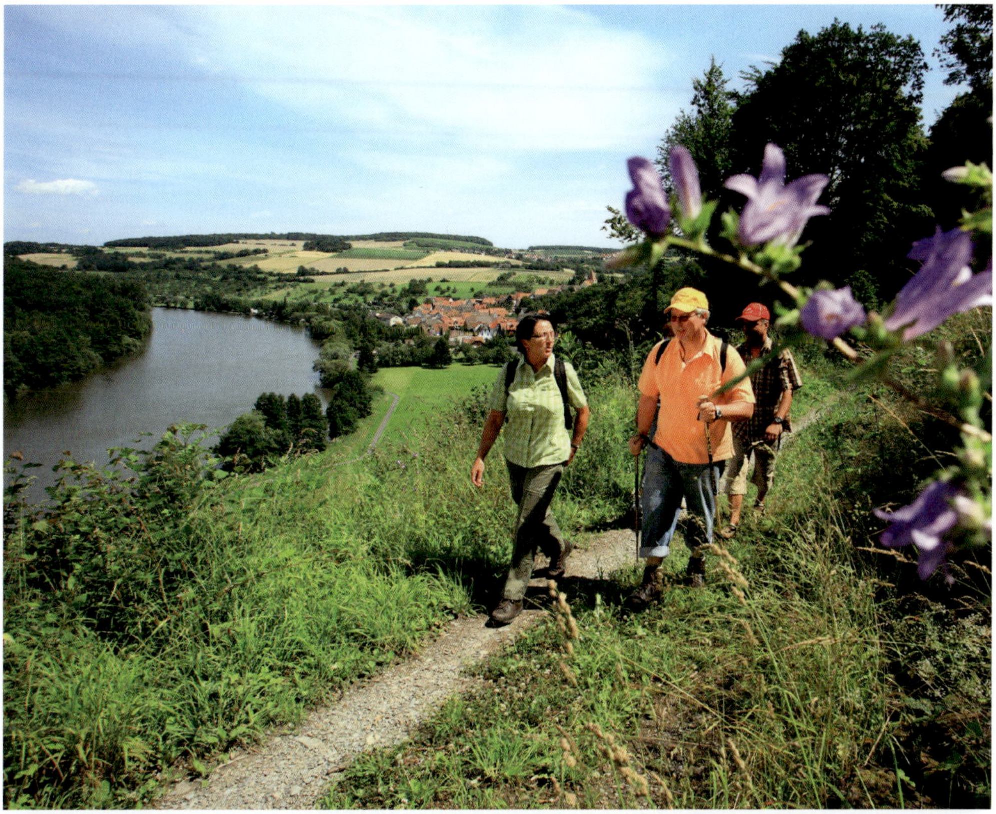

Der Main von der Quelle bis zur Mündung

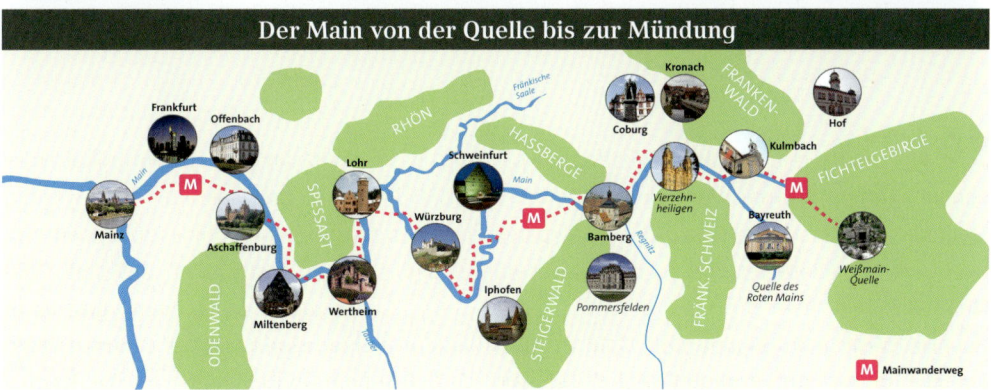

40

SCHWERER DIE GLOCKEN NIE KLINGEN

Einmal das Aschaffenburger Carillon hören

Am schönsten klingt das Aschaffenburger Carillon jedes Jahr am ersten Augustwochenende. Dann reisen zum Carillonfest am Schloss Spieler aus aller Welt an. Und von Juni bis September gibt es am ersten Sonntag eines jeden Monats um 16 Uhr ein Konzert.

2019 wird gefeiert in Aschaffenburg. Dann wird eine der Sehenswürdigkeiten – genauer gesagt »Hörenswürdigkeiten« – der Stadt 50 Jahre alt. Und aus aller Welt werden »Männer der Faust« anreisen, um hinaufzusteigen in den Ostturm von Schloss Johannisburg. Dort steht in 62 Meter Höhe ein außergewöhnliches, seltenes Instrument, das seit 1969 Himmelsklänge über die Stadt schickt. Gerade einmal sechs dieser Instrumente gibt es in Bayern. Wenn man dagegen die Zahl der Blockflöten, Ziehharmonikas oder Gitarren setzt, dann ist das Aschaffenburger Carillon – so heißt das Instrument – wirklich eine Rarität, freilich

eine mit langer Historie. Schon im 14. Jahrhundert beherrschten die Turmwächter mittelalterlicher Städte die Kunst, auf vier Glocken durch rhythmischen Anschlag eine Art Melodie zu erzeugen (»quatrillionem«). Vor allem in den Niederlanden, in Belgien und in Nordfrankreich hat man diesen einfachen Stundenschlag immer weiter verfeinert, bis Mitte des 17. Jahrhunderts die Glocken für ein erstes Carillon gegossen wurden. Ein Instrument, für das heute von der World Carillon Federation genaue Regeln vorgegeben werden: Mindestens 23 Glocken muss es haben; alles, was weniger tönt und bimmelt, gilt als schnödes Glockenspiel. Und ein Spieltisch gehört dazu, wie bei einer Orgel, von dem aus der »Carillonneur« die Glocken mithilfe von Seilzügen, Klöppeln und Hämmern zum Klingen bringt. Nicht als einfaches Bimbam, sondern konzertant nach Noten. Das Aschaffenburger Carillon übertrifft all diese Mindestanforderungen bei Weitem! In der Turmhaube des Schlosses steht der Spieltisch, und darüber hängen, vom Boden aus sichtbar, 48 Glocken. Die kleinste wiegt zehn Kilo, die Bourdonglocke, das Schwergewicht, über fünf Zentner. Wer diese Glocke zum Klingen bringen will, der kann nicht mit zartem Klavieranschlag zu Werke gehen: Ein Carillon wird regelrecht traktiert, mit den Fäusten, manchmal wird es auch per pedes, über Pedale, gespielt. Allzu viele Musiker, die sich diesem Instrument verschrieben haben, gibt es nicht. Die Ausbildung dauert. Wilhelm Ritter, der den schönen Titel »Stadtglockenspieler zu Kassel und zu Aschaffenburg« trägt, eignete sich die Grundkenntnisse an der Glockenspielschule im niederländischen Amersfoort an und brachte es dann in weiteren fünf Jahren an der Königlichen Glockenspielschule im belgischen Mechelen zur Meisterschaft. Ein wahrer »Arbeiter der Faust«! ♦♦♦♦♦♦♦♦♦♦♦

Sehen und Staunen

Auf YouTube findet man unter dem Stichwort »Carillon Aschaffenburg« ein Video, auf dem der Stadtglockenspieler das Johannisburger Carillon erklärt.

41

NOCH EINE FÜNFTE JAHRESZEIT

Einmal »Songs an einem Sommerabend« erleben

Alle waren sie schon da: der Konstantin Wecker und die Claudia Koreck, Viva Voce und Rosenstolz, Willy Astor, Haindling und Hubert von Goisern. Und natürlich Hunderttausende von Besuchern, in all den Jahren, seit 1987 zum ersten Mal von einer Wiese des oberfränkischen Benediktinerklosters Banz aus weltliche Lieder aufstiegen: »Songs an einem Sommerabend«. Ado Schlier, Moderator des Bayerischen Rundfunks, hatte die Idee. Seitdem pilgern immer am ersten Freitag und Samstag im Juli Musikliebhaber zum Kloster herauf, zur »fünften Jahreszeit« der Gemeinde Bad Staffelstein, wie deren Bürgermeister das zweitägige Festival stolz nennt. Weit geht der Blick ins Land, von der Klosterwiese hinüber zur Basilika Vierzehnheiligen und zum Staffelberg.

Aber man kommt ja nicht wegen der Aussicht. Man möchte im Gras sitzen und sich von Hannes Wader begrüßen lassen, mit einem »Gut, wieder hier zu sein, gut, euch zu sehn ...« Man möchte mitträumen, wenn Haindling singt: »Guade Nacht, Leid auf der andern Seiten von der Welt«. Und man freut sich auf die Künstler, die den Nachwuchswettbewerb am Donnerstag vor den Liederabenden gewonnen haben. Vielleicht hört man ja einen Star von morgen?

Rosenstolz, Bodo Wartke oder Viva Voce haben hier zum ersten Mal vor großem Publikum gesungen. »Lieder, die Brücken bauen« hat Ado Schlier 2013 als Motto ausgegeben, und das bezieht Konstantin Wecker auch auf »eine gelungene Mischung aus jungen, oft unbekannten Künstlern und ›alten Hasen‹«. Die Jungen wie die Alten, sie spielen neuerdings auf einer überdachten Bühne. Vorbei sind die Zeiten, an die sich Reinhard Mey erinnert, in seinem Lob über das Publikum der »Songs an einem Sommerabend«: Das nehme weite Anreisen, steile Fußmärsche, Wind und Wetter in Kauf, und für so ein Publikum lasse er es »auch gern mal in seine Gitarre regnen«. Wenn an einem von Ado Schliers »Sommerabenden« wieder einmal ein leichter Regen fällt, dann können's die Fans ja mit der Songlyrikerin Anna Depenbusch halten, die 2013 dabei war. Mit ihrem Lied: »Ich bau mir einen Sommer aus buntem Glanzpapier«. In einem Reiseführer aus der Zeit um das Jahr 1912 erwähnt der Autor »die vielen Tausende, welche die Banzhöhe als Jungbrunne nach des Alltags Müh' und Ärger aufsuchen …« Gab es etwa damals schon »Songs an einem Sommerabend«? ♦ ♦ ♦ ♦ ♦ ♦ ♦ ♦ ♦

DADÜ-DADA

»Songs an einem Sommerabend« sucht jedes Jahr Nachwuchskünstler. Und man wünscht sich mehr Bewerbungen aus der Region, »um die fränkische Klangfarbe mehr zum Tragen zu bringen«. Das hat sich Willy Astor zu Herzen genommen, der auch schon einmal dabei war, auf der Klosterwiese von Banz:

> *»Franken sind brudal erodisch*
> *Und mendal dodal hypnodisch*
> *Ich habe gerne mal am Droddoir ein Dede-a-Dede*
> *Wir Franken, wir sind durchfrankiert*
> *Von Nürnberg bis weid hinauf nach Fürdh*
> *Polizei macht bei uns DADÜ-DADA!«*

42

IN DIE WOLKEN RAGTE IHR WIPFEL

Einmal unter Bayerns ältestem Baum stehen

Eine Vorbemerkung: Bäume sind Lebewesen, sie werden meist viel älter als wir Menschen, aber irgendwann ist auch ihre Zeit gekommen, Blitzschlag, morsches Holz, ein Sturm – und was gestern noch ein viel bestauntes Naturdenkmal war, ist ein Haufen Brennholz. Drum sind all die Listen, die von den ältesten Bäumen kursieren, recht kurzlebig. Und sie weichen auch erheblich voneinander ab. In der einen wird die »Bavariabuche« von Pondorf auf 400 bis 800 Jahre geschätzt, in einer anderen Aufzählung gesteht man ihr gerade mal 313 Jahre zu. Ja, mei – um das Alter exakt zu messen, müsste man den Baum durchsägen und die Jahresringe zählen. Und das will natürlich keiner. So wird halt viel geschätzt und gerätselt, etwa auch beim angeblich ältesten Baum Deutschlands, der alten Eibe von Balderschwang. Wer sich in ihrem Schatten ausruhen möchte, muss von Balderschwang aus zu einer Allgäuer Alpwiese auf gut 1.100 Meter hinauf. Und manch Wandersmann, der sich auf einen kraftstrotzenden Baum gefreut hat, wird jetzt enttäuscht sein. Zwei Stammteile stehen noch, gerade mal sieben Meter hoch, der Rest, wenn's einen gab, ist verschwunden. Und das macht die Altersbestimmung so verzwickt: Wenn es einen Rest gegeben hätte, längst verfault, dann hätte die Eibe einmal einen Umfang von acht Metern gehabt – und könnte schon zu Zeiten Karls des Großen, vor 1.200 Jahren, auf ihrer Wiese gewurzelt haben. Wenn es aber schon immer zwei Bäume waren, die heutigen Stumpen, dann brächte es die Balderschwanger Eibe gerade mal auf 600 Jahre. Es ist ein bisserl wie bei dem alten bayerischen Seufzer: »Wenn der Weni mit'm Hädi …« – einen Baum schätzen tät. Das ist auch bei der »1.000-jährigen Eiche« nicht einfach, die in Oberthulba in der bayerischen Rhön steht, im Ortsteil Reith. Die Äste mit Stahlseilen verspannt, die großen Kerben im Stamm mit Eisenrohren verstrebt, der Stamm vermoost – wenn man den Baum so mitgenommen stehen sieht, möchte man gerne glauben, dass er tatsächlich 1.000 Jahre in der Krone hat. Die Eiche nimmt noch immer an Umfang zu, im Jahr rund zweieinhalb Zentimeter auf jetzt gut sechs Meter. Bei dieser Wachstumsrate käme man auf ein Alter von gerade mal 300 Jahren. Ganz genau weiß man das Alter bei den Bäumen, die zu wichtigen Anlässen gepflanzt wurden. Wie bei den zwei »Türkenlinden« von Ottendorf, die am rechten Ufer des Mains stehen, nicht weit von Haßfurt entfernt. Sie wurden 1683 gepflanzt, von fränkischen Soldaten, die aus Wien heimkamen, siegreich, von der Schlacht gegen die Türken. Sicher nicht die ältesten Bäume Bayerns, aber dafür ist hier das Alter geklärt. Ein Besuch bei solchen Baumgreisen lohnt sich allein schon ihrer urigen Namen wegen: In Bad Brückenau steht die »König-Ludwig-Eiche«, in Oberleichtersbach die »Urbuche«, in Nedendorf ist man stolz auf den »Hüter des Feldes«, eine alte Eiche, und in Wessobrunn auf die »Tassilolinde«. Für all diese Riesen gilt, was der Prophet Ezechiel im Alten Testament über eine Libanonzeder schrieb: »Die Pracht ihrer Äste gab reichlichen Schatten. Hoch war ihr Wuchs und in die Wolken ragte ihr Wipfel.« ◆ ◆ ◆ ◆ ◆

Ehrt das Alter

An der »1.000-jährigen Eiche« von Reith hat man
vor vielen Jahren eine Tafel angebracht, deren Text
alle, die an ihrem Alter zweifeln, in die Schranken
weist:

»Göttliches Walten
Hat mich erhalten.
Trotz allen Gefahren
Seit Tausend Jahren.
Ehrt das Alter alle Zeit;
Gott mit meiner Heimat
Reith.«

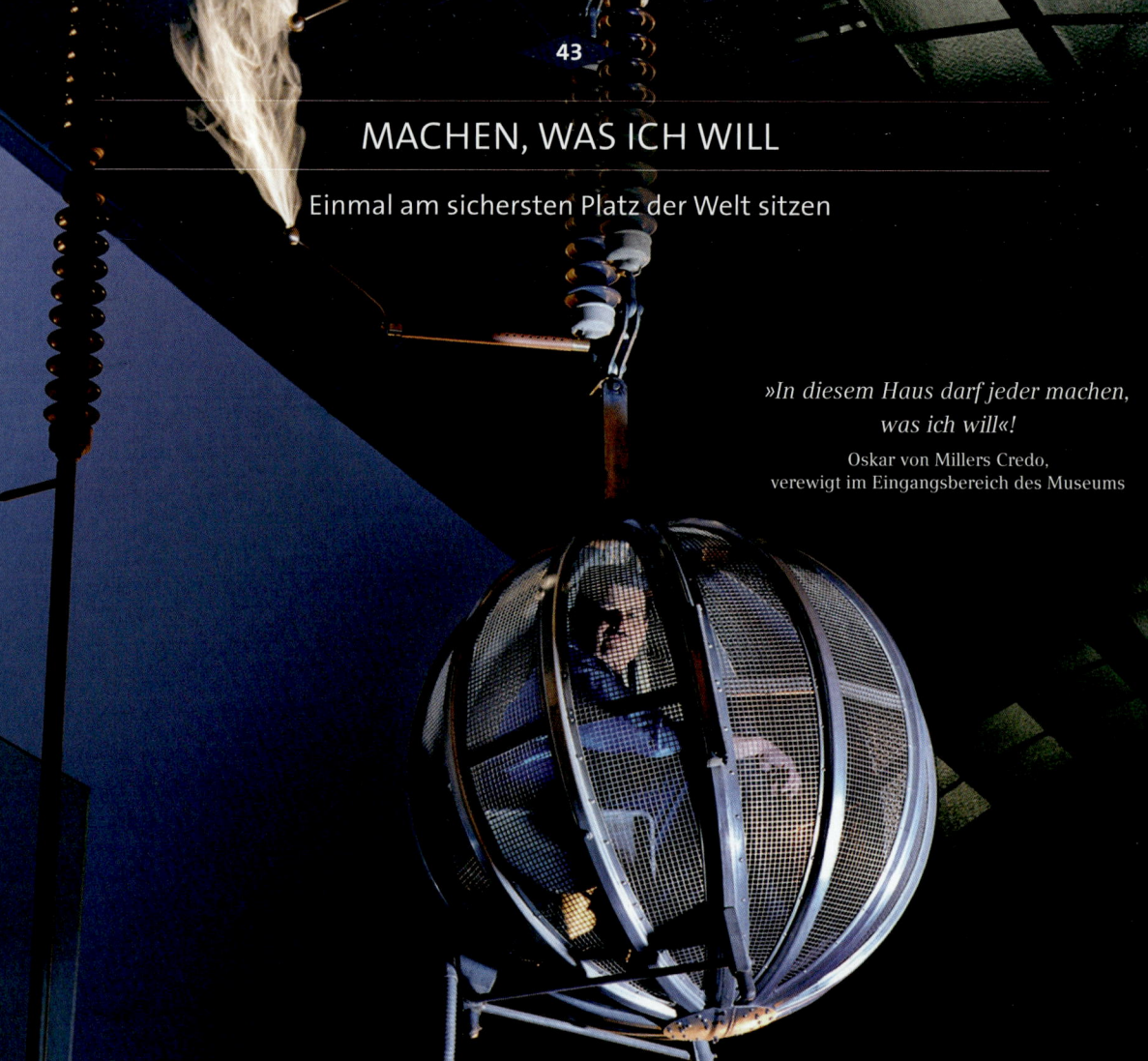

43

MACHEN, WAS ICH WILL

Einmal am sichersten Platz der Welt sitzen

»In diesem Haus darf jeder machen, was ich will«!

Oskar von Millers Credo,
verewigt im Eingangsbereich des Museums

Der Hubert Hügel, der traut sich was! Fast jeden Tag klettert der wissenschaftliche Volontär auf der Münchner Museumsinsel in einen Drahtkäfig, an dem schwarze Lettern auf gelbem Grund verkünden: »Hochspannung! Vorsicht, Lebensgefahr!« Unter ihm steht ein Kollege, der jetzt gleich 220.000 Volt durch das Gehäuse jagen wird – vor den Augen des staunenden Publikums. Die Mitarbeiter des Deutschen Museums, die als »Mister 220.000 Volt« auftreten, sie zählen sicher zu den am meisten bewunderten »Objekten« im »Deutschen Museum von Meisterwerken der Naturwissenschaft und Technik«, dem größten naturwissenschaftlich-technischen Museum der Welt. 1903 begann der geniale Forscher und Ingenieur Oskar von Miller mit der Planung des Gebäudes, das heute der Münchner Museumsinsel den Namen gibt – auf einer Sandbank in der Isar, auf der einst Flöße mit Holzkohle aus dem Oberland anlandeten. Energie von gestern! Sie sollte Platz machen für einen Weihetempel, der den neuen Techniken gewidmet sein würde. Welche das waren, kann man an der Liste der Persönlichkeiten ablesen, die Oskar von Miller als Mitglieder des Gründervereins gewinnen konnte: Wilhelm Conrad Röntgen, Carl von Linde, Hugo von Maffei und Rudolf Diesel. Aber auch viele andere Wissenschaftler und Unternehmer aus allen Gebieten des Deutschen Reichs trugen dazu bei, dass zur Eröffnung des Museums am 7. Mai 1925 ein schier unglaubliches Sammelsurium von Ausstellungsstücken und begehbaren wissenschaftlichen Landschaften zusammengetragen war: das foucaultsche Pendel und ein Nachbau der steinzeitlichen Altamirahöhle, ein Mathematisches Kabinett und Cäsars Rheinbrücken, ein begehbares Bergwerk unter dem Museum, das viele Besucher heute noch für echt halten, die Rekonstruktion der historischen Klosterapotheke von St. Emmeram in Regensburg und – ein Vorführexemplar des Faradaykäfigs, der etwa die Insassen eines Autos oder eines Flugzeugs vor stärksten Stromschlägen, sogar vor einem Blitz, schützt. Heute kommen jedes Jahr weit über eine Million Besucher ins Deutsche Museum, nicht nur um staunend vor dem Faradaykäfig zu stehen oder sich in die engen Gänge des Schaubergwerks zu wagen. Die meisten schauen wohl auch in der magischen Welt des Museumsshops vorbei, bewundern ein Magnetbild des »rumplerschen Tropfenwagens«, den Bausatz für einen Blechdosenroboter oder Leonardo da Vincis Katapult. Und blättern in einem der vielen Fachbücher, um mehr über ein Ausstellungsstück zu erfahren, das sie gerade besonders fasziniert hat – im größten technischen Museum der Welt. ♦♦♦♦♦♦♦♦♦♦♦♦♦♦♦♦♦♦♦

Hochspannung

Hubert Hügel, wissenschaftlicher Volontär im Bereich Energietechnik, sitzt immer wieder am wahrscheinlich sichersten Ort in ganz München und erinnert sich noch an seinen ersten Auftritt:

»Die Aufforderung, dass sich die Besucher die Ohren schützen sollen, ist das Zeichen, dass nun gleich 220.000 Volt an mein metallenes Gehäuse angelegt werden. Und schon höre ich den Lichtbogen summen. Die Erwartung, den berühmten Effekt nun am eigenen Leib zu erfahren, wird etwas getrübt, als mir bewusst wird, dass eben nichts zu spüren ist, abgesehen vom sirrenden Geräusch der elektrischen Entladung neben mir. Noch sicherer geht es nicht! Schon sinke ich unter dem Beifall der Besucher zu Boden. Beim Verlassen der Anlage frage ich mich, wofür ich den Beifall erhalten habe – ich selbst habe doch nichts getan.«

Unter → www.deutsches-museum.de findet man auch die Außenstellen des Museums: das Verkehrszentrum auf der Theresienhöhe in München, die Flugwerft in Oberschleißheim und das Deutsche Museum Bonn.

→ www.deutsches-museum-shop.de

44

FUNKENFLUG MACHT SÜCHTIG

Einmal richtig Dampf ablassen

Die Ausbildung zum Lokführer dauert bei der Deutschen Bahn drei Jahre. Im Bayerischen Eisenbahnmuseum in Nördlingen geht es einfacher. Die einzige Voraussetzung für den Ehrenlokführerschein, den das Museum ausstellt: Der Bewerber muss 18 Jahre alt sein. Mit der Urkunde in der Tasche darf er dann zwar keine ICE steuern, aber er kann bei einer Fahrt auf den Schienen des Museumsgeländes Dampf ablassen – aus dem Kessel einer alten Lok. Vielleicht sogar aus dem der »Füssen«, der ältesten betriebsfähigen Dampflok Deutschlands, Baujahr 1889. Als man mehr als ein halbes Jahrhundert früher, 1835, daranging, die ersten Schwellen für die »Bayerische Ludwigsbahn« zu verlegen, da wäre man froh gewesen, wenigstens einen Ehrenlokführer zur Verfügung zu haben. Oder zumindest eine Lokomotive. Die »Adler«, die erste Lokomotive der Ludwigsbahn, musste auf abenteuerlichen Wegen aus der Fabrik im britischen Newcastle nach Nürnberg geschafft werden. Denn es gab ja in Deutschland noch keine Schienen, auf denen sie hätte fahren können. Außer auf der Strecke zwischen Nürnberg und Fürth, die auf die »Adler« wartete. Also schleppte das Dampfboot »Herkules« die Kisten mit der zerlegten Lok den Rhein hinauf. Von Köln aus ging's mit Pferdefuhrwerken weiter, bis die Fuhrleute streikten – sie witterten die Konkurrenz. Aber die

Kisten trafen dann doch wohlbehalten in Nürnberg ein, und fränkische Zimmerer konnten darangehen, das Ungetüm zusammenzubauen – unter den gestrengen Augen von William Wilson, dem aus England angereisten Lokomotivführer. Der stand dann auch stolz im Führerstand der Lok, am 7. Dezember 1835, bei der offiziellen Eröffnungsfahrt der Ludwigsbahn. Die ersten Fahrten in den offenen Waggons verliefen nicht ohne Kalamitäten. Mal musste der Kälte wegen mit gemäßigter Geschwindigkeit gefahren werden, mal brannte Funkenflug Löcher in die Kleidung der Passagiere, die sich nach Ansicht hochmögender Ärzte ohnehin größter Gefahr für Leib und Leben aussetzten: Die hohe Geschwindigkeit der Adler – teuflische 25 Kilometer in der Stunde – musste den menschlichen Körper schon nach wenigen Fahrten dahinraffen. Heute weiß man, dass das Fahren hinter einer Dampflok allenfalls eine Gefahr mit sich bringen kann: Es macht süchtig. Zeugen dafür sind die Tausende von Fans, die Waggons, Bahnhöfe und Strecken bevölkern, wenn, was im Sommer an fast jedem Wochenende der Fall ist, irgendwo ein altes Dampfross ausrückt. ◆◆◆◆◆◆◆◆◆◆◆

Es fährt wieder der »Adler« von Nürnberg nach Fürth → info@db-museum.de
Es dampft aus dem Schornstein der 1935 gebauten Lok 01 150: → www.eisenbahnstiftung.de
Auf alten Holzbänken und offenen Plattformen geht's von Tegernsee aus mit Volldampf durchs Oberland mit dem Bayerischen Localbahn Verein: → www.localbahnverein.de
Die Dampflokgesellschaft München zeigt ihre alten Loks: → www.dampflokgesellschaft-muenchen.de
»Dampfwoche« in Bayerisch Eisenstein: → www.localbahnverein.de

45

TEUFELSBRATEN

Einmal vor den Perchten zittern

Die Raunächte gelten auch als Losnächte. Sie sagen das Wetter fürs ganze Jahr voraus. Jede der zwölf Raunächte steht für einen Monat. Ist das Wetter in der ersten Raunacht schlecht, wird's auch im Januar so sein. Ist die zweite Nacht schön und klar, weiß man, wie der Februar wird. Was aber ist, wenn es in der siebten Raunacht schneit? Schnee im Juli?

Bad Birnbacher Perchten

Am harmlosesten sind noch die »Strietzala«! Das sind eigentlich recht hilfreiche Gesellen, aber in den zwölf Raunächten, vom 25. Dezember bis zum 6. Januar, schleichen sie durch die Viehställe Frankens und verknoten den Kühen die Schwänze. Gesehen hat sie noch keiner, sie scheinen recht scheu zu sein. Ganz im Gegenteil zu anderen Gestalten, die in den dunklen Winternächten ihr Unwesen treiben. Früher genügte ein Kettenrasseln vor der Haustür, um Kinder, die in einer notdürftig beleuchteten Bauernstube beieinandersaßen, das Gruseln zu lehren. Man konnte sich noch so oft einreden, es seien nur die Nachbarsbuben mit Viehketten – war's nicht doch die »Drud« oder der »Gankerl«, die um den Hof strichen in den unheiligen Raunächten? Heute braucht es mehr, um die Menschen zu schrecken! Ein ganzes Geschwader von Unholden wird etwa im Bayerischen Wald beschworen, in dem Raunachtsvers von Sepp Oppitz:

»Der Uhu, Wolf und Luchs,   *Waldschrat, Kräuterweib und Fee,*
der Bär, der Hirsch, der Fuchs,   *Wildschütz, Fledermaus und Reh,*
die Hex, die Drud, der Zaubermeister,   *die Wildkatz und der Teufelsbraten,*
Nachtgespenster, Nebelgeister,   *alle seid Ihr eingeladen!«*

Im Bayerwalddorf Wollaberg schleicht in den Raunächten auch noch der »Diab« durch die Stuben, auf der Suche nach Essbarem. Der »Durandl« geht um, und der »Woidhausmichi« ist hinter dem Vieh her. Als ob das alles noch nicht genug wäre, segeln von den Gipfeln des Rachels und des Lusen die Geier zu Tal, die dort das ganze Jahr über gebannt sind. All diese Gespenster und Unholde wollen im tiefsten Grunde ihres rabenschwarzen Herzens das werden, was die Perchten im Alpenraum schon sind: eine Attraktion, die in den Raunächten Tausende von Besuchern in die Gemeinden des Oberlands und des Allgäus locken. Verkleidet mit möglichst gruseligen Holzmasken, Fell und Leder, ziehen sie durchs Voralpenland. Glocken und Schellen, Teufelsgeige, Peitschenknall und Trommel kündigen sie mit einem infernalischen Lärm an. In vorchristlicher Zeit sollte der Lärm die bösen Wintergeister austreiben. Die »Wilden Kerle«, die heutzutage durch viele Gemeinden ziehen, oft schon vom ersten Adventsamstag an, die gleichen selber einer Horde von Wintergeistern: Schiachperchten und Klausen, Buttnmandl und Habergoaß toben durch Straßen, die dicht gesäumt sind von Touristen. Eigentlich ist das Perchtenlaufen ja ein traditioneller Heischebrauch. Die Gruppen zogen in ihren Masken von Haus zu Haus und baten um Kletzenbrot, Nüsse und eine spezielle Art von Krapfen, die in einigen Gegenden »Raunudeln« hießen. Die milden Gaben forderten sie mit einem Lied ein, das in unterschiedlichen Dialekten zwischen dem niederbayerischen Waldkirchen und dem Alpenland gesungen wurde.

»Heit is Raunacht!
Wer hots aufbracht ...« ♦

46

WENN'S HILFT

Einmal einen bayerischen Glücksbringer beschwören

Bricht die Thalkirchner Brücke, die im Süden Münchens über die Isar führt, bald zusammen? Unter einer Zentnerlast von Glücksbringern? Münchens Baureferent scheint diese Befürchtung zu hegen: Er schickte einen Mitarbeiter aus, der mit einem Bolzenschneider Hunderte von »Liebesschlössern« von den Brückengeländern der bayerischen Hauptstadt zwickte. Verliebte Paare hatten sie dort angebracht und dann den Schlüssel weggeworfen, ewiges Glück für ihre Beziehung beschwörend. Ja, und wenn das alle so machen, dann endet's wie in Rom, wo schon erste Laternen unter der Last der Liebesschlösser zusammenbrachen, oder in Köln, wo an der Hohenzollernbrücke 40.000 Schlösser mit einem Gewicht von mehreren Tonnen hängen. Jede Generation und jede Region entwickeln, so scheint's, ihre eigenen Methoden, ein bisschen Glück in den Alltag zu holen. In Augsburg wandert man zur Stadtmauer, um dort dem »Schtoinernen Ma« über die eiserne Nase zu streichen, die man der Figur irgendwann einmal eingesetzt hat, als der ursprüngliche Steinzinken abgebrochen war. Liebespaare kommen besonders gerne zu ihm, um das Glück zu beschwören – vielleicht auch deshalb, weil der Steinerne Mann an einem lauschigen Platzerl in seiner Mauernische steht. In Nürnberg dreht man einen Ring, um sich des Glücks zu versichern. Und da muss man jetzt fein säuberlich unterscheiden: Den Ring findet man im Gitter des »Schönen Brunnens« auf dem Nürnberger Hauptmarkt – aber genau genommen sind es zwei Ringe, die auf geheimnisvolle Weise so in das Gitter eingelassen sind, dass sie sich drehen lassen: ein Messingring, an dem sich die Touristen versuchen, und ein eiserner, zu dem die gestandenen Nürnberger wandeln, um ihr Glück zu versuchen. Frauen, die den Ring dreimal drehen, werden schwanger, heißt es, aber aufgemerkt: Nach einer anderen Lesart der Sage bekommt man für jede einzelne Umdrehung des Rings ein Kind, das der Storch praktischerweise gleich aus dem Schönen Brunnen holt. Ob das all die Japanerinnen wissen, die wie wild an dem Messingring drehen? Nur noch vor der Münchner Residenz kann man mehr Touristen beobachten, die von einem bayerischen Glücksbringer profitieren wollen: Hier stehen bronzene Löwen, deren Nasen golden poliert sind, von den unzähligen Händen, die täglich an ihnen reiben. Glück und Wohlstand soll das bringen. Und die Geschichte geht so: König Ludwig I. wurde dereinst wegen seiner außerehelichen

Beziehung zur Tänzerin Lola Montez arg kritisiert, auch von einem Studenten, der eine Schmähschrift an die Residenz heftete. Der König ließ nach dem Verfasser fahnden, der Student schickte ein Bekennerschreiben, der König entgalt solchen Mannesmut mit Gold. Der Student, der den Tod erwartet hatte, wankte mit weichen Knien und einem Beutel voller Gulden aus dem Schloss und griff nach dem Ersten, was Halt versprach – einer Löwennase. Passanten, die das sahen, setzten dann die Glücksspirale in Gang. Die wird aber bald zum Stehen kommen. Denn die Schlösserverwaltung will die Originale schützen und durch Kopien ersetzen. Sie hat aber einen Trost parat: Bei den Originalen sei das Glück schon fast weggestreichelt gewesen. Die neuen Löwen hätten wieder volle Power! Diese Power müsste dann auch eine Bronzestatue der Kultfigur »Monaco Franze« haben, die ein findiger Barbetreiber jetzt in seinem Münchner Lokal aufstellen ließ: Wer ihr über die Nase streicht, geht nicht allein nach Haus, versichert der Wirt, und denkt dabei vielleicht an das Motto des »ewigen Stenz« alias Helmut Fischer: »A bisserl was geht immer!« Wer nächtens dann doch allein durch Münchens Gassen treibt, der schaut vielleicht am Alten Rathaus vorbei. Dort steht ein lebensgroßes Abbild von Romeos Julia, auch aus dunkler Bronze. Nur ihr linker Busen – also der glänzt ganz golden, wie frisch poliert. Wenn's hilft! ◆◆◆◆◆◆◆◆◆◆◆◆◆

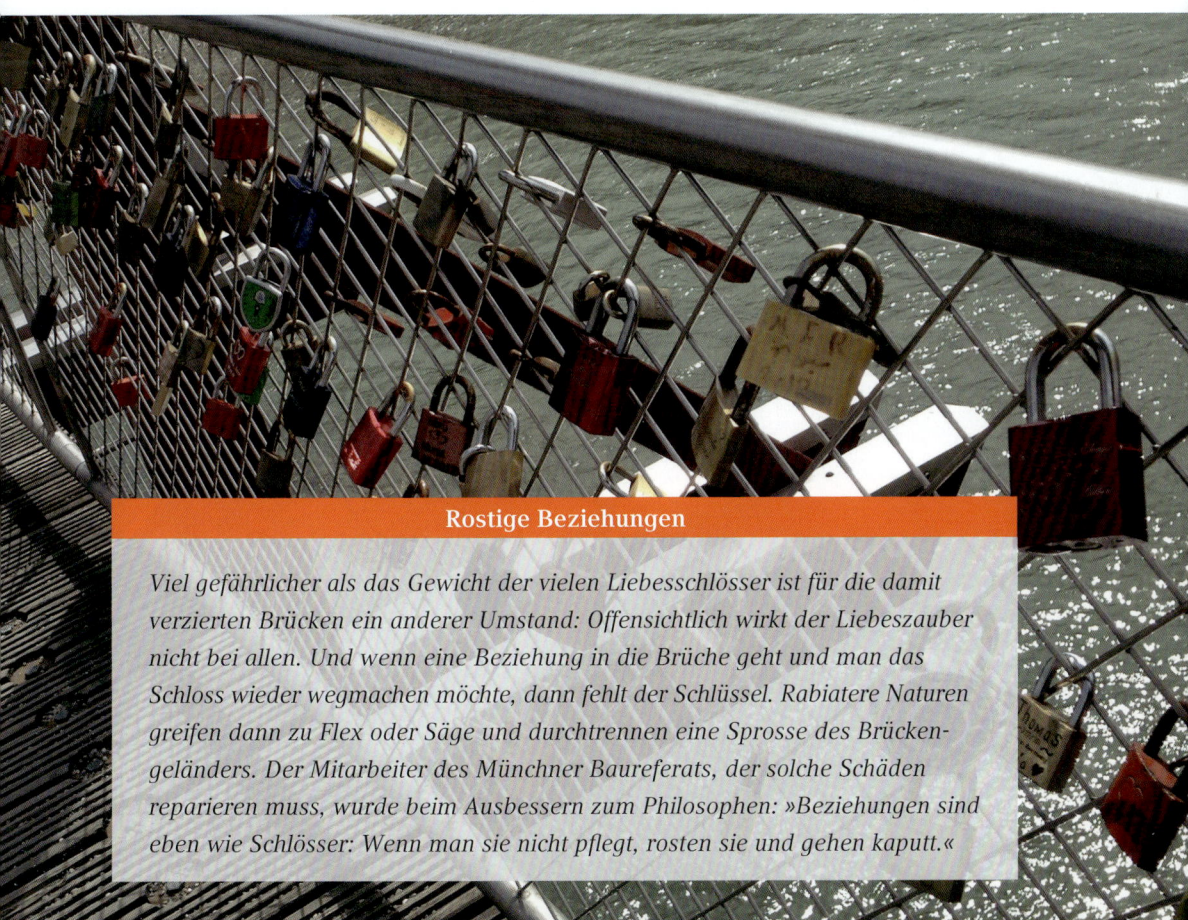

Rostige Beziehungen

Viel gefährlicher als das Gewicht der vielen Liebesschlösser ist für die damit verzierten Brücken ein anderer Umstand: Offensichtlich wirkt der Liebeszauber nicht bei allen. Und wenn eine Beziehung in die Brüche geht und man das Schloss wieder wegmachen möchte, dann fehlt der Schlüssel. Rabiatere Naturen greifen dann zu Flex oder Säge und durchtrennen eine Sprosse des Brücken-geländers. Der Mitarbeiter des Münchner Baureferats, der solche Schäden reparieren muss, wurde beim Ausbessern zum Philosophen: »Beziehungen sind eben wie Schlösser: Wenn man sie nicht pflegt, rosten sie und gehen kaputt.«

47

ICH HAB DIE WELT DURCHZOGEN

Einmal auf Sisis Spuren wandeln

»Ich hab geliebt, ich hab gelebt,
Ich hab die Welt durchzogen;
Doch nie erreicht, was ich erstrebt.
Ich hab und ward betrogen.«

Sisi

$\mathcal{D}$urch die ganze Welt will ich ziehen. Ich will zu Schiff die Meere durchkreuzen, ein weiblicher Fliegender Holländer.« Das hatte sie sich vorgenommen, die bayerische Herzogstochter Elisabeth Amalie Eugenie, die es auf den österreichischen Kaiserthron geschafft hatte, als Gemahlin Kaiser Franz Josephs. Sisi wollte sie genannt werden, heute deuten viele ihren Namenszug auch als »Lisi«. An der Seite des Kaisers, im Korsett des Wiener Hofzeremoniells, war sie zeitlebens unglücklich, und dieser Misere entzog sich die Kaiserin auf unzähligen Reisen: nach Mailand und Venedig, Korfu und Madeira, London und Amsterdam, Gibraltar und Ägypten – eine einzige Flucht! Wer auf den Spuren wandeln möchte, die Sisi im Ausland hinterlassen hat, der muss sich Zeit nehmen. Aber die braucht man auch, wenn man sich auf Bayern beschränkt. Wo anfangen? Im Herzog-Max-Palais in Münchens Ludwigstraße, in dem Sisi am Heiligabend 1837 geboren wurde? Und von hier aus hinein in die Stadt, auf den Spuren des Kindes, das an der Isar herumtobt, in einem weitläufigen Park, der ihrem Vater gehörte, dem heutigen

→

Nobelviertel »Herzogpark«. Ein Kind, das schnell die paar Meter vorläuft zur Residenz, zu den königlichen Verwandten, vorbei an der Baustelle der Feldherrnhalle. Und – viel später dann – auf den Spuren einer verbitterten Kaiserin, die ihre Hofdame, Gräfin Sztáray, bei einem gemeinsamen Spaziergang durch München ins Hofbräuhaus schleppt, wo man anonym ein Krügerl spült, sich eine Halbe genehmigt. Zu der geschockten Hofdame meint Sisi: »Mein Lieblingsgetränk ist diese braune Flüssigkeit auch nicht, doch es gehört schon zu meinen Traditionen, in München dem bayrischen Biere die Ehre meines Besuches anzutun.« Nach München dann: Possenhofen am Starnberger See, wo der Vater, Herzog Max in Bayern, seiner Liebhaberei wegen »Zithermaxl« genannt, eine bescheidene Sommerresidenz besaß, mit Blick auf die Roseninsel. Hier lernte Sisi reiten, streifte mit Bauernkindern durch das Schilf, fing Renken und Karpfen und schnabelte den örtlichen Dialekt. Eine »Bettelwirtschaft« sollten naserümpfende Wiener Hofschranzen das ländliche Idyll später nennen. Von Possenhofen aus könnte man sich auf die Roseninsel übersetzen lassen, auch das auf Sisis Spuren. Die traf sich hier mit ihrem Vetter Ludwig II. und hinterlegte in einem Sekretär der Inselvilla romantische Gedichte an den König:

> *»Einst sind wir einander begegnet*
> *vor urgrauer Ewigkeit*
> *am Spiegel des liebsten Sees,*
> *zur blühenden Rosenzeit.«*

Wer gut zu Fuß ist, der könnte jetzt von Possenhofen aus zu Fuß die 50 Kilometer nach München laufen – auch das auf den Spuren einer Kaiserin.
Sisis Tochter Marie Valerie schreibt am 7. Juni 1883 in ihr Tagebuch: »Mama ritt um 17.28 Uhr nach München, wo sie in den ›Vier Jahreszeiten‹ übernachtet und morgen zu Fuß zurückkommt.« Sisi war da 46 Jahre alt, und den Fußmarsch von und nach München hat sie öfter unternommen. Zu weit? Beschaulicher lässt sich's auf dem »Kaiserin-Elisabeth-Rund-

weg« der Gemeinden Pöcking und Feldafing auf Sisis Spuren wandeln. Oder auf der Straße hinüber zum Kloster Andechs, in dessen Gästebuch sich ein Eintrag der Kaiserin findet. Im Kloster hütet man auch ein Messgewand, das aus ihrem Hochzeitskleid geschneidert wurde. Solche Erinnerungsstücke an Sisi entdeckt man in ganz Bayern. Die Geheimtreppe, über die sie in Feldafing in das Hotel schlich, das heute ihren Namen trägt – sie führt mittlerweile zum Glockenturm der nahe gelegenen Dorfkirche von Traubing. Die Feder, mit der Sisi ihre Gedichte schrieb – im Museum im ehemaligen Bahnhofsgebäude von Possenhofen. Ein berühmtes Bild von Sisis Geschwistern – im Regensburger Schloss St. Emmeram, wo Sisi oft ihre Schwester Helene besuchte, die einen Thurn und Taxis geheiratet hatte. Im Rathaus von Rottach-Egern erinnert eine Gedenktafel an kaiserlichen Besuch am Tegernsee und dessen »fromme Hütten armer Fischer«, wie Sisi schreibt. In Altötting zeigt man Sisis goldenen Brautkranz, und von Bad Kissingen, wo sich die Kaiserin häufig zu Kur einfand, kann man auf Sisis Lieblingsspaziergang zum Sisidenkmal hoch über dem Tal der Saale wandern. Auch in Bad Brückenau erinnert man sich an Besuche der Kaiserin, der vom Badearzt kurz vor ihrer Ermordung eine traurige Diagnose gestellt wurde: »Blutarm, menschenscheu, gemütskrank.« Nichts mehr war geblieben von dem unbeschwerten Kind, an das man sich im Aichacher Wasserschloss Unterwittelsbach erinnert. Das gehörte Sisis Vater, und als der »Zithermaxl« einmal in der nahe gelegenen Dorfwirtschaft aufspielte, soll die junge Prinzessin mit einem Hut gesammelt haben. Die paar Münzen seien »ihr einziges selbst verdientes Geld«, hat die Kaiserin angeblich einmal geklagt. An die wohl folgenschwerste Reise der Kaiserin erinnert eine Plastik Sisis am Passauer Rathaus. Von München aus war der 16-jährige Wildfang über Landshut nach Deggendorf gefahren und dort auf das Dampfschiff »Stadt Regensburg« umgestiegen, das die Braut nach Wien bringen würde, zur Hochzeit mit dem österreichischen Kaiser. Ihre letzte Station auf bayerischem Boden war Passau, wo sie tränenreich Abschied nahm von der Heimat. Unter Sisis Büste steht: »Dem Andenken Weiland Ihrer Majestät der Kaiserin Elisabeth Höchstwelche am 21. April 1854 Auf Ihrer Donau-Brautfahrt Nach Wien Hier In Passau Von Den Bayerischen Landen Abschied Nahm.« Auch eine Spur! ◆ ◆ ◆ ◆ ◆ ◆ ◆ ◆

Wer auf Sisis Spuren wandeln möchte, kann dies auch hier tun: ➜ *www.sisi-strasse.de*

48

WIE DIE KUH IM SCHRATZLSTALL

Einmal in Bayerns Innerstes vordringen

Eigentlich ein Wunder, dass nicht überall in Bayern die Erde nachgibt unter einem, dass man nicht einbricht, so wie im Sommer 2005 die Kuh eines Bauern in Doblberg im oberbayerischen Glonn! Grad stand sie noch im satten Gras, und dann, plötzlich – weg war sie. Unter der Wiese verbarg sich ein Erdstall, und das schon seit vielen Hundert Jahren, ohne dass es jemand gewusst hätte. Ein Erdstall? Die Gänge, die sich unter der Glonner Flur fanden, haben mit einem Stall nichts zu tun, das Wort meint in seiner ursprünglichen Bedeutung »Stätte« oder »Stollen« – in Bayern sind solche Anlagen besser bekannt als »Schratzllöcher«. Zwerge, eben die Schratzl, sollen sie gegraben haben, vor ewigen Zeiten, aber das ist natürlich Unsinn. Nur wer hat die oft weitverzweigten Tunnel und Kammern dann in die Erde getrieben? Vor 1.000 Jahren! So eng und niedrig und verwinkelt, dass sie keinen rechten Nutzen gehabt haben können. Mit Durchschlupfen, die man nur auf Knien passieren kann. Zufluchtsstätten in Kriegszeiten? Nur Hungerkünstler hätten sich da unten verstecken können. Kultstätten eines heidnischen Brauchs? Zwischenstation für verstorbene Christen, deren Seelen in den Kammern auf den Jüngsten Tag warteten? Gott sei Dank gibt's in Roding den »Arbeitskreis Erdstallforschung« – und die werden da irgendwann schon herausfinden, was es mit den Schratzllöchern auf sich hat. Um einmal in Bayerns Innerstes vorzudringen, dafür eignen sich die rund 700 Erdställe, die es bei uns gibt, jedenfalls nicht besonders. Aber es gibt ja noch genug andere Höhlen und unterirdische Gänge. In der Teufelshöhle bei Pottenstein können Besucher Barbarossas Bart bewundern, aus Tropfstein geformt. Im Schulerloch, einer Tropfsteinhöhle im Altmühltal, sollen nacheinander die Neandertaler, Steinzeitmenschen, keltische Druiden, Räuber und bayerische Herzöge gehaust haben. In Bodenmais geht's bei einer Führung durch den 600 Meter langen Barbarastollen tief in einen Silberberg hinein. Unter dem oberfränkischen Weißenstadt hat man jahrhundertelang Kristalle abgebaut, mit denen unter anderem die Bayreuther Eremitage verschönert wurde. Heute bekommt man tief unter der Erde gezeigt, wie diese Kristalle entstanden. Unter Bayreuth liegen kilometerlange Labyrinthe, zum Teil als Bierkeller genutzt, aber wozu dienten sie früher? Sie können bei einer Führung gerne mitraätseln. Und in den Bergwerkstollen des niederbayerischen Kropfmühl kann man einem Mineral nachspüren, das wieder sehr gefragt ist: dem Grafit. Je zehn Schaubergwerke und Felsenkeller und neun Besucherhöhlen hat das Bayerische Landesamt für Umweltschutz in seiner Liste unterirdischer Attraktionen stehen, eine Auswahl, betont das Amt – und da sind die Schratzllöcher noch gar nicht dabei. Wie gesagt, fast schon ein Wunder, dass nicht öfter eine Kuh spurlos unter der Erde verschwindet! ◆ ◆ ◆ ◆ ◆ ◆ ◆

Unter die Erde geht's unter anderem hier:
➜ *www.teufelshoehle.de,* ➜ *www.silberbergbahn.de*
➜ *www.graphit-bbw.de,* ➜ *www.schulerloch.de*
Geführte Ausflüge in Bayerns Unterwelt bietet an: ➜ *www.jochenschweizer.de*

Wer in einer Höhle den Tropfen eines Stalaktiten auf den Kopf bekommt, der soll 100 Jahre alt werden.

49

HOFFENTLICH DER SCHWIMMKUNST NICHT ENTFREMDET

Einmal beim Fischerstechen die Balance halten

»Ihre Spiele bestehen außer denen, welche auf dem Lande üblich sind,
im Schwimmen, Schiffsrennen und Panzenstechen.«

Der Historiker Lorenz Westenrieder 1784 in seiner »Beschreibung des Würmsees«
über die Wettkämpfe der Seefischer

Fischerstechen bei der Bamberger »Sandkerwa«

Jm Rechnungsbuch der Stadt Bamberg findet sich für das Jahr 1498 ein ungewöhnlicher Posten: Die Brücke über die Regnitz war auseinandergebrochen und musste repariert werden – der Grund: Das Gedränge beim Fischerstechen war in diesem Jahr so groß gewesen, dass die Brücke die Last der Zuschauer nicht tragen konnte. Überall an Flüssen und Seen maßen die Fischer schon damals ihre Kräfte. In Würzburg wurde der Brauch 1508 in die Fischordnung aufgenommen, und in Nürnberg fasste der Rat 1582 den Beschluss: »Den Fischern soll man das Stechen auf der Pegnitz auf den Pfingsttag erlauben.« Seine Wurzeln soll der Kampf auf schwankenden Booten in den Ritterturnieren des Mittelalters haben, bei denen der Adel Geschicklichkeit und Kraft maß. In Nürnberg eiferten die Söhne des aufstrebenden Bürgertums den Rittern nach. Und die wurden wiederum von den Mitgliedern der Fischerzunft nachgeahmt. Im »Stadtlexikon Nürnberg« heißt es dazu: »In Nürnberg gab es das Gesellenstechen, das Turnier der Patriziersöhne, das die Fischer wohl mit ihrem Brauchspiel nachahmten.« Und weil die Fischer keine edlen Rösser hatten, verlegten sie ihr Turnier aufs Wasser und bekämpften sich von ihren Booten aus. Wobei die Regeln so schlicht und einfach waren wie die auf den ritterlichen Turnierplätzen: Es galt den Gegner mit einer Lanze zu Fall zu bringen – vom Ross auf den Boden oder eben vom Boot ins Wasser. Auf der reißenden Isar muss dieser Kampf besonders dramatisch gewesen sein, auch hier versammelte sich schon im frühen 16. Jahrhundert das Volk in den Flussauen, um die Kämpfer anzufeuern. Im 17. Jahrhundert interessierte sich plötzlich auch der Adel für das Volksvergnügen – Ritterturniere gab's ja keine mehr. Bei den höfischen Prunkfesten, die der bayerische Kurfürst Ferdinand Maria am Starnberger See gab – der hieß damals noch Würmsee –, trugen auch Fischerstechen zum Ergötzen des Publikums bei. Ein Jahrhundert später war's mit dem Fischerstechen scheinbar nicht mehr weit her. Denn in den »Malerischen Ansichten des Starnbergers Sees« heißt es 1832: »Es waren unter den Fischern auf dem Starnberger See ganz eigene Spiele wie Schifferstechen und Schiffsrennen herkömmlich, welche aber lange schon abgekommen, da die Fischer der Schwimmkunst meist entfremdet sind.«

Prinzregent Luitpold verhalf dem Fischerstechen auf dem See zu neuem Glanz, als er 1907 einen Wanderpokal aus Gold für den Sieger des Starnberger Fischerstechens stiftete. Erster Sieger und Fischerkönig war Mathias Hirn aus Ambach. Und bis heute treten in jedem Sommer Burschen, die längst nicht mehr alle der Fischerzunft angehören, gegeneinander an: in Laufen an der Salzach und Neuhaus am Inn, in Donauwörth oder in Seeshaupt am Starnberger See. Beim Dießener Fischerstechen ist es ein besonderes Vergnügen, Mitglieder des Gemeinderats samt Bürgermeister in den Ammersee zu schubsen. Und wenn weder Fluss noch See in der Nähe sind, tut's auch mal ein Freibad, wie beim Oberhachinger Fischerstechen. Hoffentlich können alle, die da mitmachen, schwimmen! ♦♦♦♦♦♦♦♦♦♦♦♦♦♦♦♦♦♦♦♦

Körperliche Raffinesse

Der Lidl Andi, der Sohn des Seeshaupter Fischmeisters, hat schon »so sieben- oder achtmal« das örtliche Fischerstechen gewonnen. Worauf's ankommt? »Geschicklichkeit, Ausdauer und körperliche Raffinesse!«

50

SIEBEN, ACHT, NEUN, FÜNFZEHN?

Einmal einen Prinzregenten vernaschen

»Hoch unser Prinzregent! Mit reichstem Segen,
Gott segne Ihn und unser Königshaus.«

So jubelten die Leute 1910, auf der Jubiläums-Wiesn, Prinzregent Luitpold zu. Keine andere Epoche der jüngeren bayerischen Geschichte wurde im Nachhinein so verklärt wie die Zeit, in der Luitpold das bayerische Königreich regierte: von 1886 bis 1912 – als Statthalter, erst für Ludwig II. und danach für dessen Bruder, den nervenkranken König Otto. Luitpold, »des Königreich Bayerns Verweser«, galt als leutseliger Herr, der gerne in der kurzen Lederhose in den Bergen herumkraxelte und noch lieber auf Gams und Hirsch anlegte. Bei der Fronleichnamsprozession ging er mit der Kerze in der Hand hinter dem Allerheiligsten her, und in den Münchner Tabakläden sah man ihn zwischen Münchner Bürgern sachkundig die Zigarren prüfen, ein Dutzend rauchte er jeden Tag. Die Bayern dankten ihm seine Volksnähe: Überall im Land wurden dem Prinzregenten Luitpoldparks und Prinzregentenplätze, Brunnen und Denkmäler gewidmet. Und – eine Torte! Eine

Torte? Welcher Konditor kam bloß als Erster auf die Idee, sich eine »Prinzregententorte« ins Schaufenster zu stellen? Ja, wer war's? Da heißt's vorsichtig sein. Denn gleich drei Münchner Konditorendynastien machen sich das Recht streitig, als Geburtshelfer in der Backstube gestanden zu haben, in der die erste Prinzregententorte aufgeschichtet wurde. Da ist einmal der Hofkonditor Erbshäuser, der als Erfinder gilt und dessen Nachfolger noch heute Torten »nach dem Originalrezept« backen. Deren Version bezeugt der Münchner Literat und Historiker Hermann Heimpel, der in seinen Erinnerungen beschreibt, wie seine Mutter in den Jahren vor dem Ersten Weltkrieg beim Erbshäuser den verheißungsvollen Satz sprach: »Ich nehme auch die Prinzregententorte mit, ich habe sie gestern bestellt.« Zum 65. Geburtstag Luitpolds, 1887, soll Erbshäuser die erste Torte aus Biskuitböden und Schokoladencreme aufeinandergeschichtet haben. Da war Johann Rottenhöfer, der auch als einer der Erfinder genannt wird, schon 15 Jahre tot. Er, der erste Mundkoch und königliche Haushofmeister bei König Maximilian II. von Bayern, starb 1872. Rottenhöfer hinterließ zwar ein Kochbuch mit 2.345 Rezepten, aber für die Prinzregententorte kann keins dabei gewesen sein, weil in Bayern bei seinem Tod noch Ludwig II. von seinen Schlössern träumte. Bleibt der Bäcker Anton Seidl. Auch er hat – zwei Jahre nach Erbshäuser – eine mehrschichtige Schokoladentorte fabriziert und angeblich von Luitpold eine schriftliche Genehmigung gehabt, diese »Prinzregententorte« zu nennen. Aber der Erlass ist verschwunden. Und wenn die Torte dem Regenten gewidmet war, warum hat Seidl genauso viele Tortenböden verwendet, wie König Ludwig I. Kinder hatte? Neun an der Zahl! Und nicht vier, für die vier Kinder Luitpolds?

Wobei wir beim nächsten Mysterium dieser bayerischsten aller Torten wären, bei der Zahl der Böden. Sieben, heißt es heute in vielen Rezepten, für jeden Regierungsbezirk eine. Acht müssten's dann beim alten Erbshäuser gewesen sein, weil damals noch die Pfalz bei Bayern war, es also acht Bezirke gab. Und neun Böden nahm ja der Bäcker Seidl, für jedes Ludwigskind einen. Es hätten leicht noch mehr sein können, weil es zu Beginn der bayerischen Monarchie nämlich 15 Bezirke gab, die damals freilich noch Kreise hießen. Ob sieben, acht, neun oder 15 Böden, die Torte schmeckt heute noch so köstlich wie in der »guaden oiden Zeit« des Prinzregenten, von der Hermann Heimpel schwärmte: »Für ein Münchner Kind war diese Torte ein Friedensdenkmal wie der Regent selber.« ♦ ♦ ♦ ♦ ♦ ♦ ♦ ♦ ♦ ♦ ♦ ♦

Süßes Tagwerk

Eine ordentliche Zubereitung der Prinzregententorte braucht drei Tage. Eine Arbeit, die sich für das Café Erbshäuser lohnt: Die Kuchen werden in schönen Holzkasterln in die USA, nach England, Frankreich oder Belgien verschickt. Und natürlich auch bayernweit!

51

DER MAX, DER LUDWIG UND DER KARL

Einmal mit dem Treidelschiff auf dem Ludwigskanal fahren

𝕵a, der Max! Wie's ausschaut, ist er der Einzige, der durchhalten wird. Vor ihm hat's ja schon der Karl versucht – und der Ludwig. Aber nur der Max ist jetzt noch da. Der Max, das ist ein stattlicher Kaltblüter, vulgo Brauereiross. Und der Max zieht an schönen Sommertagen immer wieder einmal ein selten gewordenes Gefährt durch den südlichsten Zipfel von Mittelfranken: ein Treidelschiff. Und worauf schwimmt das Schiff? Auf dem Rhein-Main-Donau-Kanal, durch die Gemarkung Burgthann. Jetzt werden einige, die schon einmal auf dem Kanal gefahren sind, die Stirn runzeln. Burgthann, aber da führt der Rhein-Main-Donau-Kanal doch gar nicht durch! Tut er doch. Freilich nicht der moderne, auf dem Binnenschiffer und Kreuzfahrtler unterwegs sind zwischen Holland und dem Schwarzen Meer. Sondern das Original: der Ludwigskanal. König Ludwig I., nach dem die Wasserstraße benannt ist, war ein technikbegeisterter Monarch. 1825, kaum König geworden, ließ er einen Kanal zwischen Donau und Main planen. Elf Jahre später fingen 9.000 Arbeiter mit Schaufel und Spitzhacke zwischen Kelheim und Bamberg das Pickeln und Schaufeln an, auf einer Strecke von 178 Kilometern. Die Arbeiter werden froh gewesen sein, dass ihnen ein neuartiger, von einer Dampfmaschine betriebener Schaufelradbagger beistand, über den der »Nürnberger Friedens- und Kriegs-Kurier« 1842 schrieb: »Die Maschine setzte zwei aus einer langen Kette von kleinen Kästen gebildete Rosenkranzwerke in ununterbrochene Bewegung; die ganze Vorrichtung sammt der Dampfmaschine und deren Ofen wurde nach Erforderniß vorwärts gerückt und ließ den ganzen Einschnitt vollständig ausgegraben hinter sich.« Aber mit der Graberei war es nicht getan. Um die 187 Meter Höhenunterschied zwischen Kelheim und Bamberg zu überwinden, mussten 100 Schleusen gebaut werden. Trotzdem hatte man den Kanal nach nur zehn Jahren Bauzeit voll. Am 15. Juli 1846 wurde der Ludwig-Donau-Main-Kanal offiziell eingeweiht. Die ersten Schiffe wurden noch getreidelt, also von Pferden gezogen, fünf bis sechs Tage dauerte eine Fahrt von Kelheim nach Bamberg oder in der Gegenrichtung. Ludwig I. war bei der Eröffnung seines Kanals übrigens nicht dabei – er träumte da schon von einem Adler: nicht von dem Vogel, sondern von

der ersten Lokomotive, die einen Zug durch Bayern zog. Ludwig war Eisenbahnfan, und die neue Technik machte den Kanal schnell überflüssig. Er verfiel. Nur auf kurzen Teilstrecken, wie in Burgthann, wird heute noch getreidelt – vom braven Max. Max, das Ross, Ludwig, der König – und der Karl? Also, ganz kurz noch: Schon Karl der Große wollte die Donau mit dem Main verbinden. Im Jahr 793 begann ein Heer von Arbeitern damit, den Karlsgraben, die »Fossa Carolina«, auszugraben. Karls Planer wollten die Altmühl mit der Fränkischen Rezat verbinden – ein paar Kilometer Distanz nur, und man wäre auf dem Weg Donau-Altmühl-Rezat-Regnitz in den Main gekommen. Was die mittelalterlichen Kanalbauer beim besten Willen nicht wissen konnten: Zwischen Altmühl und Rezat gibt es ein paar Meter Höhenunterschied – und bis heute streiten die Experten, ob auf dem Karlsgraben je ein Boot fuhr. Hauptsach, der Max geht noch seinen Weg. Das Treidelschiff, das er geduldig zieht, legt in Schwarzenbach an der Gaststätte »Zum Ludwigskanal« ab und wird von dem Kaltblüter die zwei Kilometer bis zum »Dörlbacher Einschnitt« gezogen. Vielleicht ein bisserl wenig Aktivität dafür, dass der Bau des Ludwigkanals 17,5 Millionen Gulden gekostet hat. Aber das ist dem Max egal. ◆◆◆◆◆◆◆◆◆◆◆◆◆◆◆◆◆◆◆◆◆◆◆◆◆◆◆◆◆

52

HIE GUT ALLWEG, ALTEN BRAUCHES PFLEG

Einmal an Leonhardi auf dem hohen Ross sitzen

*»Nach der vielen Arbeit Schwere
an Leonhardi die Rösser ehre.«*
Bauernregel

1718 errichteten die Zimmerleute von Tölz eine Kapelle zu Ehren der Schmerzhaften Muttergottes. Genau ein Vierteljahrhundert später gingen an dem Kircherl die Schmiede ans Werk. Sie umgürteten den Bau mit einer schweren Kette. Nicht weil die Kapelle am Zusammenbrechen war, nein, es handelte sich um eine Votivkette, das Attribut des heiligen Leonhard. Der lebte im 6. Jahrhundert in Frankreich, rechtschaffen als Einsiedler, half auf wundersame Weise einer Königin und nutzte dann die Gunst des Königs, um Gefangene freizubekommen. Irgendwann reichte es dann schon, zum Leonhard zu beten, schon fielen den Eingekerkerten die Fesseln ab, Türen sprangen auf, und die Insassen entflohen ins Freie. Als »Kettenheiliger« ging Leonhard in mittelalterliche Heiligenbücher ein, als Schutzpatron der Gefangenen und der Geisteskranken, die man dereinst ja auch in Fesseln schlug. Nach der Reformation hat man die Ketten fälschlicherweise zu Viehketten umgedeutet. Und Leonhard wurde erst zum Schutzpatron der Haustiere, zu einem der 14 Nothelfer, dann zum »Bauernherrgott«, schließlich gar zum »bayerischen Herrgott«. Und zu dem strömten die Gläubigen. Über 150 Wallfahrten gab's früher in Bayern zu Leonhardikirchen und -kapellen. Zunächst ging man noch zu Fuß, wie zu anderen Heiligen auch, aber nach und nach rückten die Wallfahrer zumeist hoch zu Ross aus oder auf dem Kutschwagen. Da wären wir wieder bei der Tölzer Leonhardikapelle. Sie ist am Gedenktag des Heiligen, dem 6. November, Ziel der berühmten Tölzer Leonhardifahrt – und das schon seit 1856. Ein paar Hundert Rösser und über 70 Gespanne mit festlich geschmückten Wagen ziehen dann den Kalvarienberg hinauf und zweimal um das Kircherl herum, wobei Mensch und Tier gesegnet werden. Heute ist das eine hochoffizielle Gschicht, mit Festkomitee, schon Wochen vorab durch eine

→

Zugnummernverlosung festgelegter Reihenfolge und einem minutiös geplanten Ablauf. Das war nicht immer so. Früher gab's die »wilde Leonhardfahrt«, und da galt das Motto: »Wer zuerst kommt, mahlt zuerst.« Von den frühen Morgenstunden an preschten die Reiter hinauf zur Kapelle, das Ganze glich mehr einer Fuchsjagd als einer Wallfahrt, und es gab viele Unfälle. Vielleicht ja auch, weil's damals noch keinen geistlichen Segen gab. Unfälle ganz anderer Art gab's in Inchenhofen bei Aichach in Zusammenhang mit der Leonhardiverehrung. Die Wallfahrt zur Leonhardikirche von Inchenhofen stand in der mittelalterlichen Christenheit angeblich einmal auf Platz vier: Jerusalem, Rom, Santiago de Compostela, Inchenhofen – so ging die Reihenfolge. 167 Pfarreien pilgerten jedes Jahr hierher, und sie brachten dem Kettenheiligen eiserne Votivgaben dar: Hufeisen und Pflugscharen. Dafür durfte man in Inchenhofen aber auch um den Hochaltar herumreiten. Aus all dem Metall goss ein Schmied drei riesige Nägel, jeder mehr als 100 Kilo schwer. Ein Kranker, der sich einen dieser heilkräftigen Nägel auflegte, der konnte auf Genesung hoffen. Freilich führte das Schwergewicht bei so manchem zu schweren inneren Verletzungen. Den letzten verbliebenen Nagel ließ ein fürsorglicher Bischof daher vorsichtshalber an der Kirchenwand sicher verwahren. Jetzt steigen die Bayern freilich nicht nur wegen des heiligen Leonhard in den Sattel. »Hie gut allweg, alten Brauches pfleg, nach Ettendorf wir reiten, wie zu Väters Zeiten.« Unter diesem Motto sitzt man in Ettendorf bei Traunstein seit dem 18. Jahrhundert am Ostermontag zum »Georgiritt« auf, zu Ehren des heiligen Georg, des Drachentöters. Der frühe Heilige, der eine Jungfrau aus den Klauen eines Drachen befreite, dann aber einen schrecklichen Märtyrertod starb, hat auf tragische Weise auch etwas mit Nägeln zu tun. Der Legende nach schlug man ihm einmal 60 Nägel gleichzeitig in den Kopf, was er aber wundersamerweise unbeschadet überstand. Und auch nach weiteren Qualen konnte er noch, auf einem Schimmel reitend, ein christliches Kreuzfahrerheer unterstützen. An Pfingsten ist dann Kötzting dran, wo die Reiter bei der Pfingstwallfahrt hinaus zur Nikolauskirche in Steinbühl ziehen. Und wenn's einen Pferdenarrischen gibt, dem das alles noch immer nicht langt, dann kann der ja ein paar Wochen später noch einmal in Kötzting vorbeischaun, am letzten Sonntag im August, zum Kötztinger »Rosstag«. Da steht dann kein Heiliger, sondern das Pferd im Mittelpunkt. Ein paar Hundert werden aufgezäumt und eingespannt und sind beim Festzug mit dabei, zwischen alten Mähmaschinen und Dreschwagen, Langholzfuhrwagen und Kutschen, all dem bäuerlichen Alltagsgerät, das ohne Pferde nicht vom Fleck gekommen wäre. An Leonhardi – das zum Schluss –, an Leonhardi sollte man aber eigentlich nicht mit dem Ross, sondern mit einem Esel ausrücken. Denn als der Merowingerkönig Chlodwig den Einsiedler wegen der wundersamen Heilung seiner Frau reich beschenken wollte, da winkte der bescheiden ab. Er wolle nicht mehr, so tat Leonhard dem König kund, als den Flecken Land, den er in einer Nacht auf seinem Esel umreiten könne. Ein Besitz, der heute in der Gegend von Bad Tölz bestimmt nicht zu verachten wäre. ◆ ◆ ◆ ◆ ◆ ◆

Rosstage

Man muss ja nicht gleich selber aufsitzen. Dabei sein ist auch bei den Reiterprozessionen alles. Wo? Zum Beispiel unter: → *www.toelzer-leonhardi.de* → *www.bad-koetzting.de* → *www.georgi-verein.de* → *www.pfarrei-inchenhofen.de*
Leonhardifahrten und -umritte gibt's auch in Kreuth, Warngau, Dietramszell, Harmating, Föggenbeuern, Benediktbeuern.

53

MÄCHTIG, ERHABEN, STARK

Einmal in Manching die Urbayern besuchen

»Von der Lebensweise und Bildung der römischen Provinz entfernt!«
Cäsar über die Kelten

»Die spinnen, die Römer!«
Der Kelte Asterix über die Römer

Da würde man eine saubere Überraschung erleben! Jedenfalls wenn man den Weg gehen würde, den das Bayerische Umweltministerium auf einer eigenen Website zu den »Urbayern« weist. Dieser Weg führt nämlich zu Haselmaus und Feldgrille, »Astheimer Perlquitte« und »Weidenberger Spindling«. Mit den Worten des Umweltministeriums: »Die Urbayern sind Tier- und Pflanzenarten, die es nur bei uns gibt und deren Aussterben weltweit einen unwiederbringlichen Verlust bedeutet.« Die Kelten kommen in dieser Liste nicht vor, aus zwei Gründen: Weil sie weder Tier noch Pflanze waren und weil sie nicht mehr vom Aussterben bedroht sind, sondern dieses traurige Schicksal schon hinter sich haben. Hätte jemand zu der Zeit, als die Kelten ganz Europa besiedelten, die vielen Stämme dieses Volkes auf eine Rote Artenschutzliste gesetzt, sie wäre lang geworden. Die Allobroger und Averner, gegen die Cäsar kämpfte, die Mediomatriker und die Sequaner, Insubrer, Nervier und die in der Türkei siedelnden Galater – alles »Celtae«, wie die Römer sie nannten. Es müssen Respekt einflößende Leute gewesen sein, denn der Name leitet sich aus dem Indogermanischen ab und bedeutet die »Mächtigen, Erhabenen, Starken«. So sahen sich bestimmt auch die Stämme, die im heutigen Bayern daheim waren: die Helvetier, die Boier, denen die Bayern vielleicht ihren Namen verdanken, und die Vindeliker, von denen Augsburg seinen römischen Namen »Augusta Vindelicorum« hatte. Der Hauptort der Vindeliker muss das heutige Manching gewesen sein. So um 300 v. Chr. gründeten die Kelten hier ein »oppidum«, eine große Siedlung, zu einer Zeit also, in der die Menschen in unseren Breiten nach landläufiger Meinung noch in Bärenfellen herumliefen. Und jetzt muss man sich einen keltischen Bauersmann vorstellen, wie er auf das Oppidum von Manching zumarschiert, weil dort gerade Viehmarkt ist und er ein Ferkel kaufen will. Schon von Weitem kann er die fest gefügte Stadtmauer erkennen, über sieben Kilometer lang. Und als er durch eines der Tore in die Siedlung kommt – Wunder über Wunder: Über 5.000 Menschen leben hier – Viehzüchter und Bauern, Händler und Handwerker. Da drüben, der Schmied, er arbeitet gerade an einer Breitaxt und sein Geselle an einem der berühmten keltischen Schwerter aus Damaszenerstahl, die von den Römern gerne gekauft werden. Ein paar Häuser weiter montiert ein Kelte gerade die Federung an einen Wagen, eine neumodische Erfindung, ein Goldschmied fertigt die Blätter für ein Kultbäumchen, Holzschnitzer arbeiten an Kästchen und Truhen. Der Lärm dort drüben kommt von einem Künstler, der aus Eisenblech eine Pferdeplastik hämmert, und gleich daneben übt ein Instrumentenbauer auf der Carnyx, einer

Spurensuche

Führt auf die falsche Fährte: ➜ *www.bayerns-ureinwohner.de*
Führt direkt ins keltische Oppidum und zu den Nachfolgern der Kelten,
ins Römerlager: ➜ *www.museum-manching.de*
Führt zum Römerschatz am Limes: ➜ *www.weissenburg.de*
Führt zurück in die Geschichte bayerischer Ureinwohner: ➜ *www.vetonia.de*

Art Trompete. Überall machen sich Händler breit, Stände mit Waren aus allen Teilen Europas: Salz und Glas, Waffen und Werkzeuge, Wein vom Mittelmeer, Schuhe und Textilien. Unser Bäuerlein zählt die wenigen Quinare, die er in der Tasche trägt, und fragt nach dem Weg zum Schweinemarkt. Vom Druiden, den er unterwegs trifft, lässt er sich noch schnell Glück wünschen für den bevorstehenden Handel. Beim Teutates!* 300 Jahre später war es vorbei mit der Herrlichkeit, die unser Bauer bestaunt hatte. Das Wirtschaftssystem der Kelten war zusammengebrochen. Als 15 n. Chr. die Römer einmarschierten, lag das Oppidum von Manching öde und verlassen da. Die römischen Legionen mussten also nicht einmal mehr die Schwerter gebrauchen, die sie einst den Kelten abgehandelt hatten. Nahe den Ruinen der keltischen Großsiedlung bauten die Römer ein Militärlager, und das hat den schönen Nebeneffekt, dass man heute im Manchinger Museum gleich zwei Typen von Urbayern besuchen kann: die Kelten und die Römer! ◆

* »touto-tati-s« = Vater des Volkes

54

DIE SPRACHE DER LEIDENSCHAFT

Einmal bayerische Klassik hören

J̃u Risiken und Nebenwirkungen …« Man muss an diese Warnung denken, wenn man liest, dass der 14-jährige Carl Off nach dem Besuch einer Wagneroper tagelang nicht ansprechbar war. Ludwig II. soll geweint haben, nachdem er zum ersten Mal »Lohengrin« gehört hatte. Also hatte Richard Wagner wohl recht mit seiner Behauptung: »Die Musik ist die Sprache der Leidenschaft.« In Bayern kann man diese Sprache überall hören. Zum einen weil – vor allem im Sommer – das ganze Land widerklingt von Aufführungen klassischer Musik: in Konzertsälen, bei Opernfestspielen, Schlosskonzerten, Open Airs. Überall erblühen sie, die »Fiori musicali in prato«, die »musikalischen Blumen in der Wies«, mit der die berühmte Wieskirche für ihre Konzerte im Allgäu wirbt. Aber man hört die »Sprache der Leidenschaft« auch deshalb überall, weil in Bayern große Komponisten lebten und arbeiteten: Wagner natürlich, der seine Bayernkarriere in Würzburg begann und dann am Münchner Hof von Ludwig II. für gefeierte Opernaufführungen und deftige Skandale sorgte. Und der schließlich in Bayreuth seinen Traum erfüllt sah: das Festspielhaus, in dem noch heute »Der Ring des Nibelungen« aufgeführt wird und eine Inschrift Wagners kündet: »Hier wo mein Wähnen Frieden fand«. Carl Orff, durch dessen Schulwerk noch heute viele Kinder ihre ersten Schritte aufs Gebiet der klassischen Musik machen, Fingerzimbeln, Holzblocktrommeln und Glockenspiele zur Hand. Und der in seiner berühmtesten Komposition, den »Carmina Burana«, fordert: »Ohne Saumen. Rührt die Saiten!« Auch Richard Strauss, ein echter Münchner, seine Mutter stammte aus der Bierbrauerdynastie Pschorr. Er muss ein immens fleißiger Mensch gewesen sein: 250 Werke hat er komponiert, und dabei kam er zu der Erkenntnis: »Es ist schwer Schlüsse zu schreiben. Beethoven und Wagner konnten es. Es können nur die Großen. Ich kann's auch.« Trotzdem hat man ihn in München nicht zum Generalmusikdirektor gemacht, enttäuscht zog Richard Strauss nach Berlin. Und hatte dabei vielleicht ein Wort von Mozart im Sinn, der zweimal vergeblich versuchte am Münchner Hof Fuß zu fassen und schließlich beleidigt anmerkte: »Ich hätte München Ehre gemacht.« Immerhin, Mozarts Oper »Idomeneo« wurde für einen Münchner Kurfürsten komponiert, aber ein Brief von Mozarts Vater Leopold lässt Zweifel aufkommen an dem musikalischen Sachverstand derer, die zur Zeit der Uraufführung, 1781, bayerische Klassik hörten. Leopold schrieb an seinen eifrig komponierenden Sohn: »Ich empfehle dir Bey deiner Arbeit nicht einzig und allein für das musikalische, sondern auch für das ohnmusikalische Publikum zu denken, – du weist es sind 100 ohnwissende gegen 10 wahre Kenner, – vergiss also das so genannte populare nicht, das auch die langen Ohren kitzelt.« ◆◆◆◆◆◆◆◆◆◆◆◆◆◆◆◆◆◆◆◆◆◆◆◆◆◆◆◆◆◆◆◆◆◆◆◆

»Ohne Saumen«: ➜ *www.carl-orff-festspiele.de*
Ende gut, alles gut: ➜ *www.richard-strauss-festival.de*
Wo Wagners Wähnen Frieden fand: ➜ *www.bayreuther-festspiele.de*

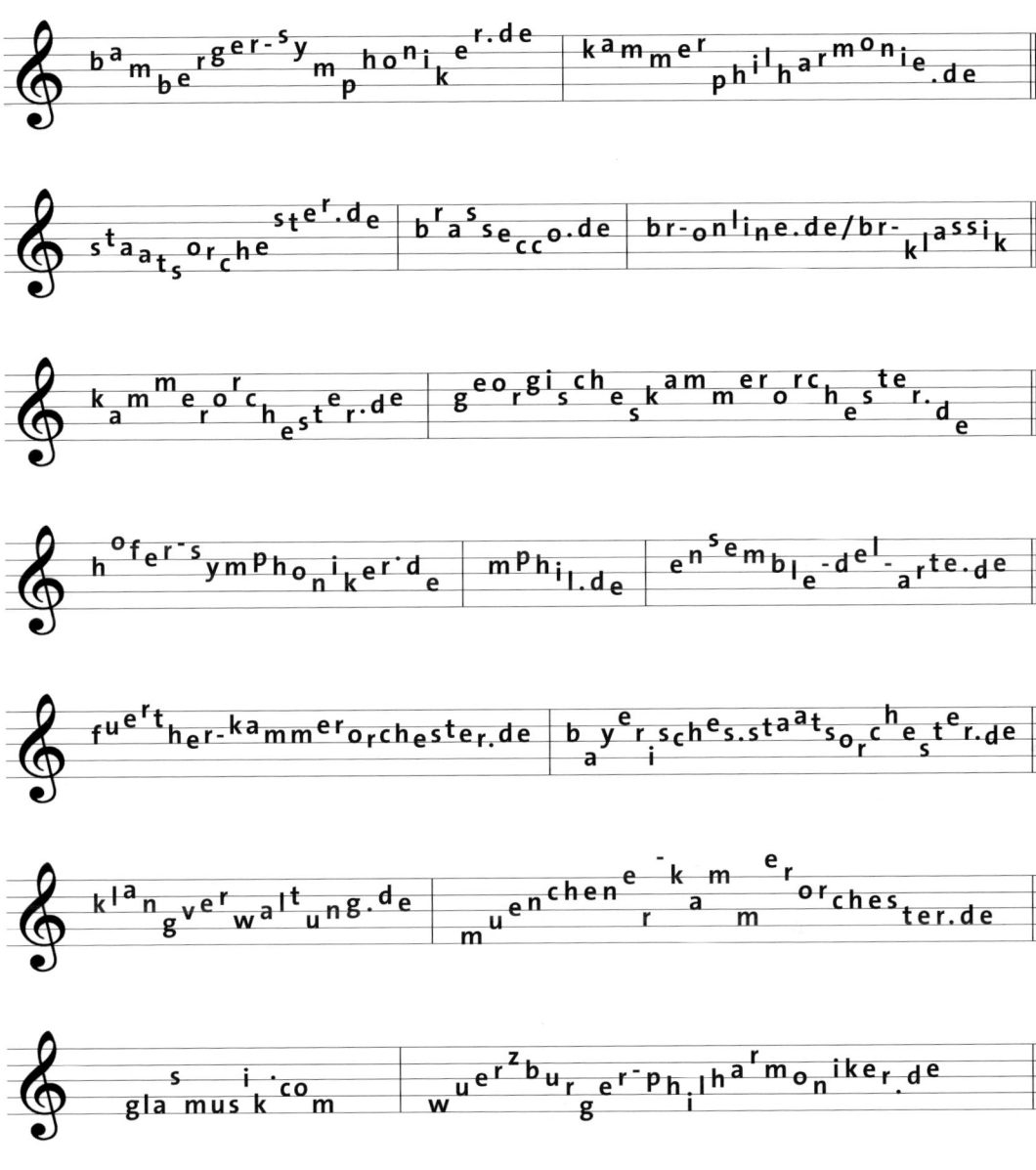

55

FASZINIEREND

Einmal in Oberpfaffenhofen von den Sternen träumen

Millionen Menschen haben sich gerührt angeschaut (und -gehört), wie der Kommandant der Internationalen Raumstation ISS, Chris Hadfield, den David-Bowie-Song »Space Oddity« sang, mit seiner Gitarre schwerelos im Weltraum schwebend. »Ground control to major Tom …«, frei übersetzt: »Bodenstation an Major Tom« – da konnten sich auch die Mitarbeiter des DLR, des Deutschen Zentrums für Luft- und Raumfahrt in Oberpfaffenhofen, angesprochen fühlen. Von ihrem Standort am Rande Münchens aus sind sie mit dabei, wenn ein Raumtransporter mit Lebensmitteln oder Experimentiertechnik an der ISS andockt oder sich – mit Astronauten an Bord – auf den Weg zurück zur Erde macht. Dann läuft die Kommunikation heiß zwischen den Kontrollzentren in Toulouse, Houston, Moskau … und Oberpfaffenhofen. Was sich heute so weltläufig als Schnittstelle zwischen Erde und Weltall präsentiert, die DLR, begann vor 100 Jahren bescheiden in Göttingen: als Modellbaulabor der Motorluftschiff-Studiengesellschaft, die sich mit der Entwicklung der »besten Luftschiffform« beschäftigte. Heute könnte man meinen, die Arbeitsplatzbeschreibungen der 1.700 Mitarbeiter am DLR-Standort Oberpfaffenhofen hätte Jules Verne verfasst: Sie steuern Weltraumfähren, kontrollieren das europäische Weltraumlabor »Columbus«, das an der ISS hängt, und führen einen europäischen Astronauten während seiner sechsmonatigen Mission an Bord der ISS. Sie steuern das Satellitennavigationssystem »Galileo« der Europäischen Weltraumorganisation. Und wenn im Jahr 2015 die europäische Sonde »Rosetta« nach zehnjährigem Flug den Kometen 67P/Tschurjumow-Gerasimenko erreicht, dann wird die Landung auf diesem Himmelskörper von Oberpfaffenhofen aus vorbereitet und betreut. Wie auf einem anderen Himmelskörper, dem Mars, sieht es in einem 50 Quadratmeter großen Testbecken aus, durch dessen Sand sich ein Rover wühlt, das Nachfolgemodell des Fahrzeugs, das derzeit auf dem Roten Planeten unterwegs ist. 2018 wollen die Oberpfaffenhofener diesen »ExoMars« auf unseren Nachbarplaneten bringen. »Faszinierend«, würde der Vulkanier Mr. Spock vom »Raumschiff Enterprise« sagen! Der könnte sich natürlich ohne Weiteres aufs Gelände der DLR beamen. Wir gewöhnlichen Sterblichen müssen dazu bis zum Tag der offenen Tür warten, der in Oberpfaffenhofen jedes Jahr unter einem anderen Motto steht. Mehr Auswahl haben Schüler, die im »DLR_School_Lab« experimentieren und im Raumfahrtkontrollzentrum einen Blick auf die Bildschirme werfen dürfen. Vielleicht singt ja gerade ein Astronaut. »Ground control …« ◆◆◆◆◆◆◆◆◆◆◆◆◆◆◆◆◆◆◆◆◆◆◆◆◆◆◆◆

Sternschnuppern

Hier können Sie sich mit etwas Geduld zu Besuchertagen und DLR_School_Labs durchklicken. Man kann aber auch vor einem der Oberpfaffenhofener Weltraumvideos von den Sternen träumen: → *www.dlr.de*

56

DER EINE LACHT, DEM ANDREN GRAUT'S

Einmal in Ingolstadt Frankenstein begegnen

Das wäre eigentlich gar nicht so schlimm. Denn dieser Frankenstein, Victor mit Vornamen, der war ja ein vielversprechender Medizinstudent, wohlgewachsen, nach allem, was man weiß. Schrecken verbreitet der Name heute nur, weil man ihn auf das Monster übertragen hat, das der wissbegierige Studiosus in seiner Kammer zusammengebastelt hatte: »Es war schon ein Uhr Morgens; der Regen trommelte trostlos gegen die Scheiben, und meine Kerze war fast heruntergebrannt, als ich im Schimmer des halb erloschenen Lichtes sah, wie sich das trübe gelbe Auge des Geschöpfes öffnete.« So steht's in dem Roman »Frankenstein oder Der moderne Prometheus« zu lesen, den die britische Autorin Mary Shelley zu Beginn des 19. Jahrhunderts schrieb. Und dieses Geschöpf, landläufig »Frankenstein« genannt, öffnete die trüben Augen mitten in Bayern, in Ingolstadt, das zu Shelleys Zeit wegen seiner medizinischen Fakultät berühmt war. Einen künstlichen Menschen will Frankenstein schaffen, und das gelingt ihm auch, allerdings nicht so, wie er sich das wohl vorgestellt hat. Was sich in der Ingolstädter Altstadt aus der Apparatur Frankensteins erhebt, ist ein Monster: acht Fuß, also 2,44 Meter groß, mit »wässrigen Augen, welche nahezu von derselben Farbe schienen wie die schmutzig weißen Höhlen, darin sie gebettet waren, runzeligem Antlitz und schwarzen, aller Modellierung entbehrenden Lippen«. Wem jetzt nicht gruselt, der hat das Zeug dazu, sich in Ingolstadt auf die Spuren des Victor Frankenstein und seiner Kreatur zu begeben. »Wenn die Schatten länger werden und die Dunkelheit hereinbricht, erhebt sich Dr. Victor Frankenstein aus seiner Gruft, wirft seinen Mantel um und lädt zu einem gruseligen Spaziergang durch die dunkle Vergangenheit Ingolstadts« – so lockt die Stadt Gäste zu einer ganz besonderen Führung. Natürlich weiß niemand, in welchem Haus der historischen Altstadt Victor seinen »Arbeitsraum für dieses schmutzige Schöpfungswerk« eingerichtet hatte, Frankensteins Geschichte ist ja ein Roman. Aber man kann an dem Platz vorbeischleichen, an dem einmal Ingolstadts ältester Friedhof war, für den experimentierfreudigen Studenten nur »das Lager für Körper, die des Lebens beraubt waren«. Und die »Alte Anatomie« steht noch, in der Victor das Sezieren übte, an Schweinen freilich, wie damals üblich. »Der eine lacht, dem andren graut's«, wissen die Stadtführer. Wer sich aber wirklich gruseln will in der Geburtsstadt des frankensteinschen Monsters, der sollte besuchen, was sich heute in der Alten Anatomie befindet: das Medizinhistorische Museum Ingolstadts. Wenn man sieht, mit welchen Methoden und Instrumenten die gelehrten Doctores unsere Vorfahren zu heilen versuchten, kommt einem die Führung auf den Spuren Frankensteins vergleichsweise beschaulich vor. ♦♦♦♦♦♦♦♦♦♦♦♦♦♦♦

Hier spukt's

Auf Ingolstadts Friedhöfen hat nicht nur Frankenstein herumgespukt. In einem Märchen aus der Region heißt es: »Eine Mutter hatte einst ihren Sohn so sehr verzogen, dass er ihr nicht mehr gehorchen wollte und sogar eines Tages die Hand gegen sie erhob, um sie zu schlagen. Der Sohn verkam später und starb ehrlos in jungen Jahren. Bald nach dem Begräbnis schob sich plötzlich seine Hand aus der Erde des Grabes und wollte nicht mehr zurück, trotz aller Bemühungen der Totengräber.«

Wenn Ihnen vor nichts gruselt:

➜ www.frankenstein.at oder
➜ www.dmm-ingolstadt.de

57

GRÖSSER ALS TYRANNOSAURUS REX

Einmal in Furth dem Drachen in die Augen schauen

»Darin wohnt
ein greulich wilder Wurm:
unmaßen grimmig
ist er und groß;
ein schrecklicher Rachen
reißt sich ihm auf …«

Diese Zeilen aus der Wagneroper »Siegfried« könnten in ehernen Lettern über der »Further Drachenhöhle« stehen. Was so romantisch klingt, ist zwar nur eine nüchterne Halle am Festplatz der Bayerwaldstadt, aber dafür beherbergt sie – man kann es nicht schöner sagen – »den größten 4-Bein-Schreitroboter der Welt«. Jedenfalls immer dann, wenn der nicht arbeiten muss unter seinem angestammten Namen »Drache von Furth«. Seit über 400 Jahren tut der jetzt schon Dienst, nicht der moderne »Schreitroboter«, versteht sich, aber seine Vor-Vor-Vorläufer im ältesten Volksschauspiel Deutschlands – dem Further Drachenstich. Bei der Fronleichnamsprozession hat man früher den Drachen mitgeführt in Furth im Wald, vielleicht als Erinnerung an den heiligen Georg, den Drachenkämpfer, in jedem Fall aber zum Gaudium der Gläubigen hintern Allerheiligsten. Und nicht nur zum Gaudium. Von weit her kamen schon damals die Leute nach Furth, aus Böhmen und aus Bayern, um beim Tod des Untiers dabei zu sein. Immer ein Taschentuch bereit, denn das vergossene Drachenblut konnte angeblich Wunder wirken. Bis 1887 ging das so, dann verstand ein Prälat keinen Spaß mehr, er verbannte den Drachen aus den Reihen der Prozessionsteilnehmer. Der wurde aber umgehend in den örtlichen Theaterverein aufgenommen, und seit 1890 kämpft jetzt nicht mehr St. Georg, sondern der »weiße Ritter« gegen den Drachen, der das Burgfräulein bedroht. Damals ging's noch ein wenig rustikaler zu als heute, auch was die Verse des Spiels angeht. »Grüß Gott, grüß Gott, Ihr königliche Tochter mein! Was macht Ihr wohl auf diesem harten Stein?« So fragte, ein wenig holprig, im ältesten Festspieltext der Ritter die Dame, die er zu erretten gedachte. Und das aus den Fängen eines Drachen, auf den, kurz vor dem Ersten Weltkrieg, nichts besser gepasst hätte als ein anderes Zitat aus Wagners »Siegfried«:

»Eine zierliche Fresse zeigst du mir da, lachende Zähne im Leckermaul!«

Ihren ersten künstlerischen Drachen bekamen die Further 1913 nämlich aus dem Fundus des Münchner Hoftheaters, nachdem er dort als Opfer Siegfrieds ausgedient hatte. Dieser Pappmascheedrache entwickelte sich in mehreren Generationen sorgfältigster Zucht zu »Tradinno«, was für Tradition und Innovation steht. Den Furthern kam das aber ein bisserl zu innovativ daher. Sie rufen ihren neuen Drachen, der 2010 seinen Dienst antrat, schlicht

»Fanny«. 15 Meter lang ist er, viereinhalb Meter hoch, und wiegen tut er elf Tonnen – ein größerer Brocken als seinerzeit der Tyrannosaurus Rex. Wenn ihm der weiße Ritter zu nah kommt, in der entscheidenden Szene, kann er mit den Flügeln schlagen, fürchterlich brüllen und Feuer und Rauch spucken – fünf Meter weit. Also halten Sie lieber etwas Abstand, wenn Sie ihm in die Augen schaun! ◆◆◆

Dem Drachen in die Augen schauen, das können Sie nicht nur, wenn er – immer im August – auf dem Further Festplatz sein Leben lässt, sondern auch während seiner wohlverdienten Ruhepause – in der Drachenhöhle. ➜ *www.further-drache.de*

> ### Leider nicht echt
>
> *Toni Lauerer, den Hörern von Bayern 1 bestens bekannt, ist in seiner Heimatstadt Furth Standesbeamter. Er erinnert sich: »Als kleiner Bub war ich überzeugt davon, dass es sich um einen echten Drachen handelt, der da vom mutigen Ritter per Lanze getötet wird. Ich war regelrecht enttäuscht, als mit klar wurde, dass es sich um ein künstliches Ungetüm handelt. Drachenstich in Furth im Wald – alljährlich im August – muss man gesehen haben.«*

58

EIN GLÜHWEIN IN EHREN

Einmal gegen den Strom schwimmen

Wer zur Quelle will,
muss gegen den Strom schwimmen.

D as reine Vergnügen scheint es nicht zu sein: das Winterschwimmen. Jedenfalls sind auf dem YouTube-Video vom Winterschwimmen im Oberrieder Weiher nahe dem schwäbischen Krumbach jede Menge verschreckte Ohs und Ahs zu hören. Wie laut muss es da erst beim Donauschwimmen zugehen, bei dem im Winter 2013 ziemlich genau 2.000 Teilnehmer in Neuburg in den eiskalten Fluss sprangen, vorneweg der Oberbürgermeister der Stadt. Keinen Oberbürgermeister, aber dafür einen schwimmenden Christbaum hatten die fränkischen Wasserwachtler dabei, die von Astheim nach Nordheim schwammen, fünf Kilometer. So lange hält die wärmende Wirkung des Glühweins sicher nicht vor, den's für die Schwimmer am Altmain gab. Auch in Bayerbach an der Rott stürzen sich jeden Winter tollkühne Männer und kälteresistente Frauen in die Fluten. Winterschwimmer allerorten, von der Salzach bis zum Main? Eine Volksbewegung, deren Ahnherr dann Goethe wäre, der im Winter das Eis der thüringischen Ilm aufgehackt hat, um ein Bad zu nehmen? So viele Winterbader sind es dann auch wieder nicht. Es gibt einen regen Tourismus in der Szene – die Isarpinguine oder die Haßberge-Walrosse stürzen sich nicht nur ins heimische Nass, sondern ziehen von Fluss zu Fluss, wenn das Thermometer auf null zu geht. Aber die allermeisten Badefreunde schwimmen dann doch lieber bei sommerlichen Temperaturen gegen den Strom. Das kann man in immer mehr heimischen Gewässern wieder unbesorgt tun: in der Isar und im Main, in der Donau und im Inn, im Lech und in der Ilz. Wobei – gegen den Strom schwimmen, das kann man in Bayern, recht besehen, eigentlich nur in der Donau. Denn nur ein mindestens 300 Kilometer langer Fluss, der ins offene Meer mündet, trägt den Namen Strom zu Recht. ◆

Aber heit is koit

Winterschwimmen im vier Grad kalten Wasser? Da würden sich Profifußballer, bei denen die Kältetherapie gegen Muskelkater eingesetzt wird, vorkommen wie in der Sauna – Bayern-Star Franck Ribéry zum Beispiel, der während der Fußball-EM 2012 zu Regenerationszwecken in eine minus 110 Grad kalte Eiskammer gesteckt wurde.
➔ *www.donauschwimmen.de*

59

WIR ZIEHEN IN DER FRÜHE

Einmal auf einem Rottaler ausreiten

Was haben die Rottaler gemeinsam mit der Thüringer Waldziege, dem Angler Sattelschwein und dem Westfälischen Totlegerhuhn? Die Pferde, also nicht die Rottaler als Menschenschlag, hatten, wie die anderen Tiere auch, schon einmal den traurigen Titel »Gefährdete Nutztierrasse des Jahres«. Wer auf einem Rottaler ausreiten möchte, der tut sich also schwer, es gibt nicht mehr all zu viele davon auf den Bauernhöfen im Unteren Rottal, auf denen die Pferderasse seit Jahrhunderten gezüchtet wurde. Die Rottaler gelten als seltenste Pferderasse Europas. Dabei war das Rottal einmal ein Zentrum der deutschen Pferdezucht, schon im 10. Jahrhundert brachte man Beutepferde aus den Ungarnkriegen an die Rott: arabische Vollblüter. Richtig in Schwung kam die Rottaler Pferdezucht, als der bayerische Herzog Albrecht V. im 16. Jahrhundert Hengste an die Klosterhöfe in Niederbayern verteilen ließ, um den Nachwuchs der Stuten, die bei den Bauern standen, zu verbessern. Nicht ganz uneigennützig. Die Zeit der Ritter war vorbei – das Militär brauchte Schlachtrösser, die unkompliziert und gehorsam waren, damit auch ungeschulte Reiter mit ihnen zurechtkamen. Und die Rottaler Bauern lieferten diesen Pferdetyp, vor allem für die stolzeste bayerische Truppengattung, die leichte Kavallerie, die »Chevauxlegers«. Die formten über Jahrhunderte den Großteil der bayerischen Kavallerie. Es war der Traum eines jeden Bauernburschen, zu den »Schwalanschers«, oder kurz »Schwolis«, einrücken zu dürfen. Und dann – unter einem stolzen Helmbusch – auf einem Rottaler ins Manöver zu ziehen. Lang ist's her! Heute muss man sich schon genau umschauen, wenn man wie ein »Schwoli« auf einem reinrassigen Rottaler ausreiten möchte. Zum Beispiel beim Karpfhamer Fest, wo neben dem Bier noch immer die Pferde der Region eine wichtige Rolle spielen. Am Montag der Karpfhamer Festwoche ist traditionell der »Tag des Pferdesports«. Und wenn sich da die Gelegenheit ergibt, auf ein Pferd mit einem Rottaler Stammbaum zu steigen, dann ergreifen Sie sie beim Schopf – ganz buchstäblich! Ein besseres Reittier finden Sie nicht leicht. Denn in ihrer langen Militärzeit haben die Rottaler gelernt, auch ungeübte Reiter geduldig zu ertragen. Sie gelten als besonders zuverlässige Reitpferde. Wenn Sie sich trotzdem nicht in den Sattel trauen: Beim Karpfhamer Fest gibt's den berühmten Zehnerzug, bei dem zehn Rösser eine Kutsche ziehen. Und wenn Sie in der einen Platz finden, dann sind Sie fast schon einmal auf einem Rottaler ausgeritten. ◆◆◆◆◆◆◆◆◆◆◆◆◆◆◆◆◆◆◆◆◆◆◆◆◆◆◆◆◆◆◆◆◆◆◆

Hier hilft man Ihnen in den Sattel: → www.rottalerpferd.de
Und hier in die Kutsche: → www.karpfhamerfest.de

Der bayerische Chevauleger

»Wir sind so froh und heiter,
Wir kennen's kein Beschwer,
Wir sind die leichten Reiter,
Die boarischen Schwalanscher.

Wir ziehen in der Frühe
Das Rößlein aus dem Stall
Und reiten ohne Mühe
Wohl über Berg und Tal.«

Ludwig Thoma

Leider erwähnt Ludwig Thoma in seinem Gedicht nicht, dass viele der Pferde,
auf denen die »Schwalanschers« ins Feld zogen, Rottaler waren.

60

MAN KANN'S, ODER MAN KANN'S NICHT

Einmal beim Wattn ozoang

Wenn der Max und der Papa, der Machtl und der Belli, der Benno, der Seuchl und der Bisi in einer Stube beinander sind – worum kann's dann nur gehn? Richtig, ums Watten! All diese Namen und noch ein paar mehr bezeichnen die Haupttrümpfe beim Watten: den Herzkönig, die Schellensieben und die Eichelsieben. Im Alpenraum ist das Spiel entstanden, eher im Süden als im Norden der Bergkette. Watten soll sich vom italienischen »battere« ableiten, was klopfen oder schlagen bedeutet. »Battadu«, so sagen die Ladiner in den Dolomlten noch heute, wenn sie sich zu einem zünftigen Watt zusammensetzen. Und wenn da ein Laie vorbeischaut, mag er sich wundern. Schon gar, wenn er in einen Wirtshaussaal kommt, in dem ein Preiswatten stattfindet, an mehreren Tischen, mit ein paar Dutzend Spielern. Da könnte nämlich leicht der Eindruck entstehen: Da sitzen lauter Leute beieinander, die einen schweren Tick haben, ja vielleicht kurz davor stehen, in den Veitstanz auszubrechen. Der eine spitzt nervös die Lippen, ein anderer zwinkert mal mit dem linken, dann wieder mit dem rechten Auge. Die Finger der Spieler bewegen sich scheinbar unkontrolliert auf dem Tisch, einer schaut auffällig zur Zimmerdecke, und Schultern zucken. Keine Panik, das gehört alles dazu, zum Watten, das »Andeuten«, eine ausgeklügelte Technik, um mit allerlei Zucken und Zappeln seinem Partner mitzuteilen, welche Karten man selber hat. Da gehen manchmal recht verzwickte Gedankengänge um den Tisch: »Der Hundling zoagt an Max so auffällig an, damit ich glaub, er hat ihn nicht, wahrscheinlich hat er ihn aber doch!« Und so spintisiert man weiter und weiter, sticht und schafft aus, »deit o« und schreibt – der reine Watten-Wahnsinn. Und der hat sich längst bis nach Franken ausgebreitet. Mit ein paar Abweichungen von den altbayerischen Regeln, wie könnte es auch anders sein. Im Fränkischen wird nicht nur gezwinkert und gezuckt, da darf man auch ganz legal seinen Partner fragen: »Schadd er«, bevor man eine besonders kritische Karte auf den Tisch haut. Ach so – wie das Watten eigentlich geht? Mei, wie soll man das jetzt erklären, auf zwei Seiten. Gott sei Dank gibt's schlaue Seiten im Internet, auf denen man die Regeln lernen kann. Etwa unter:

➜ *www.watten-1.com* ◆

Kein Glücksspiel

Das Watten gilt in Bayern aus traditionellen Gründen auch dann nicht als unerlaubtes Glücksspiel, wenn um Geldeinsätze gespielt wird. Aber immer die Südtiroler Watter-Weisheit bedenken: »Man kann's, oder man kann's nicht.«

61

GUT SCHWEINE BRATEN

Einmal testen, was besser schmeckt: Schweinsbraten …

Ein Beißen. Ein Kauen. Ein krosses Knirschen. Ein Schmecken. Ein Abwägen. Dann tut sich der Himmel ein klein wenig auf, und es sieht fast so aus, als strahle ein Sonnenschein auf meinen Teller, während pausbäckige, halbnackerte Englein auf ihrer Wolke ein Lied anstimmen. Auf meinem Teller liegt: Ein wunderbarer Schweinebraten.« Kann man's schöner sagen als der unbekannte Gast, der nach dem Besuch eines oberbayerischen Wirtshauses dieses Loblied ins Netz stellte? Der Schweinsbraten ist das klassische Gericht der bayerischen Küche. »Morgen mach i eich a Schweiners«, sagte die Bäuerin früher im Bayerischen Wald zu Familie und Gesinde – und allen lief das Wasser im Mund zusammen. Denn ein »Schweinernes«, das waren keine Ripperl und keine Haxen, das war ein Schweinsbraten mit Knödeln und einer gschmackigen Soß! »Man hat einen Urschweinsbraten im Hirn, auf der Zunge, in den Augen«, so schreibt Gerhard Polt über die fast schon genetische »Schweinsbratenprogrammierung« des Altbayern, die freilich nicht im Wirtshaus, sondern zu Hause stattfand: Früher war es normal, dass man nicht im Wirtshaus, sondern daheim gegessen hat. In der Wirtschaft hat man sein Bier getrunken und ist dann heimgegangen zum Schweinsbraten. Es hieß nicht, ich gehe jetzt zur Familie, sondern, ich gehe zum Schweinsbraten. Dass die Franken sich dem Zauber des schwartigen Nackenstücks entzogen haben und sich mit dem »Schäufele« sozusagen eine Extrawurst braten, ist eine bedauerliche kulinarische Verirrung aus neuerer Zeit. Zeugnis dafür legt einer der fränkischen Großmeister ab, Hans Sachs, Schuhmacher, Dramatiker und Meistersinger zu Nürnberg. Er schrieb im 16. Jahrhundert ein »sehr herrliches, schönes und wahrhaftes Gedicht«, in dem ein Edelmann und ein Bauer darüber streiten, wer das bessere Essen hat. Als der Edelmann mit Kapaunen und welschem Wein protzt, entgegnet ihm das Bäuerlein:

> »Semmel und Milch, gut Schweine Braten,
> Darauff mag ein Trunck geraten …«

Schweinebraten – nicht Schäufele!

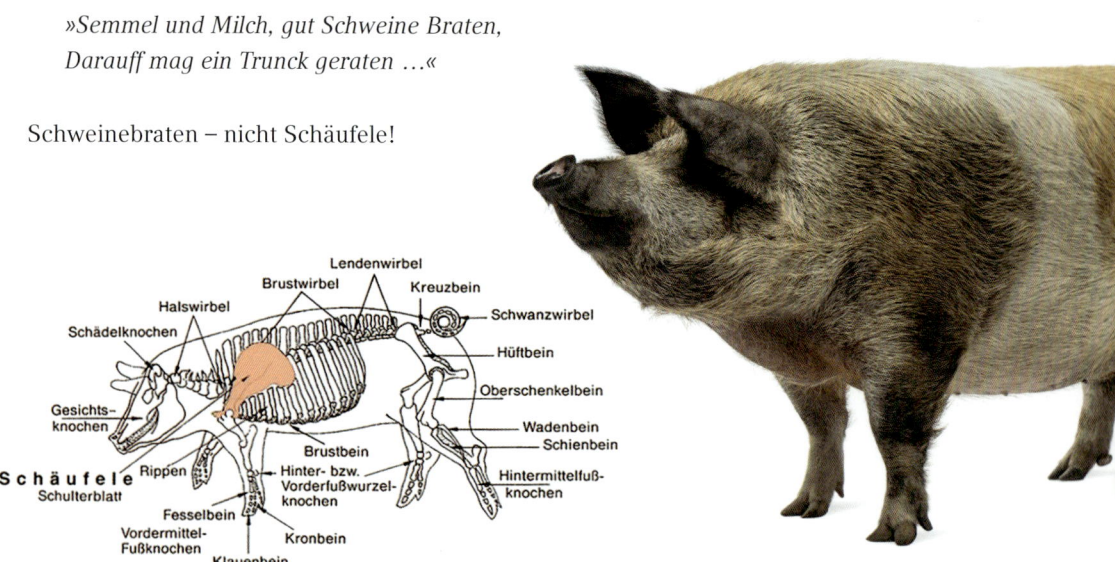

SCHÄUFERLA MIT GLEES

... oder Schäuferla

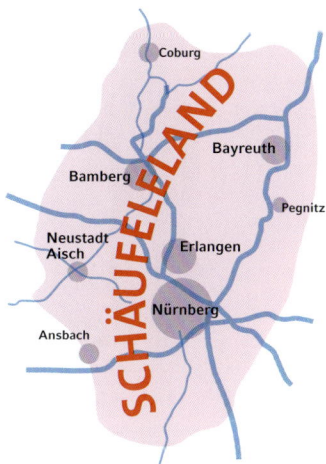

Der Max Kerner, der hat eine Hymne geschrieben auf das Schäufele, das je nach Landstrich auch Schäuferle, Schäuferla oder Schäufala heißen kann. »A Schäufele mit Kloß / Und dazu a gscheide Soß«, heißt es da, und schnell werden jetzt Fans der »fränkischen Königsmahlzeit« dazusetzen: »und Glees«! Eigentlich ist das Schäufele in der Gegend zwischen Kronach/ Weißenburg und Bad Windsheim/Pegnitz daheim. Hier gibt's kaum eine gutbürgerliche Gastwirtschaft, die das Gericht nicht auf der Karte hätte, aber die Schäufelesucht hat längst auch die anderen fränkischen Regionen erreicht. Schäufele ist Kult unter dem rot-weißen Frankenrechen! Es gibt in Hersbruck einen »Schäufelekönig«, der – mit tiefgefrorenen Schweineschultern im Gepäck – auf allerlei kulinarischen Messen missioniert. Ein rühriger Verein, den man unter dem schlichten → *www.schaeufele.de* erreicht, hat als einziges Ziel, »das fränkische Schäufele zu fördern«. Die Vereinsmitglieder scheuen dabei nicht vor aufopfernden Selbstversuchen zurück, um die besten Schäufelelokale zu finden und auf ihrer Homepage anzupreisen. Die Schäufelefans betreiben in Nürnberg auch selbst ein Lokal und treten dort mannhaft der Unterstellung entgegen, dass ihr Fanartikel fett und ungesund sei: Das Fleisch aus der Schulter sei mager, das Fett sitze nur unter der Schwarte, und die müsse man ja nicht mitessen. Für alle, die dieser Argumentation nicht ganz trauen, gibt's in der Nürnberger Wirtschaft aber auch ein »Bleistiftspitzerschäufele«, eine Viertelportion für kalorienbewusste Bürohocker. Dass die Altbayern dem fränkischen Schäufele ihren ordinären Schweinsbraten vorziehen, das hat für die Franken vor allem einen Grund: Südlich von Greding war man nicht clever genug, um das Schulterblatt überhaupt zu finden. Sie verweisen auf eine Zeichnung, die zeigt, dass nur ein gewitzter Franke in der Lage ist, bis zum besten Teil des Schweines vorzudringen. Was nur wenige vermuten: Ohne Schäufele wären die Franken vielleicht schon ausgestorben. Denn eine alte Regel sagt, erst acht Schäufele in einer Reine ergäben eine gscheide Soß. Und da hat früher halt der Vadda so lang mit der Mudda rumgemacht, bis man zu acht um den Tisch saß – und die Soß geschmeckt hat. ◆◆◆◆◆◆◆◆◆◆◆

62

DAS KIND EUROPAS – BETRÜGER ODER PRINZ?

Einmal nachforschen, wer Kaspar Hauser war

»Sein Haar in Strähnen und wirre, sein Gang war gebeugt.
›Kein Zweifel, dieser Irre ward vom Teufel gezeugt.‹
Der Pfarrer reichte ihm einen Krug
Voll Milch, er sog in einem Zug.
›Er trinkt nicht vom Geschirre, den hat die Wölfin gesäugt!‹«

Aus der Ballade »Kaspar« von Reinhard Mey

»A söchtener Reiter möcht i wern, wie mein Voater gwen is.« Das war einer der ersten Sätze, mit denen, am Pfingstmontag des Jahres 1828, ein junger Mann ins Licht der Öffentlichkeit trat, der die wenigen Jahre bis zu seinem tragischen Tod die Menschen bewegte und ihnen ein Rätsel aufgab, das bis heute nicht gelöst ist: Kaspar Hauser. Auf dem Nürnberger Unschlittplatz tauchte der 16-Jährige auf, mit einem Schreiben in der Tasche, das an einen Rittmeister des örtlichen Kavallerieregiments, der »Chevauxlegers«, gerichtet war. Ein Findelkind sei der Überbringer, hieß es in dem Brief. Aufgewachsen bei armen Tagelöhnern, habe er Schreiben und Lesen gelernt, auch das »Christentum«. Seit seiner Auffindung im Jahr 1812 sei das Kind keinen Schritt vor die Tür gekommen. Sein Vater, ein Chevauleger, sei längst verstorben. Und nun wolle der Junge ein Reiter werden. Von wegen! Zunächst wurde Kaspar Hauser Insasse des Gefängnisses auf dem Luginsland in der Nürnberger Burg und dann, als »rätselhafter Findling«, zu einer europäischen Attraktion. »Wirklich genoß Kaspar vom Morgen bis zum Abend kaum eines geringeren Zuspruchs als das Känguru und die zahme Hyäne in der berühmten Menagerie des Herrn van Aken«, hielt ein Besucher fest. Aus dem Interesse wurde schnell Spekulation: Wer war der junge Mann, der behauptete, sein bisheriges Leben bei Wasser und Brot in einem dunklen Raum verbracht zu haben? War er ein Erbprinz von Baden, nach der Geburt dynastischer Intrigen wegen mit einem sterbenden Säugling vertauscht? Um einen Thron betrogen? Mit Opium ruhiggestellt in dunklem Kerker? War da nicht im September 1816 im Rhein eine Flaschenpost gefunden worden mit den Zeilen: »Ich werde in einem Kerker bei Lauffenburg am Rhein gefangen gefangen gehalten: mein Kerker liegt unter der Erde, und den Ort kennt derjenige nicht, der sich nunmehr meines Thrones bemächtigt hat. Mehr kann ich nicht schreiben, da ich sorgfältig und grausam bewacht werde.« – S. Hanès Sprancio. Und kann man aus diesem Namen nicht durch Umstellen der Buchstaben »Sein Sohn Caspar« bilden? Aber warum sprach der junge Mann dann Altbayerisch? Und warum hatte er Impfnarben? Wo doch nur Bayern 1807 als erstes Land der Welt die Pockenschutz-

In Ansbach finden alle zwei Jahre die Kaspar-Hauser-Festspiele statt.
➜ *www.kaspar-hauser-ansbach.de*

Zwangsimpfung eingeführt hatte, Baden aber nicht? Nein, kein Prinz, ein Betrüger sei dieser Hauser, von fahrendem Volk ausgesetzt, ein pseudodementer Bursche, der in seinem Exil in Ansbach versuchte, Katzen den aufrechten Gang beizubringen, und behauptete, sein Holzpferd habe ihn gebissen. Der Stadtgerichtsarzt vermutete, er sei »wie ein halbwilder Mensch in Wäldern erzogen« worden. Am 14. Dezember 1833 kam Kaspar Hauser mit einer tödlichen Stichwunde in sein Ansbacher Zuhause. Opfer eines Attentäters, wie seine Anhänger vermuteten? Oder eine Verletzung, die er sich selber beigebracht hatte, wie kriminalwissenschaftliche Untersuchungen nahelegten? Rätsel über Rätsel – um das »Kind Europas«, wie er im Biedermeier genannt wurde. Wenn Sie sich an dem bis heute andauernden Rätselraten um Kaspar Hausers Leben und Sterben beteiligen möchten: Als Einstieg eignet sich dazu vielleicht die Statue, die man vor dem Haus aufgestellt hat, in dem er in Ansbach lebte. Es gibt aber auch Dutzende von Büchern, mehrere Filme, Lieder und Gedichte, die einem auf dem Weg zu des Rätsels Lösung helfen können. Leider dürfte die Belohnung verfallen sein, die König Ludwig I., fasziniert von der Geschichte des Findelkindes, für die Ergreifung von Hausers Mörder aussetzte: 10.000 Gulden, ein Vermögen! ◆◆◆◆◆◆◆

Kaspar Hausers Grabstein auf dem Ansbacher Stadtfriedhof trägt die lateinische Inschrift

»HIC JACET CASPARUS HAUSER AENIGMA SUI TEMPORIS IGNOTA NATIVITAS OCCULTA MORS MDCCCXXXIII«
»Hier liegt Kaspar Hauser, Rätsel seiner Zeit, unbekannt die Herkunft, geheimnisvoll der Tod 1833«

63

HERRGOTTSBSCHEISSERLE

Einmal den lieben Gott hinters Licht führen

Die Schwaben wissen natürlich schon nach einem ersten Blick auf die Überschrift, wovon jetzt die Rede sein wird – von ihrer Nationalspeise, den Maultaschen. Deren Geschichte beginnt weit, weit hinten im Mittelalter. Damals wollte der Ritter Walter von Lomersheim ein Kloster gründen. Nur wo war der rechte, gottgewollte Ort dafür? Der Ritter belud sein Maultier mit einem Geldsack und ließ das Tier laufen. Tatsächlich hielt das Maultier nach einer Weile an und warf nicht nur die Geldkatze ab, sondern schlug mit dem Huf auch noch einen Quell aus dem Fels. Ideale Voraussetzungen, um ein Kloster zu gründen – benannt nach dem Maultier, das hier einen Brunnen aufgetan hatte: Kloster Maulbronn. In diesem Kloster, nicht allzu weit von Pforzheim entfernt, schlug später dann angeblich die Geburtsstunde unserer Maultaschen. Es war zur Zeit des Dreißigjährigen Krieges, gegen Ende der Fastenzeit, als ein Laienbruder beim Holzsammeln ein schönes Stück Fleisch fand. Man muss sich den armen Bruder vorstellen, ausgehungert nach den vielen Fasttagen – und dann so ein Trumm Fleisch. Er schmuggelte seinen Fund ins Kloster und grübelte und grübelte: Das Fleisch musste schnell verarbeitet werden. Aber das strenge Fastengebot? Am Gründonnerstag kam ihm die rettende Idee: Unter das Gemüse, das er an diesem Tag für die Mönche vorbereitete, mischte er das klein geschnittene Fleisch. Aber das hätten die Mönche natürlich bemerkt, und der liebe Gott ohnehin. Der Laienbruder verbarg seine sündige Mischung daher in kleinen Teigtaschen – die Maultaschen waren geboren und hatten auch gleich ihren Namen weg: »Herrgottsbscheißerle«. Schön erzählt – und bestimmt wahr! Oder war's vielleicht doch so, dass eine Tiroler Gräfin mit dem schönen Namen Margarete Maultasch von ihrem Schloss die in Südtirol längst heimischen Ravioli über den Brenner nach Schwaben eingeschleppt hat? Und kommt dann der Name Maultasche vielleicht von

➜

Maultaschen
»*Hackfloisch, Zwieble, Peitschestecke,*
Wassergwoichte Doppelwecke,
Peterleng, Spinat ond Brät,
Älles durch die Fleischwolf dreht,
Oier drüber, Salz ond Pfeffer,
Geit a Toigle, geit en Treffer,
Grad für d'Nudelböda g'richt;
Und schao kriagt dui Sach a Gsicht!
Drufgschmiert, zuadeckt, toilt ond gschnitte.
Net lang gfacklet, maih ond, ditte,
Nei end Brüah ond ufkocht gschwend!
Selber schuld, wer's Maul verbrennt!«
Heinz Eugen Schramm, schwäbischer Autor

einer Zollstation, die unterhalb der gräflichen Burg lag und »mala tasca« hieß, zu Deutsch: Mausefalle? Oder muss man gar jede brave schwäbische Hausfrau, die am Sonntag über den Zutaten für ihre Maultaschen sitzt, in die Nähe eines »liederlichen Weibes« rücken? In einer Chronik aus dem 14. Jahrhundert steht der Begriff Maultasch nämlich genau dafür: für liederliches Weib. Maultier, Maulbronn, Gräfin Maultasch, »mala tasca« – jetzt wird's Zeit, dass sie endlich auf den Tisch kommen, die Maultaschen. In einer Brühe, geschmälzt mit Butter und angebratenen Zwiebeln oder in Streifen geschnitten und geröstet. Wie man die zubereitet, das weiß aus langjähriger Erfahrung Armin Frei, Küchenchef in der Klosterwirtschaft des Franziskanerklosters Ursberg:

Gebratene gerollte Braumeister-Maultaschen mit Klostersalaten und Zwickelbierdressing

Zutaten für die Maultaschenfüllung

1 kg Kalbsbrät, frisch vom Metzger, 3 alte Semmeln, etwas Milch zum Einweichen, 1 mittelgroße Zwiebel, 3 Eier, 1 kleines Bund Petersilie, 1 Bund Zwiebelröhrle, 100 Gramm gewürfelter Speck, 150 g Treber, ausgedrückt (es geht aber bestimmt auch ohne Treber!)

Die Semmel grob würfeln und in etwas Milch einweichen, überschüssige Milch wieder ausdrücken. Gewürfelten Speck in einer Pfanne auslassen, Zwiebel klein würfeln und zum Speck geben, zusammen anschwitzen. Kräuter klein schneiden, alle Zutaten zu einer einheitlichen Masse vermengen und kühl stellen.

Zutaten für den Maultaschenteig

300 g Mehl, 100 g Grieß, 1 Prise Salz, 4 Eier, 2 EL Rapsöl, kalt gepresst

Mehl, Grieß, Salz und Eier zu einem glatten Teig verkneten, danach das Rapsöl einarbeiten. Den fertigen Teig 2 Stunden im Kühlschrank, eingeschlagen in eine Klarsichtfolie, ruhen lassen. Den Nudelteig mit dem Wargelholz oder mit der Nudelmaschine in lange rechteckige Bahnen ausrollen. Die Ränder mit dem verquirlten Ei einstreichen. Auf die Nudelplatten nun die Brätfüllmasse gleichmäßig verteilen. Es sollte nach dem Einrollen der mit Füllung bestrichenen Platten eine ca. 5 cm dicke Nudelrolle entstehen. Nun die Nudelrolle mit einem scharfen Messer in ca. 4–5 cm breite, leicht schräge Maultaschen schneiden. Diese werden jetzt in einem großzügig bemessenen Topf bei siedendem Salzwasser ca. 12–15 Minuten gegart. Anschließend in aufschäumender Butter abschmelzen. Auf einem Teller mit taufrischen Klostersalaten in einem Dressing aus frisch gezapftem Zwickelbier anrichten.

Wenn Sie sich Appetit holen möchten für einen Teller voller Maultaschen, dann könnten Sie ja mal auf dem »Maultaschenweg« wandern. Der startet und endet in Bad Urach und führt in fünf Tagesetappen über die Schwäbische Alb. Ehrensache, dass an allen fünf Stationen Maultaschenspezialitäten auf den Tisch kommen. Vielleicht treffen Sie unterwegs sogar die Maultaschenkönigin. Die gibt's wirklich, und sie ist ganz bestimmt kein »liederliches Frauenzimmer«.

➜ www.maultaschenweg.de ◆◆◆◆◆◆◆◆◆◆◆◆◆◆◆◆◆◆◆◆◆◆◆◆◆◆◆◆◆◆◆◆◆◆◆◆◆◆

64

BAYERN UND PFALZ, GOTT ERHALT'S!

Einmal in der Pfalz nachschauen, was die Bayern hinterlassen haben

Villa Ludwigshöhe

Wenn König Ludwig I. sich von seiner Geliebten, der Tänzerin Lola Montez, verabschiedete, um in die Münchner Residenz zu seiner Gemahlin Therese zurückzukehren, dann hat er sich so, oder doch so ähnlich, verabschiedet: »Ich muss jetzt geh, mei Fraa waht dehähm!« Ludwig, in Straßburg geboren, sprach zeit seines Lebens ein breites Pfälzisch, und wenn man den Stammbaum der Wittelsbacher betrachtet, in dessen oberstem Geäst die bayerischen Könige nisten, dann wundert man sich nicht darüber. Hier finden sich nämlich keine bayerischen Herzöge oder Kurfürsten, sondern Pfalzgrafen von Birkenfeld und von Bischweiler oder Herzöge von Zweibrücken. Zu erklären, wie die Pfälzer Wittelsbacher zum »angestammten Herrscherhaus« der Bayern wurden und zur Münchner Königskrone kamen, das würde hier zu weit führen. Denn die Geschichte beginnt vor 800 Jahren, als Kaiser Friedrich II. einem Bayernherzog die Pfalzgrafschaft bei Rhein anvertraute. Damals kam zu den weiß-blauen bayerischen Rauten der Pfälzer Löwe, den Bayern bis heute im Wappen führt, obwohl die Pfalz 1946 dem neuen Bundesland Rheinland-Pfalz zugeschlagen wurde. In diesen 800 Jahren haben die Wittelsbacher am Rhein einiges hinterlassen, dem Motto folgend: »Bayern und Pfalz, Gott erhalt's«. Das beginnt bei der »Ruperto Carola«, der Heidelberger Universität, die 1386 von Pfalzgraf Ruprecht I. gegründet wurde. Die Mannheimer bekamen von

Pfälzer Wein und Pfälzer Wurst

Die Pfälzer haben den Münchnern aber auch etwas vermacht: Zur Pflege pfälzischer Gastlichkeit und Weinkultur sowie als geselligen Treffpunkt für alle Freunde des Pfälzer Weines unterhält der Landesverband der Pfälzer in Bayern seit 1950 die Pfälzer Weinstube. Und freut sich darüber, dass »in den sehenswerten Gasträumen der ehemals kurfürstlich und königlich bayerischen Residenz die historische Verbindung zwischen Bayern und der Pfalz spürbar zum Ausdruck kommt«.

einem Wittelsbacher Kurfürsten ihr wunderschönes Barockschloss, das sie freilich selber bezahlen mussten – über eine Sondersteuer, das »Schlossbaugeld«.

Und in Neustadt an der Weinstraße steht die Kirche St. Ägidius, auch von einem Pfalzgrafen erbaut. Sie ist in zwei »konfessionelle Hälften« unterteilt, eine katholische und eine evangelische, und wird bis heute von der evangelischen und der katholischen Kirche genutzt. Und was kommt nach dem Gottesdienst auf den Tisch? Leberknödel und Dampfnudeln – das kulinarische Erbe der Wittelsbacher. Vielleicht hat ja König Ludwig I. in dem Schlösschen, das er sich in der Pfalz bauen ließ, der Villa Ludwigshöhe, diese Speisen auftragen lassen und so seinen rheinischen Untertanen schmackhaft gemacht. »Pfalz, dich lieb ich«, schrieb der König einmal, und die Pfälzer dankten es ihm. Ludwigshafen wurde nach ihm benannt, und auf der Ludwigshöhe findet noch immer jedes Jahr im August zum königlichen Geburtstag ein Sommerfest statt. ♦ ♦ ♦ ♦ ♦

Schloss Mannheim

65

BILDERFLUT

Einmal eine Rubensfrau bewundern

Peter Paul Rubens mit seiner Frau Isabella (Alte Pinakothek, München)

Sie war Rubens' Frau, aber ob sie eine Rubensfrau war, lässt sich nicht so genau sagen. Denn auf den Bildern, die Peter Paul Rubens von seiner Ehefrau Isabella Brant gemalt hat, ist diese stets züchtig gekleidet, ganz im Gegensatz zu den meisten anderen Rubensschönheiten, die er auf die Leinwand gebracht hat. Deshalb kann man nicht erkennen, ob sie dem Ideal einer Rubensfrau entspricht. Die muss rund und gesund daherkommen. Sogar Aphrodite, die Königin der Liebe und der Schönheit, die Rubens in seinem Bild »Das Urteil des Paris« splitterfasernackt dargestellt hat, sieht ein bisserl wie eine russische Hammerwerferin aus – dabei ist der Beiname der griechischen Göttin doch »Die Schaumgeborene«. Das Verlobungsbild von Rubens und seiner Braut hängt in der Alten Pinakothek in München, die beiden sitzen in eine Geißblattlaube, aber von ihr sieht man zwischen Halskrause und Hut nur ein Gsichterl, der Rest ist verhüllende Seide. Die Alte Pinakothek war, als sie 1836 eröffnet wurde, der größte Museumsbau der Welt. Viel Platz für die Gemälde, die Generationen von Wittelsbachern zusammengetragen hatten. Wilhelm IV. hatte nicht nur das bayerische

Reinheitsgebot für Bier unterzeichnet, sondern auch einen Auftrag an den Maler Albrecht Altdorfer. Der sollte ihm ein Historienbild malen, von der Entscheidungsschlacht Alexanders des Großen gegen den Perserkönig Darius. Das Bild mit seinen Tausenden präzise gemalter Reiter und Fußsoldaten gefiel Napoleon so gut, dass er es in den Wirren der napoleonischen Kriege an sich brachte und in seinem Badezimmer aufhängen ließ. Zurückgekehrt in die Alte Pinakothek, ist es längst wieder eine Hauptattraktion der Gemäldesammlung. Auch die Nachfolger Wilhelms IV. waren große Kunstsammler: Kurfürst Maximilian I. brachte Dürers »Vier Apostel« nach München, durch ein Bittschreiben, in dem er die Nürnberger Stadtväter, die das Bild besaßen, wissen ließ, dass er einen abschlägigen Bescheid als »einen sondern hohen Despect« nehmen würde. Für die Bayerischen Gemäldesammlungen äußerst vorteilhaft war dann die Tatsache, dass ein Enkel Maximilians Statthalter Spaniens in den Niederlanden war – er brachte die holländischen Meister nach München. Die Pinakothek, die Ludwig I. für all diese Schätze bauen ließ, erhielt 1853, im zarten Alter von 17 Jahren, den Beinamen »alt«. Denn der rastlose Bauherr Ludwig hatte direkt gegenüber einen weiteren Bildersaal errichten lassen, für die zeitgenössische Kunst. Und das machte den Klenzebau mit seinen Rubens- und Dürerbildern zur Alten Pinakothek. Die Neue Pinakothek war bei ihrer Eröffnung die erste Sammlung »moderner« Kunst weltweit. Doch bei den Bildern des 19. Jahrhunderts blieb ja die Kunstgeschichte nicht stehen, und so entstanden nahe der Alten und dem postmodernen Neubau der Neuen Pinakothek, auf dem Gelände der ehemaligen Türkenkaserne, noch zwei weitere Kunsttempel: die Pinakothek der Moderne, in der Bilder von Picasso, Beckmann und Nolde hängen, und die Sammlung Brandhorst mit ihren Warhols und Objekten von Beuys. Mehr Bilder als Figuren auf Altdorfers »Alexanderschlacht« – und das will etwas heißen! Wer nach dieser Bilderflut immer noch Augen hat zu sehen, der kann ja die paar Meter hinübergehen zum Lenbachhaus. Hier hängen unter anderem die Gemälde der Gruppe Blauer Reiter. Natürlich gibt es auch anderswo in Bayern sehenswerte staatliche Bildergalerien: In Neuburg an der Donau ist man stolz auf eine Sammlung flämischer Barockmaler, am Tegernsee zeigt man Bilder von Olaf Gulbransson, im Aschaffenburger Schloss Johannisburg gibt es eine Staatsgalerie, ebenso wie in der neuen Residenz in Bamberg. In Kronach lockt die Fränkische Galerie und in Kempten die Alpenländische Galerie. Aber nirgendwo in Bayern – und vermutlich auch nicht im Rest der Welt – gibt es auf engstem Raum so viele unterschiedliche Kunstobjekte zu bewundern wie im Münchner Museumsviertel. ◆◆◆◆◆◆◆◆◆◆◆◆◆◆◆◆◆◆

Mehr Mandl!

Altdorfers »Alexanderschlacht« mit ihren vielen Figuren muss den Zeichenlehrer eines Passauer Gymnasiums schwer beeindruckt haben. Als seine zwölfjährigen Schüler vor über 50 Jahren das Thema »Trojanischer Krieg« bearbeiteten, ging er ruhelos durch die Gänge, studierte von oben herab die Zeichenblöcke und verteilte eine Watschen nach der anderen, immer mit derselben Aufforderung: »Mehr Mandl!«

66

IST DER LEIB (LAIB) IN GUTER RUH

Einmal einen Käse auf den Laib schneidern

an nehme zwei Liter Milch, fünf Esslöffel Dickmilch als Säuerungskultur, eine Labtablette und etwas Weißschimmel von einem Weißschimmelkäse, rühre alles zusammen, erwärme es auf 35 Grad, lasse die Suppe eine Stunde stehen und nehme dann Platz zu einer Brotzeit mit selbst gefertigtem Camembert. Nein, so einfach ist es natürlich nicht, das Käsen. Das Camembertrezept, das man auf der Seite ➔ www.kaeseseite.de findet, ist einen Viertelmeter lang und ganz schön aufwendig. Ja, da wäre ja ein Glernter ein Depp, wenn's so einfach wäre! Eine Sennerin etwa, ein Käser oder, wie's neuerdings auch heißt, ein

Milchtechnologe. Vielleicht sollte man doch erst einmal diesen Fachleuten über die Schulter schauen, in einer der vielen Schaukäsereien, die es im Allgäu, aber auch im Oberland gibt. Da lernt man dann erst einmal das Rüstzeug: dass Lab für die Herstellung von Süßmilchkäse nicht mehr unbedingt aus Kälbermägen gewonnen wird, sondern auch gentechnisch, was Milchsäurebakterien den ganzen Tag so treiben, wie man auf einer Käseharfe* spielt, was einen Weißlacker vom Bavaria blu unterscheidet und wie die Löcher in den Käse kommen. Etwa in den Emmentaler, von dem ein runder Laib (trotz der Löcher!) schon einmal 100 Kilo wiegen kann. Wer den zum Bahnhof rollen muss! Vielleicht liegt auch ein Prospekt aus, in dem Sie nachlesen können, dass es allein in Bayern über 400 verschiedene Käsesorten gibt – weltweit sollen es 5.000 sein. Eher selten wird in einer Schaukäserei darauf verwiesen, dass unser Wort Käse aus dem Lateinischen kommt, von »caseus«, für »Gegorenes, sauer Gewordenes«. Oder dass der »Obatzde« erfunden wurde, um Käsereste aufzufrischen. Wenn Sie jetzt immer noch Ihren eigenen Käse ansetzen möchten, dann sollten Sie sich als nächsten Schritt vielleicht in einer Käseschule einschreiben. Da bekommen Sie als Erstes eine weiße Mütze verpasst – es sollen sich ja später in den Löchern ihres Emmentalers keine Haare finden. Und dann geht's los mit Theorie und vor allem der Praxis des Käsens. Jeder bekommt seinen Kupferkessel, und dann heißt es. wärmen, rühren, Milch dick legen, abschöpfen, pressen … Es dauert, bis der Punkt auf dem Lehrplan steht, auf den die meisten wohl heimlich warten: das Schnabulieren. Aber es gibt nicht den eigenen Käse zu probieren, denn bis der zu einem echten Allgäuer Bergkäse wird, muss er noch ein paar Monate reifen. ◆

Hier geht's zum Unterricht: ➜ *www.kaeseschule.de*

Ein Tipp: Käse sollte nicht in der Nähe von Brot gelagert werden, denn Hefepilze können den Käse ungenießbar machen. Aus diesem Grund sollte Käse auch nicht mit Holzbrettern in Berührung kommen, auf denen Brot geschnitten wurde.

Caseus de se ipso

»Caseus de se ipso« (»Der Käse über sich selbst«) heißt ein Traktat des römischen Schriftstellers Plinius. Und in dem versichert der sprechende Käse: »Ist der Leib in guter Ruh, schließe ich den Magen zu.«

* Mit der »Käseharfe« wird die eingedickte Milch zum »Bruch« zerteilt.

67

ZWEI PRO JAHR

Einmal in der Wertach einen Huchen fangen

Und Gott schuf große Walfische und allerlei Getier, das da lebt und webt, davon das Wasser sich erregte …« So steht's in der Schöpfungsgeschichte. Ob damals neben den Walfischen auch der Huchen dabei war, wird von Moses leider nicht berichtet. Aber es muss in Flüssen, Seen und Meeren ganz schön gewurlt haben, am fünften Schöpfungstag, wenn noch heute allein in Bayern rund 70 verschiedene Fischarten vorkommen. Da schwimmt die gemeine Brasse neben einem Fisch, der Waxdick heißt, der Schneider neben der Laube, die Nase neben dem Zobel und das Moderlieschen neben der Ziege. Alles Fische, die man auch mit ihrem angestammten lateinischen Namen benennen könnte, das Moderlieschen etwa kennen die Fischkundler als Leucaspius delineatus. Genau einen Tag hatten all diese Fische ihre Ruhe, denn schon am sechsten Tag trat ja der Mensch auf, und was hatte der bald darauf zur Hand: Reuse, Netz und Haken! Die ältesten in Bayern gefundenen Angelhaken sind rund 6.000 Jahre alt und stammen von der Donau, aus Nersingen im Landkreis Neu-Ulm, und von der Ilm, aus Manching. Damals durfte wahrscheinlich jeder, der so ein Hakerl hatte, versuchen, eine Brachse oder einen Saibling an Land zu ziehen. Aber das änderte sich schnell. Wie die Jagd auch wurde das Fischen zum herrschaftlichen Privileg für Adel und hohe Geistlichkeit. Besonders Prälaten und Klosterbrüder hatten einen schier unstillbaren Hunger nach Fisch, der vielen Fasttage wegen, an denen man ja kein Fleisch essen durfte. Wie wichtig der Fisch im Mittelalter und noch Jahrhunderte später für den Klerus war, zeigt die Legende vom heiligen Ulrich von Augsburg. Ulrich wird ja mit einem Fisch dargestellt. Die Legende erzählt, dass er einem Sendboten an einem Freitag ein Stück Braten von seiner Tafel als Wegzehrung für den Rückweg mitgegeben habe. Als der Bote seinem Herrn, dem Herzog von Bayern, den Frevel zum Freitagsgebot durch Vorzeigen des Fleischstückes beweisen wollte, war dieses in einen Fisch verwandelt. Der Lachs und der Stör, den es damals im Main noch gab, die kamen nur in den Bischofspalais von Bamberg, Würzburg und Mainz auf den Tisch. Und die Renken aus dem Starnberger See brachten reitende Boten fangfrisch in die herzogliche Residenz in München. Kein Wunder, dass bayerische Hofräte 1854 klagten, »der Zustand der Fischzucht in Bayern lasse eine rasch fortschreitende Abnahme dieses Culturzweiges und damit den Verlust einer wichtigen Erwerbs- und Nahrungsquelle befürchten, wenn gegen den augenfälligen und bereits weit vorgerückten Verfall nicht Maßregeln ergriffen werden die derselben auch einen kräftigen und nachhaltigen öffentlichen Schutz gewähren«. Diesen Schutz gewährten dann auch eine Vielzahl von Fischereiverordnungen den verfolgten Fischen. Und heute sind Renken, Brachsen und Welse nicht so sehr von den fast 150.000 Freizeitfischern bedroht, die ihnen in bayerischen Gewässern nachstellen, sondern von Staustufen, Überdüngung und Flussregulierungen. Aber es geht aufwärts!

Der »Huchenkönig« Karl Heinz. Anfang des 20. Jahrhunderts fing er in der Iller in nur fünf Stunden acht Huchen. Gesamtgewicht: 85 Pfund.

Es gibt aufwendige Nachzuchtprogramme für Fische, etwa den Kilch, der im Ammersee am Aussterben war, was allein schon wegen seines schönen Namens Coregonus bavaricus schade gewesen wäre. Und auch den Huchen versucht man wieder heimisch zu machen, in seinen angestammten Gewässern, in der Wertach oder im Lech. Das ist nicht einfach, denn die Tiere können nicht mehr zu ihren Laichgebieten wandern. Lech, Donau und Iller sind durch Wehre und Wasserkraftwerke für sie unpassierbar. Die Raubfische, die bis zu 120 Zentimeter groß werden, können sich nicht mehr fortpflanzen. Ein Fischereiverein hat in einer ersten Aktion 75 Fische im Lech ausgesetzt, und in Zuchtbecken wachsen ständig neue Huchenfischerl nach – damit man schon bald wieder in den Gumpen und Wirbeln der Wertach den Stammfisch der Schwaben stehen sehen kann. Aber einen Huchen fangen, das wird schwierig bleiben, gerade einmal zwei Exemplare pro Jahr gestehen sich die Mitglieder des örtlichen Fischereivereins zu. Allen anderen bleibt da der Schnabel sauber! ♦ ♦ ♦ ♦ ♦ ♦ ♦

68

PIZZA IM POMPEJANUM

Einmal in Bayern Italien entdecken

Uhlalalalala – Bei uns in München is ›Bella Italia‹«, singt Günther Sigl in seinem Lied. Und da hat er recht. Ohne Italiener hätten wir keine Eisdielen, unsere Buben hätten andere Vornamen, es gäbe auch nicht den beliebtesten Snack der Deutschen – und kein Oktoberfest. Aber der Reihe nach: Im 16. Jahrhundert stellte ein Gelatiere aus der Toskana mit dem schönen Namen Bernardo Buontalenti als Erster Eis her, wie wir es heute kennen. Auf der Straße schlecken konnte man es aber nicht, weil die dazugehörigen Waffelhörnchen erst viel später erfunden wurden, wieder von einem Italiener. Und die ersten Eisdielen in Bayern wurden von Eismachern aus dem Val di Zoldo und dem Val di Cadore eröffnet, noch heute kommen zwei Drittel der 4.000 Eisdielenbesitzer Deutschlands aus dieser Gegend. Die beliebtesten Bubennamen sind derzeit Maximilian, Felix und Luca. Alle drei stammen aus dem Lateinischen, von Maximinianus – der Name hat seine Wurzel im Wort »maximus«, »der Größte« – und von »felix«, »der Glückliche«; Luca ist die italienische Form von Lukas. Das beliebteste Schnellgericht der Deutschen ist die Pizza. Und die kommt natürlich aus Italien, es gibt sogar eine sehr patriotische Entstehungsgeschichte: Am 11. Juni 1889 bestellten König Umberto I. und seine Frau Margherita in Neapel eine Pizza. Beim Pizzaiolo Raffaele Esposito. Der dachte sich: Das Auge isst mit – und belegte den Pizzaboden mit Zutaten in den italienischen Nationalfarben: grünes Basilikum, weißer Mozzarella und rote Tomaten. Pizza Margherita! Si non è vero ... Also gut: Eis, Vornamen, Pizza, alles italienisch. Aber das Oktoberfest? Auch wenn's da jetzt den einen oder anderen aus der Lederhosn hebt, die Wiesn gäb's ohne Italiener nicht! Nämlich ohne Giuseppe Dall'Armi und Maria Theresia Werz. Die beiden stammten aus Trient und zeugten einen Sohn namens Andreas Michael. Der brachte es in München erst zu Wohlstand und dann zum Rang eines Majors bei der Kavallerie der königlich bayerischen Nationalgarde. Und als solcher organisierte er, 1810, anlässlich der Hochzeit von Kronprinz Ludwig, ein Pferderennen vor der Stadt, auf der heutigen Theresienwiese. Die Keimzelle des Oktoberfests! Die Wiesn – die nördlichste »Zelt«-Stadt Italiens? Dall'Armis Festlichkeit muss den jungen Ludwig jedenfalls so beeindruckt haben, dass er zeitlebens ein Italienfan war. Das kann man nicht nur in Aschaffenburg sehen, wo er eine römische Villa nachbauen ließ, das Pompejanum. An den Hängen unterhalb der Villa kann man heute noch ein ganz besonderes Stück Italien entdecken: einen Weinberg, auf dem die Reben für den Pompejaner heranwachsen, einen raren Tropfen, der leider nur auf offiziellen Empfängen der Stadt ausgeschenkt wird. Die ersten Reben, die brachten natürlich auch die Italiener ins Land, die damals halt Römer hießen. Als deren Legionen dem Druck der Germanen wichen und ihre Kastelle in Miltenberg, Passau oder Regensburg Richtung Süden verließen, da blieben einige zurück. Boshafte Zungen sagen: die Fußkranken und auf der Flucht weniger gefragte Berufsgruppen, wie Haarauszupfer und Mundschenken. Die haben sich dann mit den Germanen vermischt. Ein kleines Stück »Bella Italia« steckt also in jedem Urbayern! ◆ ◆ ◆ ◆ ◆ ◆ ◆ ◆ ◆ ◆ ◆

Das Pompejanum liegt malerisch auf einem Weinberg über dem Main bei Aschaffenburg.

69

WER SEINE SCHAFE SO TRÄNKET

Einmal mit einem Silvaner anstoßen

Weiße Augusttraube, Fliegentraube, Grünedel, Häusler Schwarz, Rundblatt, Schwäbler, Österreichisch-Weiß, Zierfandler – das alles und noch viel mehr können Sie sich einschenken, wenn Sie mit einem Silvaner anstoßen möchten. Unter den mehreren Dutzend Namen, unter denen die Rebsorte bekannt ist, findet sich dann aber gottlob eine, die auf das Kernland des Silvaners verweist: Frankenriesling. Wie auch immer man den Wein nennen mag, der Silvaner gehört zu den ältesten Sorten. Einige siedeln ihn sogar als Wildrebe im Donauraum an, von der angeblich schon die Römer geschwärmt und getrunken haben. Der Name käme dieser Theorie nach von Transsilvanien, der Balkanregion, aber dort wäre es selbst dem genügsamen Silvaner zu kalt gewesen. Wahrscheinlicher ist, dass es sich um eine natürliche Kreuzung alter Sorten handelt: des Traminers und des Österreichisch-Weiß. Was sich da gekreuzt hatte, erfreute die Winzer. Denn der Silvaner war robust und pflegeleicht, was man schnell auch am Main erkannte: Die ersten Silvanerreben wurden in Franken am 10. April 1659 gepflanzt, in Castell. Und sechs Jahre später ließ ein Abt des Klosters Ebrach den »Österreicher«, wie er damals hieß, in der heute so berühmten Lage »Würzburger Stein« anbauen. Damit begann an den Hängen des Mains, aber auch an Rhein und Mosel, ja in fast allen deutschen Anbaugebieten, die Erfolgsgeschichte der ertragssicheren Reben. Mitte des 19. Jahrhunderts war jeder zweite Weinstock in Deutschland ein »Silvaner«. Kurt Tucholsky notierte während einer Frankenreise silvanerselig: »Der Wirt hatte einen 17er auf dem Fass, der war hell und zart wie Frühsommer. Man wurde ganz gerührt; schade, dass man einen Wein nicht streicheln kann.« 2009, 350 Jahre nachdem man in Castell den ersten Rebstock gepflanzt hatte, war von dieser Begeisterung nicht viel geblieben. Nur noch auf rund fünf Prozent der Anbaufläche in Deutschland wachsen heute die Trauben der alten Mischsorte. Und der halten besonders die Franken die Treue. Auf über 1.000 Hektar, etwa 20 Prozent der Rebfläche, wächst Silvaner, von dem eine Weinkennerin behauptet: »Er ist eher eine Weinart als ein bestimmtes Geschmacksprofil.« Kein Wunder also, dass dem Urahn der Frankenweine von seinen Erzeugern ein recht buntes Bouquet ins Stammbuch geschrieben wird. Da findet sich der »feine Duft von Mirabellen« neben einem »Anflug von Williams Christbirne« und der »Duft von Minze« neben dem von »gelben Birnen und Kräutern«. Machen Sie sich also auf einiges gefasst, wenn Sie mit einem Glas Silvaner anstoßen! ◆◆◆◆◆◆◆◆◆◆◆◆◆◆◆◆◆◆

Wein-Bischof

Friedrich Schiller schrieb über die Weine des bischöflichen Juliusspitals, zu seiner Zeit sicher auch Silvaner: »Oh Ring, oh Stab, auf den Steinwein Flaschen seid ihr mir am willkommensten – ja, wer seine Schafe so tränket, der heißt mir ein wahrer Hirte.«

70

GESPRENKELT

Einmal einen Falken fliegen lassen

»Wer sich zur Taube macht,
den fressen die Falken.«

Ja wo fliegt er denn? In freier Wildbahn sind sie nur noch selten zu sehen – Falken und ihre Artgenossen, die anderen Greifvögel. Falco peregrinus, Wanderfalke, heißt eine gängige Art des Raubvogels, und das zeigt schon: Der Falke fliegt, wo er will. Aber – man hat ihn gezähmt. Und zwar früh. Als der Stauferkönig Friedrich II. 1241 anfing, an seinem berühmten Standardwerk, dem »Falkenbuch«, zu schreiben, da konnte er auf Wissen über die Beizjagd mit Falken zurückgreifen, das schon die Ostgoten in der asiatischen Steppe erworben hatten. Heute beschäftigen sich sogar Wissenschaftler mit den Feinheiten des Falkenflugs. Wenn Sie einen guten Draht zur Bundeswehr haben, dann könnten Sie Falken an einem ganz besonderen Ort fliegen lassen: im Windkanal der Bundeswehruniversität Neubiberg bei München, wo uniformierte Falkner versuchen, die Geheimnisse des Falkenflugs zu ergründen. Aber denen darf natürlich nicht jeder über die Schulter schauen. Dann vielleicht die Falknerprüfung machen, um seinen eigenen Vogel fliegen zu lassen? Darf auch nicht jeder! Zu den Kursen auf Burg Rabenstein in der Nähe der oberfränkischen Ortschaft Behringersmühle kann sich nur anmelden, wer zuvor die Jägerprüfung abgelegt hat. Ohne Jagdschein geht es in Katharinenberg bei Wunsiedel. In der Falknerei können Sie einen langen Erlebnistag mit Greifvögeln verbringen. Aber ganz ohne Vorbedingungen geht auch das nicht. Mindestens 16 Jahre muss man alt sein, und man darf sich nicht grauseln, wenn man rohes Fleisch als Futter für die Vögel zubereiten oder die Käfige von Habichten, Bussarden und Falken säubern muss. Da bleibt für die meisten dann doch nur die klassische Art, einen Falken fliegen zu lassen, oder ihm zumindest dabei zuzusehen: bei einer Greifvogelschau. Davon gibt es in Bayern mittlerweile fast so viele wie Greifvogelarten. Und das sind erstaunlich viele: Bartkauz und Weißkopfseeadler, Rotschwanzbussard und Habicht, Karpatenuhu, Zwerggänsegeier und natürlich die Falken: Wanderfalken, Würgfalken, Gerfalken und Buntfalken. Wer einen Falken fliegen lassen will – oder zumindest einmal den Kopf einziehen möchte, wenn ein Raubvogel mit rasender Geschwindigkeit knapp über den Zuschauern auf seine Beute losschießt –, hat also reichlich Auswahl. Und das gilt auch für die Falknereien. Der Himmel über Bayern ist nicht mehr nur weiß und blau, sondern zunehmend gesprenkelt vom Gefieder der vielen Greifvögel, die in Dutzenden von Flugschauen ihr Können zeigen. Im Münchner Tierpark sind die Akrobaten ganz offensichtlich froh, einmal aus ihren Volieren zu kommen. Auf Herrenchiemsee schaut sich ein Wüstenbussard das Schloss aus der Vogelper-

Gibt es wieder einen Geier, der per Anhalter fährt? Hier können Sie nachschauen:
➜ *www.falkenhofrosenburg.de*

Wann die Adlerdame Steffi über Herrenchiemsee kreist, erfahren Sie hier: ➜ *www.die-falknerei.de*

Greifvogelgrundwissen vermittelt: ➜ *www.falknerei.de*

Wenn Sie einen Falken füttern möchten: ➜ *www.falknerei-katharinenberg.de*

spektive an, während eine Adlerdame mit dem schönen Namen »Steffi« den Schatten ihrer gewaltigen Schwingen auf die Zuschauer wirft. Auf der Rosenburg im Altmühltal soll es vor Jahren einmal einen Geier gegeben haben, der seiner gestutzten Flügel wegen nur talwärts fliegen konnte. Unten angekommen, watschelte er zur nächsten Straße und wartete darauf, dass ihn ein Auto zurückbrachte zu seinem Horst. Und auf Burg Rabenstein könnten Sie sich einen Greifvogel aus dem Nachzuchtprogramm abholen und dann wirklich Ihren eigenen Falken fliegen lassen, einen Mongolischen Steinadler oder einen Königsraufußbussard – aber auch dafür brauchen Sie leider eine Berechtigung. Bleibt ein Ausflug nach Regensburg: Um Rathausturm und Domportal kreisen seit einigen Jahren wieder Wanderfalken, von den Cafés der Nachbarschaft aus kann man sie beobachten – gemütlicher geht's nicht. ◆◆◆◆◆

71

KREEN MACHT SCHEEN

Einmal dem Kren nachweinen

Das schärfste Museum der Welt steht in Baiersdorf, im Landkreis Erlangen-Höchstadt. Und bevor jetzt jemand zu grübeln anfängt, warum es ausgerechnet hier, in der Fränkischen Schweiz, ein Erotikmuseum geben soll, sei schnell nachgeschoben: In dem Museum geht es um den Meerrettich, auf gut Bayerisch »Kren«, und wenn Sie dem einmal nachweinen möchten, dann sind Sie in Baiersdorf richtig. Denn hier wurde im 15. Jahrhundert zum ersten Mal der Kren angebaut. Von einem Markgrafen Johann, der die scharfen Wurzeln »aus einem fernen Land« in Franken eingeführt haben soll. Und wo residierte Johann? Auf Burg Scharfeneck, die an der Regnitz lag. Nomen est omen. Für die Herkunft des Namens Meerrettich gibt es gleich drei Deutungsversuche: »Meer«-Rettich, weil die Pflanze übers Meer zu uns gekommen ist; »Mehr«-Rettich, weil sie größer ist als ein normaler Radi – wenn der Boden passt, kann die Pfahlwurzel eines Krens 60 Zentimeter lang werden. Und schließlich »Mähr«-Rettich, von Mähre, als Entsprechung des englischen Worts für den Kren, »horseradish«. Uns in Bayern braucht der Streit nicht zu interessieren – das Wort Kren kommt aus einer ganz anderen Ecke, aus dem Slawischen. Und fest steht: Der Kren eroberte sich von Baiersdorf schnell einen festen Platz an den Tischen der Franken und ihrer Nachbarn. Schon 100 Jahre nach der Pioniertat des Johann von Scharfeneck schrieb ein englischer Reisender über seine Zeit in Deutschland: »Der gestampfte und mit etwas Essig verrührte Meerrettich erfreut sich bei den Deutschen für Saucen zu Fischgerichten und bei Speisen, die wir mit

Senf essen, allgemeiner Beliebtheit.« Und das ist bis heute so geblieben. Der Beweis: Kren aus Franken trägt den Ehrentitel »Bayerisches Weltgenusserbe«. ◆◆◆◆◆◆◆◆◆◆◆◆◆◆◆◆◆

Unter → www.schamel.de geht's zum Krenmuseum Baiersdorf, einem Ort, der wegen seiner scharfen Wurzeln einmal so bekannt war, dass ein Erlanger Landrichter anregte, die Baiersdorfer Straßen zu beleuchten, da »der Fremdenbesuch insbesondere wegen des Kreenhandels zu Zeiten nicht unbedeutend« sei. »Erfreuen Sie sich an Geschichten und Dokumentationen rund um den Kren und an den scharfen Produkten im Museumsladen«, heißt es auf der Website. Und da muss man dann doch noch einmal darauf hinweisen: Bei den »scharfen Produkten« geht's um den Meerrettich!

Kren-Zauber

Markgraf Johann, der in Baiersdorf Kren anbauen ließ, hatte übrigens den Beinamen »der Alchemist«, und das passt, weil man dem Kren früher zauberische Wirkung zuschrieb. Auf dem Land hängte man Kindern eine Halskette um, die aus den Scheiben einer Meerrettichwurzel hergestellt war. Und wenn man eine Scheibe rohen Kren in den Geldbeutel legt, soll dieser niemals leer werden. Wenn doch – na dann hat man wenigstens einen Grund zu weinen.

72

MIT DER KRAFT DER SONNE

Einmal vom Tegelberg gleiten

chtung: nylonhaltige Luft! Bevor Sie jetzt darüber nachgrübeln, ob neuerdings neben Helium und Argon auch Nylon zu den Edelgasen zählt – »nylonhaltige Luft« ist ein Fachausdruck der Gleitschirmflieger. Und am Allgäuer Tegelberg ist die Luft besonders häufig nylongeschwängert, das Blau des Himmels gesprenkelt mit den Neonfarben der Schirme. Der Tegelberg ist der Klassiker unter den bayerischen Gleitschirmgebieten. Das liegt zum einen natürlich an der Landschaft. Über Schloss Neuschwanstein hinwegzuschweben, während unten die Erdlinge vor Ticketschaltern und Einlassschranken Schlange stehen, das hat schon was. Und dann der Wind: Blasen, Schlauch und Bart, wie die Ausformungen der warmen Aufwinde heißen, die einen geübten Gleitschirmflieger stundenlang in der Luft halten. Am Tegelberg ist die Thermik besonders ausgeprägt. Man fliegt mit Solarenergie, mit

Wer auf der Suchleiste der Seite: → www.dhv.de »Bayern Startplätze« eingibt, kommt zu einer schier endlosen Zahl von Orten, an denen man im Freistaat in die Luft gehen kann.

der Kraft der Sonne. Aber mit einem Gleitschirm fliegen, das kann man in Bayern auch an vielen anderen Orten, entlang der Alpen und der Mittelgebirge. Einer der weitesten Flüge, die in Europa gelangen, ging nicht übers Hochgebirge, sondern über den Bayerischen Wald – vom tschechischen Nové Sady nach Sulzbach-Rosenberg. Das hat nichts mehr mit den Anfängen des Sports zu tun, vor 50 Jahren, als die Sink-Raten der Gleitschirme ungefähr denen von Fallschirmen entsprachen und Spötter von »kontrollierten Abstürzen« sprachen. Wäre es bei diesen geblieben, dann wäre das Gleitschirmfliegen sicher nicht so populär geworden. In Deutschland gibt es über 300 Vereine, deren Mitglieder sich dem Traum vom Fliegen verschrieben haben, und bestimmt ebenso viele Flugschulen. Dort kann man sich auch zum Piloten eines Tandemschirms ausbilden lassen und darf dann Passagiere mitnehmen auf dem Flug ins Blaue. Sich von einem erfahrenen Flieger unter die Fittiche nehmen zu lassen ist ein idealer Weg, herauszufinden, ob man ein moderner Ikarus werden will. Zwei tröstliche Tatsachen auf diesem Weg: »Abstürzen tut man in der Regel nur einmal«, lautet eine alte Fluglehrerweisheit. Und: Für einen Gleitschirmflug müssen Sie – erstaunlicherweise – noch nicht einmal schwindelfrei sein. Aber: Ziehen Sie sich warm an. Gleiter dürfen fast 4.000 Meter hoch steigen – und da oben wird's dann auch an einem sonnigen Sommertag ganz schön kühl. ◆ ◆ ◆

73

COLUMBO IN KNIEBUNDHOSEN

Einmal mit Kluftinger ermitteln

Als Michael Kobr und Volker Klüpfel 2003 die ersten Exemplare ihres gemeinsam verfassten Krimis »Milchgeld« in Händen hielten, da meinte der Volker: »Die werden jetzt wie Blei in den Regalen liegen.« Der Michael war etwas optimistischer: »1.000 Stück werden schon verkauft werden.« Mittlerweile haben fast fünf Millionen Menschen einen Krimi gekauft, in dem der Kriminalhauptkommissar Kluftinger von seiner Heimat Altusried aus rastlos das Böse bekämpft. Wer mit der Hauptfigur der »Allgäu-Krimis« ermitteln möchte, der kann dies am »Seegrund«, in einer »Rauhnacht«, an »Erntedank« oder beim »Laienspiel«, immer aber mit »Herzblut«. »Mahlzeit«! In Anführungszeichen gesetzt sind hier einige der Bücher der

Allgäuer Erfolgsautoren, in denen sie ihren Helden hinter der heilen Welt der bayerischen Voralpen stets auts Neue ein Geflecht aus Intrigen, Morden, Skandalen und Verrat aufdecken – und aufklären – lassen. Da wird im Altusrieder Milchwerk ein Lebensmitteltechniker erwürgt, eine Tat, die Kluftinger von seinen geliebten Kässpatzen aufschreckt; da liegt ein Taucher leblos am Füssener Alatsee, und ausgerechnet als der Kommissar auf den Allgäuer Schutzpatron St. Magnus aufpassen soll, geschieht ein Mord. »Kommissar Kluftinger hat in seinen Kniebundhosen durchaus das Zeug zum Columbo von Altusried«, lobt die Zeitung »Die Welt«. Und die Mischung aus kenntnisreicher Heimatschilderung, geheimnisvollen Geschichten und Sagen aus der Region und dem Bösen, das »immer und überall lauert« – auch in der Provinz –, diese Mischung hat nicht nur Kobr und Klüpfel mit ihren »Allgäu-Krimis« an die Spitze der »Spiegel«-Bestseller-Liste getragen. Mehr oder weniger schrullige Typen ermitteln im Dienste der Kriminalpolizei auch am Ammersee und in Niederbayern, in Rosenheim und im Donautal, in Würzburg und Landshut – in Büchern, die Titel tragen wie »Mord und Moral im Silomixer«. Regionaler geht's nicht mehr! Würde man akribisch ermitteln, so fände sich im Freistaat wahrscheinlich kein einziger Landstrich, der nicht den Hintergrund für einen Regionalkrimi abgibt. Es ist halt so, wie es auf einer Website steht, die sich um die unzähligen »Bayernkrimis« kümmert: »Bayern ist schön, doch unter dem friedlichen, weiß-blauen Himmel passieren manchmal schreckliche Dinge ...!« Wie gut, dass es Ermittler gibt, die Walcher und Eberhofer, Kreuthner und Bichlmaier, Kilian und Staudacher heißen. Sonst wär's geschehn um unser schönes Bayernland. Behütuns – auch das der Name eines Detektivs. ◆◆

Einige Titel bayerischer Regionalkrimis, zusammengefasst in einem Satz

Wenn der »Semmelkönig« in der »Bruthitze« der »Walpurgisnacht« den »Tod einer Tanzschülerin« verursacht, dadurch den »Isarblues« kriegt und »Hirschgulasch« »Die letzte Diät« wird, könnte er durch »Eine Art Serienmord« eine »Traumfigur« bekommen.
➜ *www.bayernkrimis.de*

74

HOLDSELIG SIND DEINE GERÜCHE

Einmal Kraut stampfen

Alles verkauft«, freut sich die Unterpleichfelder Ortsbäuerin Martina Wild. Kein einziger Krautkopf blieb liegen, als in der unterfränkischen Gemeinde wie jedes Jahr am ersten Oktoberwochenende das traditionelle Krautfest abgehalten wurde. In 25-Kilo-Tüten und Plastikwannen schleppten die Besucher gehobeltes Weißkraut nach Hause, um es selber einzulegen – nicht ohne sich zuvor gestärkt zu haben an »Knöchle mit Sauerkraut« oder »Pläfelder Bratwörscht mit Weinsauerkraut«. »Schlanke Linie, reine Haut – nur durch Pläfelder Sauerkraut«, so werben sie heute in der unterfränkischen Krautregion. Unsere Vorväter hatten andere Gründe, das Sauerkraut hoch zu schätzen. Wenn die letzten »Ranan«, neudeutsch Rote Bete, verzehrt waren, der letzte Apfel verputzt und der letzte Birnenschnitz im Kletzenbrot verschwunden, dann war's früher hart auf dem Land. Bis zum Mai, wenn in den Frühbeeten der erste Salat heranwuchs, war's noch weit – Vitamine waren knapp. Nur eines schützte im ausgehenden Winter noch vor Skorbut und anderen Mangelkrankheiten: das Sauerkraut. Seit Menschengedenken brachte das eingelegte Weißkraut die Menschen im frostigen Norden durch die dunkle Zeit. Schon um 1270 herum heißt es in der Erzählung »Meier Helmbrecht«:

> »ein krut vil kleine gesniten;
> veizt und mager, in beiden siten,
> ein guot fleisch lac da bi.«

Die Methode, frisches Weißkraut in feine Streifen zu schneiden, es in einen Topf zu schichten, zu salzen und dann mit einem Krautstampfer zu zerstoßen, die kannten aber schon die alten Griechen, die dem so gewonnenen Sauerkraut und seiner Milchsäure wahre Wunder zuschrieben. Aber erst die Niederbayern dürften auf die Idee gekommen sein, statt eines hölzernen Krautstampfers, der das ganze Jahr nur unnütz herumlag, (hoffentlich) frisch gewaschene Haxen zu verwenden – die bis heute manchem Madl spöttisch angehängten »Krautstampfa«. Mehr mit dem Wasser- als mit dem Krauttreten hielt's Sebastian Kneipp, der aber auch feststellte: »Die fleißigen Krautesser werden am ältesten.« Heilende Kräfte scheinen dem Sauerkraut auch heute viele zuzuschreiben – in Deutschland werden jedes Jahr 200.000 Tonnen Weißkohl zu Sauerkraut verarbeitet. Fast wie zu Zeiten Heinrich Heines, der im 19. Jahrhundert schrieb:

> *»Sei mir gegrüßt, mein Sauerkraut,*
> *Holdselig sind deine Gerüche!«*

Mancher war aber sicher auch froh, wenn im Frühsommer das Fass mit dem Sauerkraut endlich leer war und wieder frische Sachen auf den Tisch kamen. Nicht umsonst ist uns das als Kanon zu singende Lied überliefert:

> *»Kraut und Rüben*
> *haben mich vertrieben.*
> *Hätt mei Mutter Fleisch gekocht,*
> *dann wär ich länger blieben.«* ♦

Ludwig Uhland: »Metzelsuppenlied«

> *»Auch unser edles Sauerkraut,*
> *Wir sollen's nicht vergessen;*
> *Ein Deutscher hat's zuerst gebaut,*
> *Drum ist's ein deutsches Essen.*
> *Wenn solch ein Fleischlein, weiß und mild,*
> *Im Kraute liegt, das ist ein Bild*
> *Wie Venus in den Rosen.«*

KIRREWAU, KIRREWAU

Einmal in Dietfurt mit den Chinesen Fasching feiern

早起的人

Diese chinesischen Schriftzeichen bedeuten »Frühaufsteher«. Und Frühaufsteher sollte man sein, wenn man den »Dietfurter Chinesenfasching« von Anfang an mitmachen möchte. Denn am »Unsinnigen Donnerstag» – vor dem langen Faschingswochenende – werden die Dietfurter und ihre Gäste schon um zwei Uhr in der Früh unsanft geweckt, von »gelben Ameisen« – mit dem Weckruf: »Chinesenfasching is heit.«. Dann heißt es, mit Unterstützung der örtlichen Gastronomen die Zeit bis 13.61 Uhr zu überbrücken – die Uhrzeit, zu der sich auf die Minute genau der große Festzug in Bewegung setzt, mit seinen Gaudiwagen und einem Heer von mehr oder weniger fernöstlich ausstaffierten Fußtruppen. Wenn all die Konkubinen, Kung-Fu-Truppen und Mandarine wieder zurück sind am Stadtplatz, dann verwandelt sich das sonst eher beschauliche Dietfurt endgültig in »Chinatown«: Der Kaiser wird gewählt und von seinen Untertanen mit begeisterten »Killewau«-Rufen gefeiert. Das kaiserliche Regiment steht jedes Jahr unter einem anderen Motto. Als das hohe Amt 2006 an einen Junggesellen fiel, da hieß es: »Tsching tschang tschei – unser Kaiser sucht a Wei'.« Wer wissen möchte, wie lange die Dietfurter schon als Chinesen bekannt sind und warum, der wird zum einen auf den »Kalender für kath. Christen auf das Schaltjahr 1860« verwiesen und zum anderen auf eine Legende: In dem Kalender wird die Gegend um Dietfurt »Chinesenviertel« genannt, die erste schriftliche Erwähnung des Beinamens, der zunächst wohl spöttisch genannt war. Denn die Legende geht so: Als der Bischof von Eichstätt einmal einen Steuereintreiber in den Ort schickte, verschlossen die Dietfurter die Stadttore und schickten den Kämmerer unverrichteter Dinge nach Hause. Der soll seinem Bischof dann berichtet haben, die Dietfurter seien »wie die Chinesen, sie verschanzten sich hinter ihrer Mauer«. Zum Gaudium und schließlich zur Touristenattraktion entwickelte sich der Chinesenfasching allerdings erst von 1928 an. Damals erinnerte sich eine Blaskapelle an den Spitznamen und marschierte im Faschingszug in Chinesenkostümen mit. Heute ist Dietfurt nicht nur am »Unsinnigen Donnerstag« gelb angehaucht. Sogar der örtliche Fanclub des FC Bayern, Red-White-China, führt einen Kaiser im Wappen, und es ist nicht der Kaiser Franz. Schad eigentlich, dass der Franz Beckenbauer 2007 nicht beim Dietfurter Chinesenfasching war. Dann hätte das Motto des Jahres gleich doppelt gepasst: »Bayrisch-China sportverrückt – selbst der Kaiser ist entzückt.« ◆◆◆◆◆◆◆◆◆◆◆◆◆◆◆◆◆◆◆◆◆◆◆◆

Hier finden Sie den Pfad ins Oberpfälzer »Reich der Mitte«: ➜ *www.dietfurt.de*

Franz Stephan, Bürgermeister von Dietfurt

»Der weit über das Bayrisch-China-Reich bekannte Schlachtruf ›Killewau, killewau‹ ist wahrscheinlich in den 60iger Jahren entstanden. In Aufzeichnungen wird dieser Ruf danach immer wieder genannt; anfänglich auch als ›Kiliwau‹! Seit Jahren dient nun ›Killewau‹ als Begrüßungs- und Huldigungsruf des gesamten närrischen Volkes an den Kaiser. Und auch der Kaiser und sein Hofstaat senden diesen Ruf an das Volk zurück. ›Killewau‹ drückt Freude, Frohsinn und Gemütlichkeit aus und stimmt das Bayrisch-China-Volk auf den Dietfurter Nationalfeiertag, den ›Unsinnigen‹ ein.«

DU GFREIST MI

Einmal richtig Tschüss sagen

»Tschüss, geliebtes Servus«
Die Münchner Boulevardzeitung »tz«
zum Thema »Dialekt in Not«

Was die Leute nur immer gegen das »Tschüss« haben? Das ist doch ein uralter gottesfürchtiger Gruß, abgeleitet aus dem lateinischen »adies«, wie auch das französische »adieu« oder das spanische »adiós«. Und das meint ungefähr dasselbe wie unser »Grüß Gott« oder das altbayerische »Griaß di (God)«, wahlweise »Pfiat di God«. Wie man an dem schönen Liedtext »Griaß enk God alle miteinander« sehen kann, eignet sich diese Grußformel auch recht gut zum Einüben bayerischer Grammatik. Da ist das Tschüss zugegebenermaßen einfacher zu handhaben. Aber das »Griaß di« ist ja nicht am Aussterben, weil das Tschüss immer weiter vorrückt aus dem Norden, sogar in die tschüssfreien Zonen, die man mancherorts in Bayern schon ausgerufen hat. Nein, der Angriff auf das althergebrachte »Grüß Gott« und seine vielen Dialektvarianten kommt aus einer anderen Richtung. Leuten, die auf ein »Grüß Gott« schnippisch antworten: »Gerne, wenn ich ihn treffe!«, denen reicht oft schon ein »Hi«, wenn sie einen Gleichgesinnten treffen. Da ist man ja schon froh, wenn man ein »Servus« zu hören bekommt, obwohl das von dem auf Gott verweisenden Gruß unserer Vorväter so weit entfernt ist wie nur denkbar. Denn das »Servus« kommt zwar auch aus dem Lateinischen und hat sich überall gehalten, wo die römischen Legionen einmal ihre Standarten aufgestellt hatten. In Bayern in der Urform, in Südtirol als »Servas« und in Ungarn als das zungenbrecherische »szervusztok«. Heißt aber immer dasselbe: nämlich »Sklave«. In abgemilderter Form war einmal die Brieffloskel »gehorsamster Diener« gebräuchlich, das geht ja noch. Aber Sklave? Dann lieber »Tschau«. Das setzt sich immer mehr durch, wie ein Meinungsforschungsinstitut jetzt herausgefunden hat. Das klassische »Wiedersehen« ist auf dem Rückzug, das sagen nur noch 15 Prozent der Deutschen beim Auseinandergehen. Tschüss und Tschau kommen zusammen schon auf 50 Prozent. Und da müsste einem – eigentlich – das Tschüss mit seiner Empfehlung an Gott die erträglichere Grußform sein. Denn das zwanglose Tschau stammt vom italienischen »ciao« ab, und das wiederum geht zurück auf das Wort »schiavo« – was, man ahnt's, nichts anderes heißt als »Sklave«. Da hält man's dann vielleicht doch lieber mit dem alten Wilhelm, nicht dem deutschen Kaiser, sondern mit dem Wittelsbacherherzog Wilhelm IV. Der unterzeichnete Schreiben an Untertanen, denen er gewogen war, gerne mit einem schlichten »Du gfreist mi«. Tschüssikowski! Oder vielleicht doch lieber »Habe die Ehre«! ◆◆◆◆◆◆◆◆◆◆◆◆◆◆◆◆◆◆◆◆◆◆◆◆◆◆◆◆◆◆◆

Nicht nur Tschüss und Tschau

Amateurastronomen	Clear skies!
Angler	Petri Heil!
Ballonfahrer	Glück ab, gut Land!
Bergleute, Höhlen-forscher	Glück auf!
Bergsteiger, Kletterer	Berg Heil!, Berg frei!
Billardspieler	Gut Stoß!
Bogenschützen	Alle ins Blatt!, Alle ins Gold!
Buchbinder	Gut Falz!, Antwort: Ebenfalz
Fallschirmspringer	Glück ab!, Blue skies and safe landings! (kurz: Blue skies!)
Feuerwehrleute	Gut Schlauch!, Gut Wehr!
Flieger	Holm- und Rippenbruch!, Hals- und Beinbruch!, Glück ab, gut Land!
Fotografen	Gut Licht!
Funkamateure	73
Kegler	Gut Holz!
Miniaturgolfer	Gut Schlag!
Pfadfinder	Gut Pfad!
Radfahrer	Kette rechts!
Ruderer	Skull- und Dollenbruch!
Schiedsrichter	Gut Pfiff!
Schützen	Gut Schuss!, Schützenheil!
Schwimmer	Gut Nass!
Segler	Mast- und Schotbruch!, Goden Wind, immer 'ne Handbreit Wasser unterm Kiel!
Skatspieler	Guts Blatt!
Taubenzüchter	Gut Flug!
Taucher	Gut Luft!

GEETSCHO!

Einmal so richtig abhängen

Im Frühtau zu Berge ...«, so ging man dereinst das Klettern an, in Bundhosen, Flanellhemden und Anoraks, alles in gedeckten Farben. Auf die klassische Frage: »Warum steigen Sie auf den Berg?« gab es die ebenso klassische Antwort: »Weil er da ist.« Die traditionellen Bergsteiger gibt es natürlich immer noch, an berühmten Alpengipfeln wie dem Dachstein oder dem Mont-Blanc stehen sie auf dem Weg zum Gipfel an manchen Wochenenden im Stau. Aber in den letzten Jahren ist eine neue Generation von Kletterern herangewachsen, für die nicht mehr der Gipfel, sondern der Weg das Ziel ist. Sie singen nicht mehr wie die »Bergvagabunden«: »Wenn wir erklimmen schwindelnde Höhen, steigen dem Gipfelkranz zu ...« Und ihr Weg führt nicht mehr durch schroffe Alpenflanken, sondern zu Felsen, die »Freundschaftsturm« heißen, »Sautanz«, »Löcherwand« oder »Wall Street«. Davon profitieren in Bayern Gegenden, die von Kletterern früher buchstäblich links liegen gelassen wurden, auf der zügigen Fahrt in die Alpen. Das Altmühltal etwa mit seinen griffigen Jura-Kalkfelsen, an denen sich schon Kletterzwerge erproben können. An »Asterix & Obelix«, einem kindertauglichen Hinkelstein. Papa und Mama hängen derweil am Dohlenfels oder am Madonna-Turm, beides Kletterfelsen, für die gilt, was auf einer Website mit dem schönen Namen ig-klettern zu lesen ist: »Bunte Punkte von fern, aus der Nähe betrachtet Menschen mit Freude an der Bewegung in der Natur.« Die bunten Punkte können sich auf recht überschaubaren Wänden nach Belieben verteilen. Erstaunlich, wie viele Routen man an einem Block Jurakreide unterbringen kann. Die Flanken des Dohlenfelsens sind maximal 35 Meter hoch, bieten aber 59 verschiedene Wege, an ihm hochzusteigen. Da ist es kein Wunder, dass man in der Fränkischen Schweiz, die ja nicht gerade für ihre himmelstürmenden Gipfel berühmt ist, stolz auf über 5.000 Kletterrouten verweist. Auf einigen dieser Routen waren unsere Vorfahren schon vor 2.500 Jahren unterwegs. Auf dem Rabenfels hat man Tonscherben gefunden, die zeigen, dass frühe Franken in seinen Schroffen schon 500 v. Chr. herumgekraxelt sind – und dabei bereits den dritten Schwierigkeitsgrad bewältigt haben. Eine Wand mit diesem Schwierigkeitsgrad würden richtig gute »Freeclimber«, wie einer der modischen Fachausdrücke für Kletterer lautet, wahrscheinlich im Handstand hinauflaufen. Die Huberbuam etwa, zwei Brüder aus Traunstein, die selbst Felsen mit einer

Alexander Huber,
Extremkletterer aus Bayern
→ *www.huberbuam.de*

13er-Route locker angehen, getreu ihrem Motto:
»Geetscho!« Wer nicht ganz so firm ist wie die beiden
Weltklassekraxler, der kann sich über zwei Errungenschaften
des modernen Kletterns freuen: »Crashpads«, eine Art Gummimatte,
die einen Sturz abfedern soll, und die »Spotter«, die am Fuße eines Hangs
bereitstehen sollten. Deren Aufgabe ist es nicht, Anfänger im Fels zu verspotten.
Das Wort geht auf das englische »to spot« zurück, »beobachten«. Die Spotter geben
Hilfestellung, wenn sich einer verstiegen hat. Damit am Abend dann auch die Freeclimber
singen können:

> »Fels ist bezwungen, frei atmen Lungen,
> ach, wie so schön ist die Welt.
> Handschlag, ein Lächeln, Mühen vergessen,
> alles aufs Beste bestellt.« ♦

Früher Gipfelstürmer

Als erster Bergsteiger gilt der italienische Dichter Francesco Petrarca. Er stieg am
26. April 1336 auf den 1912 Meter hohen Mont Ventoux in der Provence. Wieder in
der Ebene, fasste Petrarca seinen Eindruck in Worte des Kirchenlehrers Augustinus:
»Und es gehen die Menschen hin, zu bestaunen die Höhen der Berge …«
→ *www.ig-klettern.de*

78

HIER IST HEIL'GER GOTTESFRIEDEN

Einmal in eine Gletscherspalte schauen

Das waren noch (Eis-)Zeiten,
als Schiller im »Wilhelm Tell« schrieb:

»Wem sonst Täuschung nur beschieden,
Steig' den Gletscher auf zu mir,
Hier ist heil'ger Gottesfrieden,
Ew'ge Sterne leuchten hier.«

Wer das in Bayern vorhat – in eine Gletscherspalte schauen –, der sollte sich beeilen! Denn noch gibt es in diesem Teil der Alpen fünf Gletscher, aber lang wird's bei dieser Zahl nicht bleiben. Auf fünf kommt man ohnehin nur, weil der große Gletscher, der einmal das Zugspitzplatt bedeckt hat, mangels Masse in zwei Teile zerfallen ist, den südlichen und den nördlichen Schneeferner, und man mit einigem Wohlwollen auch den Höllentalferner, das Blaueis und ein Eisfeld am Watzmann als Gletscher bezeichnen kann. Ein Gletscher, das ist ja nicht nur ein Haufen Eis und Schnee, der ganzjährig auf einem schattigen Plateau liegen bleibt, nein, er muss sich auch bewegen, talwärts, und oben immer wieder nachwachsen. Und genau damit hapert's derzeit in Bayern. Im Jahr 1820 bedeckten die bayerischen Gletscher noch vier Quadratkilometer, 2010 waren es nur noch 0,7, gerade einmal die Fläche von 100 Fußballfeldern. Und jetzt kann man rechnen: Die stärksten Eisfelder sind gerade einmal 30 Meter dick, der nördliche Schneeferner verlor in den letzten Jahrzehnten im Schnitt 90 Zentimeter an Höhe – pro Jahr. Geht es so weiter, dann werden unsere bayerischen Berge bald »eisfrei« sein. Schon wirbt man auf der Zugspitze damit, den »letzten deutschen Gletscher« zu haben, und lädt zu einer Gletscherwanderung durchs »ewige Eis« ein. Die Querung des Gletschers dauert nur ein paar Minuten, aber in ein paar Spalten kann man sicher hinunterschauen. Noch! Denn das mit dem »ewigen Eis« klingt schon sehr optimistisch. Zwar hat man im Sommer den Schneeferner schon einmal mit Planen geschützt, aber nicht, um Touristen vor einem Reinfall zu bewahren, sondern damit die Sonne ihren Raubbau nicht noch schneller vollbringt. Denn auch am Zugspitzmassiv gilt letztlich die Prophezeiung der Gletscherforscher: Die bayerischen Gletscher haben keine lange Lebensdauer. Dabei hat es in den 70er- und 80er-Jahren einmal ganz gut ausgesehen, nasse und kühle Sommer ließen damals die bayerischen Eisfelder wieder zunehmen an Höhe und Ausdehnung. Aber das war auch wieder nicht recht. Aufgeregte Journalisten warnten vor einer neuen Eiszeit und sahen im Oberland schon eine Situation voraus, wie sie Schiller in seinem »Wilhelm Tell« beschreibt:

»Bis an der Gletscher eisbedeckten Fuß / Erwartet' ich und fand bewohnte Hütten.«

Gletscherzungen im Garmischer Kurpark? So weit kam's dann aber doch nicht. Es setzte sich der langfristige Trend durch, und der ließ im 20. Jahrhundert die Temperatur auf der Zugspitze um 1,4 Grad ansteigen. Das gilt auch für die anderen bayerischen Gletscherberge – mehr Spalten als Eis! ♦

Gletscherwasser

»Ein kleiner Eimer mit einem großen Loch«: Die schmelzenden Gletscher der bayerischen Alpen tragen nur einen Tropfen bei zu dem Süßwassermeer, das sich weltweit aus einst eisigen Höhen ergießt. Alle Gletscher zusammen verlieren jährlich 259 Milliarden Tonnen an Masse. Alle Gletscher(-spalten) auf einen Blick:
➜ *www.bayerische-gletscher.de*
Hier geht's zur Wanderung ins »Ewige Eis«: ➜ *www.zugspitze.de*

79

MEINE HERRN, ES GABAT A LEICH

Einmal Filmluft schnuppern

Wenn man allergisch wäre gegen Filmluft, dann wäre man in Bayern arm dran. Denn sie waren schon überall – die Leute mit der »großen Klappe«, die jedes Mal hochgehalten wird, wenn eine neue Szene gedreht wird. Und dann gibt's ja auch noch das Münchner Filmfest und die Internationalen Hofer Filmtage, die Bayerischen Musikfilmtage in Oberaudorf, das Bayerische Jugendfilmfestival in Kulmbach und das Internationale Bergfilm-Festival Tegernsee. Filmluft pur! ◆◆◆◆◆◆◆◆◆◆◆◆◆◆◆◆

WÜRZBURG
»Die drei Musketiere« spazierten über die alte Mainbrücke, tummelten sich auf der Festung Marienberg und in der Residenz.

BAMBERG
Schon 1973 wurde hier »Das fliegende Klassenzimmer« von Erich Kästner verfilmt. Günter Strack ermittelte in Bamberg für 32 Folgen der Krimiserie »Der König« und lief dabei vielleicht Ottfried Fischer über den Weg, der den »Pfarrer Braun« gab. Auch die Zeichentrickfigur »Sams« sprang schon durch das Venedig an der Regnitz.

MÜNCHEN
Die Landeshauptstadt und ihre Bavaria Filmstadt waren Kulisse für Hunderte von Fernsehserien und Filmen. »Monaco Franze« oder »Das Boot«. Gerade war das Zentrum Münchens Hauptakteur in Franz Xaver Bogners Serie »München 7«: der Viktualienmarkt, der Marienplatz und das Polizeipräsidium in der Ettstraße.

WOLFRAMS-ESCHENBACH

1974 wurde in Wolframs-Eschenbach der Kinderfilm »Der Räuber Hotzenplotz« gedreht. Gert Fröbe, Josef Meinrad, Rainer Basedow und Lina Carstens wohnten wochenlang im örtlichen Gasthof.

VAGEN

Hier, im Mangfalltal, entstanden die Außenaufnahmen für den Dauerbrenner »Sturm der Liebe«.

BRANNENBURG

Hier steht die Schule, die Sebastian in »Wer früher stirbt, ist länger tot« besucht.

WALCHENSEE

Die Hütten aus dem Film »Wickie und die starken Männer« stehen noch immer in der Sachenbacher Bucht. Auch das Wikingerschiff aus dem Film kann man besichtigen. Bully Herbig war aber nicht der Erste, der die Nordmänner an den Walchensee brachte: Schon 1958 raubten und brandschatzten an seinem Ufer Filmwikinger: unter dem Anführer Kirk Douglas. Ein Jahr später kam Dracula-Star Christopher Lee mit einem gehörnten Helm in die Fjorde des Sees, in »Tales of the Vikings«.

ROSENHEIM

Fans der »Rosenheim-Cops« können in der Stadt auf den Spuren der Polizisten wandeln und Originaldreh- und -tatorte besuchen. Bei diesen Führungen hört man sicher auch den Standardsatz der Kriminiserie: »Meine Herrn, es gabat a Leich.«

80

SCHMECKT WIE A KUSS

Einmal ein Bamberger Hörnla ausgraben

Bamberger Hörnla – seit 1427!« Diese Angabe findet sich in einem Bamberger Geschäft, und da kommt man dann schon ins Grübeln. Bamberger Hörnla, das sind doch diese Kartoffeln, die so seltsam gekrümmt und verdreht sind. Und die Kartoffel, die ist doch aus Südamerika zu uns gekommen, in Peru gibt's noch heute 3.000 Sorten. Aber der Kolumbus, der ist erst 1492 nach Amerika gekommen. Und in Deutschland wurden die ersten Kartoffelfelder dann 150 Jahre später angelegt, in Rehau, im Landkreis Hof. Im Rehauer Ortsteil Pilgramsreuth steht jedenfalls auf einem Denkmal zu lesen: »Um 1647 begannen in Pilgramsreuth Hans Rogler und andere Bauern systematisch mit dem Feldanbau der Kartoffeln.« 1647! Wie konnten da die Bamberger schon gut 200 Jahre früher Kartoffeln zu ihrem Seidla Rauchbier verzehren? Aber, wundert man sich weiter, die haben offensichtlich gar kein Bier zu den Kartoffeln getrunken, sondern Kaffee? Denn unser Bamberger Geschäft wirbt mit dem Spruch:

»Kaffee ohne Hörnla / schmeckt wie a Kuss / ohne Schnörrnla.«*

Um das Rätsel zu lösen: Es gibt zwei Arten von Bamberger Hörnla, die Kartoffel, eher klein und krumm, gelb- oder rotschalig und festkochend, und das Gebäck, das die Bamberger

Bäckerei Seel seit fast 600 Jahren im Angebot hat. Mitte des 19. Jahrhunderts, als die Kartoffelfelder hierzulande von einer Epidemie vernichtet wurden, soll man die Sorte aus Frankreich eingeführt haben, sie galt als robust und widerstandsfähig. Aber sie bringt wenig Ertrag, und ihre Knollen sind so unregelmäßig geformt, dass man sie nur händisch ernten kann. Als die großen Kartoffelroder aufkamen, schien daher das Schicksal der Bamberger Hörnla besiegelt, von denen, die es beim Bäcker gibt, einmal abgesehen. Aber weil die Bamberger Hörnla – die Kartoffeln – halt gar so fein nussig schmecken, lässt man sie auch heute noch ausgraben. Wie natürlich auch viele Dutzend anderer Sorten, von A wie Ackersegen, dem Blauen Schweden oder der Concordia über den Eurotango, die Primadonna und die Venezia (die zwar nach Eisdiele klingen mag, aber auch eine Kartoffel ist) bis zur Zorba. Erst lange nachdem die Knolle bei uns heimisch geworden war, hat man sie Kartoffel genannt. Kartoffel – das Wort kommt vom italienischen »tartufolo« und verweist auf die Ähnlichkeit mit den Trüffeln, die ja auch tief in der Erde stecken. Früher hatten die Kartoffeln so schöne, von Dorf zu Dorf abweichende Bezeichnungen wie Eadöpfi, Erpl und Arl, oder da, wo sich die Bauern mehr an eine Birne erinnert fühlten, auch Erd- oder Grundbirne, und je nach Dialektfärbung dann Ebban, Eabra oder Gromben. An einigen glücklichen Orten Bayerns redet man Gott sei Dank noch heute so. Und für Bamberg gilt auch immer noch das Statement der Bäckerei Seel: »Bamberger Hörnla gehören in der alten Kaiser- und Bischofsstadt Bamberg zum Kulturgut.« Und zwar das Gebäck genauso wie die Kartoffeln! ◆

Am besten sollen die Bamberger Hörnla (die Kartoffeln) als Salat schmecken

Zutaten: 1 kg gekochte Bamberger Hörnla, ¼ l Fleischbrühe, 2–3 saure Gurken, 1 dicke Scheibe durchwachsenen Speck, 2–3 Zwiebeln, frische Kräuter nach Geschmack, Essig, Öl, Zucker und Salz.

Zubereitung: Die Hörnla werden bissfest gekocht, geschält und in Scheiben geschnitten. Zwiebeln fein würfeln, die Fleischbrühe aufwärmen, Zwiebeln eventuell darin etwas ablöschen. Kartoffeln und Zwiebeln mit der Brühe übergießen. Mit etwas Essig, Öl, Zucker, Salz und Pfeffer abschmecken. Den Speck fein würfeln und anbraten. Über den Salat geben und alles noch leicht warm servieren.

* Auf Fränkisch »Schnurrbart«

81

MEHR ALS EINE FAÇON

Einmal in Bayern Chanukka feiern

>*Das Wunder machte Gott den Reinen,*
weshalb noch heute die Chanukka-Lichter scheinen.<
Heinrich Heine

J eder soll nach seiner Façon selig werden.« Im 18. Jahrhundert, als der Preußenkönig Friedrich II. diesen Satz verkündete, waren die damit geschaffene Religionsfreiheit und die Trennung von Staat und Religion keineswegs selbstverständlich. In München zum Beispiel wurde erst im Jahr 1800 das Einbürgerungsverbot für Protestanten aufgehoben. Und es ist noch gar nicht so lange her, dass in einer schwäbischen Dorfschule das einzige Protestantenkind in der Pause staunend gefragt wurde: »Redst du evangelisch?« Heute kann auch im Freistaat jeder nach seiner »Façon« selig werden – und wenn er mag, ein bisserl über den Zaun seines Glaubens spitzeln, was der Nachbar so treibt. Man könnte sich zum Beispiel in Immenstadt im Europazentrum der Karma-Kagyü-Buddhisten über den Diamantweg ins Nirwana informieren. Oder im Münchner Westpark dabei sein, wenn bayerische Buddhisten Vesakh feiern, zum Gedenken an einen, dem der Weg ins Nirwana schon geglückt ist: den Religionsstifter Siddhartha Gautama alias Buddha. In der Penzberger Moschee könnte man vor dem Mihrab, der nach Mekka ausgerichteten Gebetsnische, über eine Koransure nachdenken, in der es zum Zusammenleben von Juden, Christen und Muslimen heißt: »Wir glauben an das, was uns herabgesandt wurde und zu euch herabgesandt wurde. Unser Gott und euer Gott ist ein und derselbe. Und ihm sind wir ergeben.« 300.000 Muslime leben in Bayern nach diesem Gesetz. Zwischendurch könnte man sich mit dem Ehepaar über Jesus unterhalten, das, wie die anderen 20.000 bayerischen Zeugen Jehovas auch, mit dem »Wachturm« in der Hand missioniert. Oder man könnte am

Münchner Jakobsplatz mit dabei sein, wenn vor dem Jüdischen Zentrum zu Glühwein und Krapfen die Lichter am Chanukkaleuchter entzündet werden – zu Beginn eines der wichtigsten jüdischen Feste, auf das sich Bayerns Juden freuen. 13 Gemeinden gibt es hier wieder. Acht Meter hoch, sieben Meter breit und 1,5 Tonnen schwer ist der Münchner Chanukkaleuchter, einer der größten weltweit. Und über dem Ganzen die Kirchenglocken! Denn natürlich ist Bayern immer noch – und vor allem – christlich geprägt: von fast sieben Millionen Katholiken und zweieinhalb Millionen Protestanten. Aber auch da gibt es Verschiebungen, und die haben erstaunliche Auswirkungen. Mariä Himmelfahrt am 15. August darf als Feiertag nur in Gemeinden begangen werden, in denen die Katholiken sagen können. »Mia san de mehrern!« Das ändert sich aber immer wieder einmal, und das Bayerische Landesamt für Statistik hat auf seiner Website eine Übersicht, welche Gemeinden den Feiertag neu begehen dürfen, weil die Katholiken gerade überwiegen, und welche den Status verloren haben, weil die Evangelischen vorn liegen – oft geht's da nur um ein paar Köpfe, genauer gesagt: um ein paar Seelen. ♦ ♦ ♦ ♦

Auszogne (nicht aus Ägypten)

Michael Strassmann gestaltet beim Bayerischen Rundfunk die Sendung »Schalom« und arbeitet in der Bayern 1 Redaktion. Er erinnert sich an Chanukkafeste im verschneiten Bayerischen Wald: »Ner li, ner li, ner li dakik – Meine Kerze, meine Kerze, meine kleine Kerze. Ba Chanukah, neri adlik – Wenn das Lichterfest kommt, zünde ich meine Kerze an.« Weil es beim Lichter- und Tempeleinweihungsfest Chanukka um ein Wunder, näm-lich um ein kleines bisschen Öl geht, das wider Erwarten ganze acht Tage lang gebrannt hat, isst man in den jüdischen Familien an den acht Tagen von Chanukka vor allem solche Sachen, die in Öl gebraten oder gebacken werden: Latkes, eine Art jüdischer Rei-berdatschi, Sufganioth, gefüllte Krapfen, oder das, was man auf gut Bairisch »Auszogne« nennt. So gute Auszogne wie bei der Oma hab ich nie wieder gegessen.

82

EHRENSACHE

Einmal das Walchenseekraftwerk besichtigen

Am eindrucksvollsten sind die Rohre. Sechs an der Zahl, nebeneinander gebündelt. 400 Meter lang und gut zwei Meter dick, führen sie vom »Wasserschloss«, oben am Walchensee, hinunter zum Kochelsee. Die Rohre sind das Kernstück des Walchenseekraftwerks, mit dem vor fast 100 Jahren die Elektrifizierung Bayerns in Schwung kam, seit 1983 geschütztes Industriedenkmal und immer noch ein äußerst leistungsfähiger Energieerzeuger. Seine Geschichte begann im April 1914, als in der bayerischen Abgeordnetenkammer die Pläne für ein Speicherkraftwerk am Walchensee besprochen wurden. Geduldig hörten sich die Volksvertreter die Ausführungen der Techniker an: dass man keineswegs Wasser vom Kochelsee hinaufpumpen müsse in den Walchensee, um es dann durch Röhren 200 Meter natürliches Gefälle hinabsausen zu lassen, durch gewaltige Turbinen. Nein, nein! Am Walchensee würde ja kein Pumpspeicherkraftwerk entstehen, bei dem man Wasser in einen Speichersee hinaufpumpt, wenn man Strom im Überfluss hat, und es dann stromerzeugend wieder in einen unteren Speicher fließen lässt, wenn man Energie braucht. Für den Walchensee werde ein ganz normales Speicherkraftwerk geplant. Wasser aus der Isar und dem Rissbach wird in ein Oberbecken umgelenkt, eben den Walchensee. Und immer wenn der voll genug ist: Schleusen auf und durch die Tubinenschaufeln hinunter in den Kochelsee! Stauwehre und Kanäle, Kubikmeter, Gefälle und Kilowatt – man kann sich vorstellen, dass sich da so mancher Landtagsabgeordnete unter dem Bild von König Ludwig III. am Kopf kratzte und wie Ludwig Thomas Abgeordneter Jozef Filser klagte: »Bei der weldlichen Wiesenschafd gibt es ahle Wochen was neies. Und disses heußt mahn den Fordschrid der Wiesenschaft und kost fiel Gäld.« Vor allem eine Frage interessierte die königlichen Abgeordneten: Einmal angenommen, das alles würde wirklich so funktionieren, mit den Turbinen und dem Gefälle und dem ganzen neumodischen Zeugs, ja was sollte man denn dann in Gottes Namen mit all der Energie aus dem Kraftwerk anfangen? Die Ingenieure, die das Kraftwerk durchsetzen wollten, wussten von Anfang an, dass es Widerstand geben würde. Als man 1903 den Untergrund des Walchensees auf seine Tauglichkeit als Wasserspeicher testete, da versicherte man den Oberlandlern, die staunend die Arbeit der Taucher verfolgten, man suche nach einer im See vermissten Familie. Aber letztlich setzten sich die Befürworter des spektakulären Projekts durch. Als die Herren Abgeordneten bei der Landtagssitzung vom April 1914 das Für und Wider des Walchenseekraftwerks hinreichend diskutiert hatten, erklärten sie es zur »Ehrensache des bayerischen Volkes«. Knapp zehn Jahre später floss der erste Strom. In Deutschland ist das Kraftwerk mit einer Leistung von 124 Megawatt eines der größten seiner Art. Die königlich bayerischen Abgeordneten, die es zur »Ehrensache« erklärten, dürfen posthum stolz sein: Speicherkraftwerke gelten als wichtiger Baustein für die Energiewende unserer Zeit. ◆

Stromspeicher

Im Informationszentrum des »Erlebniskraftwerks Walchensee« informieren sich jedes Jahr viele Tausend Besucher über die Anfänge der bayerischen Stromgewinnung und die Bedeutung von Speicherkraftwerken für eine nachhaltige Energiepolitik.
Altjoch 21, 82431 Kochel am See, Tel. 08851 / 77-225, info.wasserkraft@eon-energie.com
Öffnungszeiten täglich 9.00 – 17.00 Uhr

Als Speicherkraftwerk ist das Walchenseekraftwerk in Bayern einmalig.
Aber Pumpspeicherwerke gibt es in vielen Regionen:
Pumpspeicherkraftwerk Happurg bei Nürnberg, Pumpspeicherkraftwerk Langenprozelten bei Gemünden am Main, Pumpspeicherwerk Tanzmühle an der Pfreimd, Pumpspeicherwerk Reisach, Ausgleichswerk Trausnitz

GESCHWUNGEN BIST DU WUNDERSCHÖN

Einmal eine Brezn drehn

»O, Brezel! Herrliches Gebäck!
Kaum liegst du da, schon bist du weg.
Geschwungen bist du wunderschön.
Wirst auf der Zunge mir zergehn.«
Wolfgang Lörzer

Mei, wie nostalgisch ist denn das, eine Brezn selber drehen? Wo es doch heute Maschinen gibt, die in der Stunde 20.000 Teigwürstel zu einer formvollendeten Brezel schlingen. Da passt dann der Spruch: »Das geht wie's Brezelbacken.« Wie das Brezelbacken geht, das soll in höchster Not und Pein ein Bäcker aus Bad Urach erfunden haben, der wegen einer Missetat schon unter dem Galgen stand, als sein Landesherr ihm eine letzte Chance gab:

»Back einen Kuchen lieber Freund,
durch den die Sonne dreimal scheint,
dann wirst du nicht gehenkt,
dein Leben sei dir frei geschenkt.«

Damit man ihm keinen Strick drehte, drehte der Bäcker die erste Brezn. Es muss ein kümmerliches Stück gewesen sein, denn auf einem berühmten Bild des niederländischen Malers Pieter Bruegel kann man ungelaugte Brezn erkennen – sie werden in einem kargen, freudlosen Fastenzug mitgetragen. Zur knusprigen Delikatesse sollen sie erst viel später geworden sein, in München: Am 11. Februar 1839 bekam ein Gast im königlichen Kaffeehaus des Hoflieferanten Johann Eilles in der eleganten Residenzstraße die erste Laugenbrezel zu essen. Ein Bäcker mit dem bezeichnenden Namen Anton Nepomuk Pfannenbrenner soll die Brezeln statt mit Zuckerwasser mit der Natronlauge glasiert haben, die er sonst zum Reinigen der Backbleche verwendete. Dem Gast hat's trotzdem geschmeckt wie nach ihm noch vielen andern auch. Aber jetzt doch noch zum Breznschlingen: Natürlich gibt's immer noch Bäcker, die nicht beim ersten Hahnenschrei eine Breznschlingmaschine anwerfen, sondern die Teiglinge selber verknoten. Wenn Sie einem dieser traditionellen Handwerker zur Hand gehen wollen, müssen Sie aufpassen, wo Sie sich an die Arbeit machen. Bei den bayerischen und österreichischen Brezn sitzen die Ärmchen weiter oben als bei den schwäbischen. ◆◆

Der Breznreiter

»Ihr jung und alte Leut, geht's hin zum Heiligen Geist, wo's die Wadler Pretzen geit!« So verkündigte im Mittelalter und bis herauf in die Neuzeit der Münchner »Breznreiter« den Armen der Stadt eine frohe Botschaft: Die wohltätige Stiftung des Salzhändlers Wadler verteilt im Heiliggeiststift wieder 3.000 Brezn, so wie jedes Jahr. Am Pferd des »Breznreiters« waren drei Hufeisen gelockert, damit das Geklapper jeden Bedürftigen alarmierte. Im Jahr 1801 muss es davon besonders viele gegeben haben, denn dem Reiter gingen die Brezn aus – er wurde von der erzürnten Menge jämmerlich verprügelt. Das war das Ende des »Breznreiters«, fortan ließ der Münchner Magistrat die Breznspende per Aushang ankündigen.

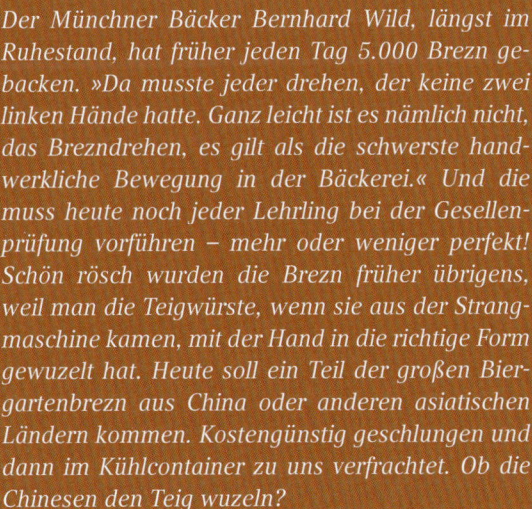

Der Münchner Bäcker Bernhard Wild, längst im Ruhestand, hat früher jeden Tag 5.000 Brezn gebacken. »Da musste jeder drehen, der keine zwei linken Hände hatte. Ganz leicht ist es nämlich nicht, das Brezndrehen, es gilt als die schwerste handwerkliche Bewegung in der Bäckerei.« Und die muss heute noch jeder Lehrling bei der Gesellenprüfung vorführen – mehr oder weniger perfekt! Schön rösch wurden die Brezn früher übrigens, weil man die Teigwürste, wenn sie aus der Strangmaschine kamen, mit der Hand in die richtige Form gewuzelt hat. Heute soll ein Teil der großen Biergartenbrezn aus China oder anderen asiatischen Ländern kommen. Kostengünstig geschlungen und dann im Kühlcontainer zu uns verfrachtet. Ob die Chinesen den Teig wuzeln?

DEN GEMEINGEIST DER STAATSBÜRGER ZU WECKEN

 Einmal auf dem Gillamoos politisieren

er heilige Ägidius wird von der katholischen Kirche am 1. September gefeiert. Ein recht-schaffener Mann muss er gewesen sein, denn, so steht's im »Ökumenischen Heiligenlexi-kon«, »bei der Bestattung des Entschlafenen hörten Anwesende die Chöre der Engel, die seine Seele gen Himmel trugen«. So einen hat man gern als Patron, und das mögen sich auch die mittelalterlichen Bewohner der Hallertau gedacht haben, die den Gilg, wie der Heilige in Süddeutschland genannt wird, als Schutzherrn eines Rossmarktes erkoren, der im Jahr 1313 erstmals in Urkunden auftaucht. Und solange auf dem Gillamoosmarkt, der heute in Abensberg abgehalten wird, nur mit Vieh gehandelt wurde, war er auch durchaus der passende Heilige, ist der Gilg doch der Schutzpatron der Hirten und der Pferdehändler. Erst als sich der Markt nach und nach zum Volksfest wandelte, auf dem das Bier in Strömen floss, da mögen dem einen oder anderen doch Zweifel gekommen sein, ob der Ägidius noch der Rechte war. Denn mit Bier hatte der Gilg nichts im Sinn. Er lebte zunächst als Einsiedler, und da ernährte ihn der Legende nach eine Hirschkuh mit ihrer Milch. Wie komm ich da wieder ins Spiel?, mag sich der Heilige gefragt haben. Und da muss ihm die Idee gekommen sein, Politiker in die Zelte des Gillamoos zu locken. Und die kamen auch, in so großer Zahl, dass heute am »Gillamoos-Montag«, beim politischen Frühschoppen, in vier der fünf Zelte sowie im Weißbierstadel gleichzeitig Politiker von fünf verschiedenen Parteien um Wählerstimmen kämpfen. Und jetzt konnte der heilige Ägidius wieder zufrieden sein. Denn der ist ja auch der Schutzpatron der Jäger. Wenn jetzt bei seiner Gillamoosveranstaltung die Stimmenjäger der Parteien aufmarschieren, ja dann ist der Gilg doch wieder am rechten Platz. Dass sich Politiker buchstäblich in den Dunstkreis ihrer Wähler begeben, das ist eine Entwicklung, die in der Nachkriegszeit beginnt. Die Bayernpartei brachte mit dem Slogan »Bayern den Bayern« die Bierzelte zum Brodeln, und als ihr das aus der Sicht der Konkurrenz gefährlich viele Stimmen brachte, schickte die CSU 1953 einen jungen Redner in Säle und Zelte, der die Kunst der Bierzeltdemagogie perfektionierte: den fleischgewordenen Bayerischen Defi-liermarsch Franz Josef Strauß. Jetzt ging's auf, nicht nur beim Aschermittwoch in Passau! Nein auch in Vilshofen oder – stellvertretend für viele andere Volksfeste genannt – in den Bierzelten von Fürstenfeldbruck und Trudering, wo 2013 die Kanzlerin auftrat. Und beim Gäubodenfest, das Ministerpräsident Seehofer 2012 mit den Worten eröffnete: »Es gibt an diesem Wochenende in Europa zwei wichtige Ereignisse: die Olympischen Spiele in London und das Gäubodenfest in Straubing.« – »Volksfeste dürften eines der wirksamsten Mittel seyn, den Gemeingeist der Staatsbürger zu wecken, zu beleben und anzufeuern«, hieß es schon 1889 in dem Buch »Deutsche Volksfeste im neunzehnten Jahrhundert«. Und ganz in diesem Sinn gab Edmund Stoiber in seiner Zeit als Bierzelte stürmender Ministerpräsident die Parole aus: »Wir wollen die Lufthoheit über die Stammtische behalten.« Gillamoos und Fürstenfeldbruck, Passau, Vilshofen und das Gäubodenfest, Trudering und das Oktoberfest – bei so viel »Ozapft is«, bei einem so aufreibenden Kampf um die »Lufthoheit über den Stammtischen«, da darf es einen nicht wundern, dass unsere Parlamente oft so beklagenswert leer sind. Noch ist die Welt kein Bierzelt, aber im Freistaat gilt allemal: Wer was zu sagen hat, der tut's am wirkungsvollsten im traditionellen Dreiklang: Bier, Blasmusik und (wie der Abgeordnete Filser in seinen Briefen schrieb) Bolidik! Wem's dabei manchmal zu laut hergeht, ja der kann sich dann wieder an den Gil, den heiligen Ägidius, wenden. Denn der ist auch der Schutzpatron der Ohrenleidenden. ◆◆◆◆◆◆◆◆◆◆◆◆◆◆◆◆◆◆◆◆◆◆◆◆◆◆

Vivat

Schon das Oktoberfest wurde von den Veranstaltern und der Dynastie der Wittelsbacher als »National-Fest« gesehen, das die Stämme des jungen Königreiches einen sollte. Und wenn man in einem Gedicht von 1821 das Wort »König« durch »Minister« (Wahlweise Kanzlerin, Oberbürgermeister oder Staatssekretär) ersetzt, dann gibt's ein Verslein, das auch heute noch Gültigkeit hat, in den Bierzelten, die zur Schaubühne der Politiker geworden sind.

> *»Den Minister zu sehen ist unser Verlangen:*
> *Er würzt uns als Vater das häusliche Mahl,*
> *und wenn wir als Brüder uns fröhlich umfangen,*
> *so schäumet zum Vivat für ihn der Pokal.«*

BESSER ALS BALDRIAN

Einmal in einer Zirbelstube sitzen

Die Zirbelstube in der Bayerischen Staatskanzlei

Sie könnten sich jetzt natürlich auf die Ochsentour machen – in eine große bayerische Partei eintreten, sich hinaufarbeiten bis zum Staatssekretär, zum Minister, ja und dann: Ministerpräsident, im Himmel der Bayern, in der Zirbelstube der Staatskanzlei! An deren Wirtshaustischen könnten Sie mit Laptop und Lederhose die Geschicke des Freistaats bestimmen. Aber das ist ein langer und steiniger Weg, um in eine Zirbelstube zu kommen. Viel einfacher ist es, in einer der unzähligen Restaurants und Wirtshäuser Platz zu nehmen, die sich den schönen Namen »Zirbelstube« gegeben haben – oder jedenfalls ihre Gäste in eine solche bitten. Landauf, landab gibt's die, und in oberbayerischen Bergregionen wie Reit im Winkl, da passt das auch irgendwie, in Bad Wörishofen und sogar im Herzen Münchens auch noch gut, aber eine Zirbelstube in der Therme Erding, im Münchner Ostbahnhof, in Nürnberg, Stuttgart, ja sogar im Waldhaus Reinbek – bei Hamburg? Weiter weg wie an der Waterkant kann man kaum sein von einer Zirbel, mindestens 1.500 Meter – und da sind

Höhenmeter gemeint! Denn der Zirbelbaum, auch »Arve« genannt, wächst nur im Gebirge, auf einer Höhe zwischen 1.500 und 2.500 Metern. 1.000 Jahre kann die »Königin der Alpen« alt werden, ohne zu einem Giganten heranzuwachsen. In den eisigen Höhen geht man's gemächlich an. Was wiederum dazu führt, dass die dritte Möglichkeit, einmal in einer Zirbelstube zu sitzen, sakrisch teuer ist. 900 Euro kostet ein Ster Zirbelholz, und aus einem Festmeter lassen sich nicht allzu viele Wand- und Deckenpaneele, Stühle und Bauerntische fertigen. Die allerkleinste Einheit, zwei Wände, eine Bank, zwei Stühle und ein Tisch, kommen beim Regensburger »Zirbenschreiner« leicht einmal auf 6.000 Euro, wie er selbst sagt: »Nach oben ausbaufähig!« Aber dafür bekommt man auch was für die Gesundheit! Man hat es ausprobiert: Zwei Zimmer, eins in Zirbelholz eingerichtet und ein zweites, identisch gestaltetes in Holzdekor, wurden im Labor getestet. Und die Unterschiede waren erheblich. Das Zirbelholz senkte die Herzfrequenz – in einer einzigen Nacht sparten sich die Probanden, die im Zirbelstüberl schliefen, 3.500 Herzschläge, umgerechnet fast eine Stunde Pochen. Da braucht man keine Baldriantropfen! Aber die wenigsten werden sich eine Zirbelstube wegen der Herzfrequenz einrichten, man will sich an dem dekorativen Holz erfreuen, mit seinen vielen rötlichen Ästen in der Maserung. Und wem's davon nicht gleich eine ganze Stube leidet: Aus Zirbelholz werden auch Brottöpfe und Krippenfiguren gedrechselt, und in vielen Wellnessoasen kann man sich in eine Wanne mit einem Gemisch aus Wasser und Zirbelholzspänen legen. Alles sicher auch sehr gesund! ♦

Ohne Tannenhäher keine Zirbel

Der Tannenhäher ernährt sich fast ausschließlich von den Samen der Zirbel. Er erntet von August bis Dezember den ganzen Tag über Zirbelnüsse und legt sich an verschiedenen Stellen im Waldboden Depots für die kalte Jahreszeit an. Eine Häherfamilie braucht übers Jahr ungefähr 50.000 Samen, und die werden oft in Tausenden von Verstecken gehortet. Kein Wunder, dass die Vögel nicht immer alle Plätze wiederfinden – und das ist ein Glück für die Zirbel: Aus den vergrabenen Samen wächst ein neuer Baum!

86

BÜRGERINITIATIVE

Einmal der Natur den grünen Daumen zeigen

»Willst du für eine Stunde glücklich sein,
so betrinke dich.
Willst du für drei Tage glücklich sein,
so heirate.
Willst du für acht Tage glücklich sein,
so schlachte ein Schwein und gib ein Festessen.
Willst du aber ein Leben lang glücklich sein,
so schaffe dir einen Garten.«

Chinesisches Sprichwort

Dorfansicht von Sommerach

Der Schutz der natürlichen Lebensgrundlagen ist … der besonderen Fürsorge jedes einzelnen und der staatlichen Gemeinschaft anvertraut … Mit Naturgütern ist schonend und sparsam umzugehen.« So steht es in der Bayerischen Verfassung – seit 1984. Bayern hatte damit wieder einmal die Nase vorn und zeigte dem Rest der Welt damit den grünen Daumen. Aber die Verfassung steht ja nur auf dem Papier. Mit Leben erfüllen sie die Bürger. Und das sind zum Beispiel die Schulkinder von Mering, im Landkreis Aichach-Friedberg, die stolz die Futterhäuschen und Nistkästen präsentieren, die sie in den Ferien gebastelt haben – für Amsel, Drossel,

Schulgarten in Thierhaupten

Fink und Star ... Das sind die Gemeinderäte von Obergünzburg im Allgäu, die sich in einer Sitzung ausführlich mit Wildrosen, Pfaffenhütchen, Wildbirne und -kirsche beschäftigt haben. Damit sollen jetzt, übers ganze Gemeindegebiet verteilt, Hecken gepflanzt werden. Der Natur den grünen Daumen gezeigt haben auch die Bürger der über 26.000 Dörfer, die seit 1961 beim Wettbewerb »Unser Dorf hat Zukunft – Unser Dorf soll schöner werden« mitgemacht haben. Für die fränkischen Dörfer Mürsbach und Sommerach gab's 2013 dafür sogar auf Bundesebene eine Goldmedaille: eine Bürgerinitiative, bei der sich Millionen Hände rühren – nicht beim Unterschreiben einer Petition, sondern beim Anpacken. Die Verfassung mit Leben erfüllen auch Schüler und Lehrer am Münchner Adolf-Weber-Gymnasium. Sie kümmern sich um Stangenbohnen und alte Kartoffelsorten, Kräuterbeete und Quittenbäume – in ihrem Schulgarten. Tausende solcher Gärten gibt es im ganzen Land, allein in München sind es 120. »Schulgärten sind Lernorte der Natur mitten in der Stadt«, freut sich der bayerische Umweltminister. Besonders viel lernen die Schüler offensichtlich in Volkach: Einen halben Hektar groß ist dort der Schulgarten, sogar einen Weinberg gibt's und eine Insektennistanlage. Eine Art Schulgarten für Erwachsene haben sich im Landkreis Augsburg die Thierhauptener gegönnt. Auf einem Dorfanger legten sie alte, lange verschüttete Quellen wieder frei, Wasser, das besonders gut den Auerochsen schmeckt, die nun zwischen den Biotopen am Fuß des alten Klosters grasen. Neue Brunnen und alte Ochsen, das zieht Touristen an, was den Bürgermeister freut. Aber das Wichtigste bei der Aktion war: Wo so viele den grünen Daumen zeigen, da entsteht ein ganz neues Wirgefühl. ◆◆◆

»Unser Dorf hat Zukunft – Unser Dorf soll schöner werden«: Bayerische Landes- und Bundessieger findet man auf der Route der Siegerdörfer unter: ➜ *www.goldenes-bayern.de*

87

WIE IST SIE SCHÖN

Einmal Schneewittchen besuchen

Maria Sophia Margaretha Catharina von Erthal – kein Wunder, dass die Gebrüder Grimm diesen Namen ersetzten durch »Schneewittchen«. Man muss sich nur einmal vorstellen, es würde im Text immer heißen:

> »Frau Königin, Ihr seid die Schönste hier,
> aber Maria Sophia Margaretha Catharina von Erthal
> ist tausendmal schöner als Ihr.«

Das würde ja das geduldigste Enkelkind nicht aushalten beim Vorlesen! Dass diese Maria Sophia etc. das historische Vorbild für die schöne Märchenprinzessin war, steht für die Bürger des unterfränkischen Lohr außer Frage, seit vor einigen Jahrzehnten Karlheinz Bartels, ein Apotheker ihrer Stadt und selbst ernannter »Fabuloge«, anhub zu erklären: »Es war einmal …« Nämlich: die schöne Prinzessin mit dem langen Namen, in Lohr geboren im Juni 1725; ihre Stiefmutter, eine geborene Reichsgräfin von Reichenstein; und ein Adeliger, der auf dem Lohrer Schloss wohnte, aber ständig auf Reisen war, was der Stiefmutter Gelegenheit gab, das Mädchen zu schikanieren. Damit hätten wir schon einige Hauptfiguren von »Schneewittchen«. Und die »sieben Zwerge«? Kleinwüchsige Bergleute und Kinderarbeiter aus den niedrigen Eisenerzstollen des Spessarts! Das Erz wurde in der Nähe von Lohr auch gleich zu Eisen verarbeitet. Im Lohrer Museum kann man die Schmiede besichtigen, in der, so die ortsansässigen Fabulogen, die eisernen Pantoffeln gefertigt wurden, in denen die böse Königin auf Schneewittchens Hochzeit tanzen musste. Der »wilde Wald«, in dem Schneewittchen ausgesetzt wurde – natürlich der Spessart! Und der Weg, auf dem Schneewittchen durch die Wildnis irrte, »über die sieben Berge«, damit konnten die Gebrüder Grimm nur die »Wieser Straße« gemeint haben, einen alten Höhenweg, der von Lohr aus über sieben Spessartberge zu den Bergwerken der Region führte. Der »durchsichtige Sarg von Glas«, in dem die scheintote Prinzessin auf ihren Prinzen wartete? In den Glashütten des nördlichen Spessart gefertigt, wo denn sonst! Aber das wichtigste Beweisstück der Lohrer hängt im Museum auf dem Lohrer Schloss: der Spiegel, den die eitle Königin immer wieder befragt. Es ist ein »Sprechender Spiegel« – und er stammt aus der Lohrer Spiegelmanufaktur

Wenn Sie wissen möchten, über welche sieben Berge Schneewittchen gehen musste, um zu den sieben Zwergen zu gelangen – und wie diese sieben Zwerge hießen:
→ *www.lohrer-schneewittchen.de*

der Mainzer Kurfürsten. Sprechender Spiegel? Die Lohrer Spiegel hatten Weltruf wegen ihres Präzisionsschliffes, der eine genaue Wiedergabe versprach – sie »sagten immer die Wahrheit«! Aber »Sprechende Spiegel« hießen sie auch, weil in die Rahmen Sinnsprüche eingelassen waren, die sich an die gefälligen Nutzerinnen wandten, etwa das überlieferte: »Elle brille à la lumière«, was man mit »Wie ist sie schön« übersetzen könnte. Dass auch andere Städte, die wir hier gar nicht nennen wollen, behaupten, hinter ihren sieben Bergen hätte Schneewittchen gelebt, ist aus Lohrer Sicht eine böse Lüge, deren Weiterverbreitung mit einer Runde Pantoffelpolka bestraft wird – nach grimmscher Art: »Es waren schon eiserne Pantoffel über Kohlenfeuer gestellt und wurden mit Zangen herein getragen und vor die böse Königin hingestellt. Da musste sie in die rotglühenden Schuhe treten und so lange tanzen, bis sie tot zur Erde fiel.« ◆◆◆◆◆◆◆◆◆◆◆◆◆◆◆◆◆◆◆◆◆◆◆◆◆◆

88

WURZELSEPPEN

Einmal die Kraft der Kräuter in der Kehle spüren

Natürlich war der Deggendorfer Karl Eckert nicht der Erste, der eine seltsame Wurzel aus dem Bayerwaldboden zog und deren heilsame Wirkung erkannte. Da gab es viele vor ihm. Schon 1588 rühmte man die Wurzel der Bärwurzpflanze im »Neuw Kreuterbuch«:

> »Beerwurtzwasser getruncken/ eröffnet die verstopffung der Leber/ der Nieren/ Harngäng/ und der Blasen/ vertreibet die Geelsucht/ Wassersucht/ den schmertzen der Därm und der Mutter/ führet auss den Stein/ treibet den/ vertreibt die Harnwinde/ und das tröpfflingen harnen.«

Man achte auf die Angabe: »vertreibet … den schmertzen … der Mutter«! Daraus soll sich nämlich der Name der Pflanze ableiten, als Verkürzung von »Gebärwurz«, die Geburts-schmerzen lindern soll. Eine andere Deutung verweist auf die seltsame Behaarung der Wur-zel, die sie einer Bärentatze gleichen lässt. Bären oder Gebären – seit vielen Jahrhunderten galt die Wurzel, die in den Höhenlagen von Arber, Rachel und Lusen gedeiht, als geschätztes Hausmittel gegen allerlei Wehwehchen. Die Kühe sollen die Heilkraft des Krautes entdeckt haben. Wenn sie unter einem Blähbauch litten, gruben sie eine Bärwurz aus, verspeisten sie, und schon ging's besser. Und dann muss dem Karl Eckert ein Traktat des Nürnberger Meistersingers Hans Folz in die Hände gefallen sein, in dem dieser 1490 schrieb:

>*Ob man ein Kraut heilung zu mist*
zu wes schades es dann mag sein
Legt man es vorher in pranten Wein.<

1919 gründete Eckert seine Destille – und seitdem gilt im Bayerwald nicht mehr die Wurzel, sondern der daraus gewonnene Schnaps als Mittel der Wahl: der Bärwurz. Für den werden die Aromastoffe der Wurzeln mit hochprozentigem Alkohol gelöst. Der Extrakt ruht ein paar Monate und wird dann destilliert. Jetzt muss er noch einmal lagern, ein paar Jahre gleich. Das Konzentrat, das dann im Fass übrig ist, könnten selbst gstandene Waldler nicht durch die Kehle jagen – viel zu hochprozentig. Es muss erst noch mit Quellwasser verdünnt werden. Jetzt schmeckt der Bärwurz – für die einen nach Sellerie, für die anderen nach grünen Walnüssen, nach Moos oder nach Wald. Und er schmeckt nicht nur den Einheimischen, sondern auch ihren Gästen. Und weil der Bärwurz gar so gut ist und so guttut, graben die Waldler auch noch nach einer anderen Wurzel: nach der Blutwurz. Die hat ihren Namen von dem blutroten Saft, der einem die Finger färbt, wenn man sie anschneidet. Auch diese Wurzel galt früher als Heilmittel, sie soll blutstillend wirken. Was sein könnte, weil sie viele Gerbstoffe enthält, die alles zammziehn, vielleicht ja auch verletzte Blutgefässe. Aber dafür gibt's heute andere Mittel, und so verwendet man die Wurzel zu edleren Zwecken: Auch sie wird zu Schnaps destilliert oder als Likör angesetzt – zu >Blutwurz<. Bleibt noch der Enzian, der nicht nur blau blüht, sondern auch blau machen kann. Auch dafür wühlen Wurzelseppen, die eine eigene Genehmigung brauchen, auf steilen Hängen herum. Allerdings graben sie nicht nach der Wurzel des blauen Enzians, sondern nach der des gelben. Trotzdem sieht man auf den Enzianflaschen immer die Blüten der blauen Art. Also schön unterscheiden. Es gilt zwar: >Blau, blau, blau macht der Enzian<, aber gemacht wird der Enzian aus den gelb blühenden Pflanzen. ◆◆◆◆◆◆◆◆◆◆◆◆◆◆◆◆◆◆◆◆◆◆◆◆◆◆◆◆◆◆◆◆◆◆◆

Der Bärwurz brennt

Dass es der Bärwurz, wie die anderen Wurzelextrakte auch, in sich hat, zeigen die folgenden Zeilen aus dem Bayerischen Wald:
    >Advent, Advent, der Bärwurz brennt.
    Erst trinkst oan, dann zwoa drei vier,
    Dann haust di mit deim Hirn an d' Tür!<

89

DES IS A FREID

Einmal die Nudel dampfen lassen

»Dampfnudeln hamma gestern ghabt,
Dampfnudeln hamma heit,
Dampfnudeln hamma alle Tag',
des is a Freid!«

Gott sei Dank ist es dann doch nicht zu einem Dampfnudelkrieg gekommen zwischen Bayern und Rheinland-Pfalz. Obwohl der Hefeteig ganz schön am Dampfen war, vor ein paar Jahren, als Bayerns Landwirtschaftsminister die Nudel in den kulinarischen Adelsstand erhob, als »bayerische Spezialität«. Was sein Amtskollege aus Rheinland-Pfalz so nicht stehen lassen konnte. »Wir werden uns die Dampfnudel nicht kampflos nehmen lassen«, verkündete er und versicherte den empörten Pfälzern, »alle diplomatischen und juristischen Möglichkeiten auszuschöpfen«, damit die Dampfnudel auch weiterhin in der Pfalz »hergestellt, verkauft und verzehrt« werden könne! Die Pfälzer verwiesen auf die weltbekannten »Dampfnudeltore« ihrer Städte, deren Torbögen mit Tausenden von Dampfnudeln verziert seien, seit Urväterzeiten. Und auf die Geschichte der tapferen Einwohner von Freckendorf, die im Dreißigjährigen Krieg marodierende Schweden mit exakt 1.286 Dampfnudeln beschwichtigten. Das mag alles so sein, aber zu Zeiten des Dreißigjährigen Krieges, da gehörte die Pfalz ja schon 400 Jahre lang den Wittelsbachern. Darauf besannen sich wohl auch die Landwirtschaftsminister, die streitbar aufgegangen waren wie der Hefeteig, den man für eine Dampfnudel braucht. Und man einigte sich auf einen Kompromiss: Bayern wird die Dampfnudel nicht

EU-weit als bayerische Spezialität schützen lassen, und die Pfälzer essen ihre Dampfnudeln weiter mit einer Salzkruste, und nicht wie die Bayern mit Vanillesoße. Die Bayern können sich mit der süßen Variante ausgerechnet auf ein 200 Jahre altes schwäbisches Kochbuch berufen. Im »Oekonomischen Handbuch für Frauenzimmer«, das 1811 in Stuttgart »mit Königlich Württembergischen und Großherzoglich Badischen allergnädigsten Privilegien« erschienen ist, finden sich »Baierische Dampfnudeln« – in Milch und Zucker gebacken. So, wie sie – Gott sei Dank – immer noch bei vielen Familien und in vielen bayerischen Wirtschaften auf den Tisch kommen. Zum Beispiel beim wohl bekanntesten Dampfnudelbäcker der Welt, dem Dampfnudel-Uli in Regensburg. ♦♦♦♦♦♦♦♦♦♦♦♦

»Der Dampf, der macht nicht dick …«
Aus der »Dampfnudelpolka« des
Regensburgers Dampfnudel-Uli
➜ *www.dampfnudel-uli.de*

Feine bayerische Dampfnudeln nach dem Rezept vom Regensburger Dampfnudel-Uli

Für die Nudeln: *20 g Hefe, 90 g Zucker, 3 Eidotter, 0,3 l lauwarme Milch, ½ TL Salz, 1 Pfund Mehl, 75 g weiche Butter, etwas Vanille und abgeriebene Zitrone*
Zubereitung: *Aus den Zutaten wird ein mittelschwerer Hefeteig hergestellt. In kleine Kugeln formen und in einer mit Butterschmalz ausgestrichenen Form aufgehen lassen. Eine halbe Tasse Milch seitlich zugießen. Fest zugedeckt die Nudeln auf der Herdplatte so lange backen, bis sie »singen« oder zu »brutzeln« beginnen. Die fertigen Nudeln im Ofen 3 Minuten nachbräunen. Dann erst laufen die Dampfnudeln zu Höchstform auf.*

Für die Vanillesoße:
½ l Vollmilch, 75 g Zucker, 3 Eidotter, 1 EL Stärkemehl, ½ Vanilleschote
Zubereitung: *Etwas Milch mit dem Stärkemehl und den Eidottern verrühren. Restliche Milch mit dem Zucker aufkochen, Vanille dazugeben, dann das Eier-Milch-Stärke-Gemisch darunterrühren und aufkochen lassen.*

90

HÖRT IHR LEUT

Einmal mit dem Nachtwächter von Rothenburg das Mittelalter entdecken

Dass es sich beim Nachtwächter von Rothenburg um eine eher touristische Institution handelt, sieht man schon an seiner Webadresse: → *www.nightwatchman.de*. Bis 1920 hatten in Rothenburg ob der Tauber noch schlichte Nachtwächter das Singen und das Sagen. Sie sorgten für Ruhe und Ordnung innerhalb der Stadtmauern, waren eine Art Feuerpolizei und später auch für das Anzünden der Gaslaternen zuständig. Ein angesehener Beruf, möchte man meinen, aber weit gefehlt: Die Nachwächter standen auf einer Stufe mit Henkern und Abdeckern. Sich mit Hellebarde und Laterne ausgestattet nächtens in der Stadt herumzutreiben, immer gewärtig, auf Gesindel und Betrunkene zu stoßen, das galt als unehrenhaft. Aber man brauchte sie, die Nachtwächter, allein im kleinen Rothenburg gab es sechs Bezirke, die ihren eigenen Laternenträger Runde um Runde ziehen ließen, um mit einer Art Stundengesang die unter der Schlafmütze ruhenden Bürger zu beruhigen. »Hört ihr Leut und lasst euch sagen …«, so begann der Singsang der Nachtwächter, und dann folgte zu jeder Stunde ein anderer Vers. Wer unruhig schlief, konnte am Gesang erkennen, wie spät es war. Von dieser Regel gab es aber Ausnahmen. Ludwig Ganghofer lässt in seinem »Jäger von Fall« den Wächter des Ortes zwar den klassischen Spruch vortragen:

> *»Mannder und Weibsleut, laßts enk sagen, Die Glock am Turm hat zwei Uhr geschlagen!*
> *Bewahrt das Feuer, bewahrt das Licht, Daß enk an Leib und Seel kein Schaden gschiecht!«*

Aber der Mann klagt dann darüber, dass ihm nach zwei Uhr »sein Gesangsvergnügen genommen war, weil ihm von dieser Stunde an die Gemeindevorschrift das Absingen des Wächterspruches untersagte. Ein nächtliches Unheil, das um zwei Uhr morgens noch nicht geschehen ist, kann warten, bis es Tag wird und bis sich die Bauern den Schlaf aus den Augen reiben.« Heute erfreuen in vielen bayerischen Städten Nachtwächter im traditionellen Gewand erlebnishungrige Touristen. In Bamberg gilt wieder die Nachtwächterordnung von 1789, in der genau beschrieben ist, welche Aufgaben zu erfüllen und dass »Diebsherbergen und Hurenwinkel« zu meiden sind. In Nürnberg führt, 1789 wohl undenkbar, eine Nachtwächterin durch die Stadt: »voll Kurtzweyl und mit Gesang«. Und in München heißt es: »Wenn die Bürger von Ehre schlafen gehen, schlägt die Stunde der Nachtwächter. Im flackernden Licht der rußigen Laterne werden alte Legenden lebendig. Der Nachtwächter kennt alle Schleichwege und Winkel der Stadt. Mit Hellebarde und wehendem Mantel weist er den rechten Weg im Dunkel der Nacht.« In Würzburg wurde des großen Andrangs wegen gar eine »Nachtwächter GmbH« gegründet, deren Mitglieder die Hellebarde da aufnehmen, wo sie der Letzte seines Standes 1897 in die Ecke gestellt hatte. Hier singt der diensthabende Nachtwächter ein besonders tröstliches Lied. ◆

Würzburger Wächterlied

»Hört ihr Herrn und lasst euch sagen:
Unsere Glock hat längst 9 geschlagen.
Menschen-Wachen wird nicht nützen,
Gott wird wachen, Gott wird schützen.
Herr mit deiner Güt und Macht
Schenk uns eine gute Nacht.«

91

LEG GODT

Einmal in Günzburg Bauklötze staunen

$\mathfrak{S}$chon wieder Weltmeister! Was die Zahl der Freizeitparks angeht. Davon gibt's in Belgien fünf, in Italien vier, in den USA 13 und in Deutschland? 53! Weit mehr als ein Dutzend davon locken in Bayern – mit ganz unterschiedlichen Angeboten: Im Churpfalzpark Loifling, bei Cham, kann man zwischen Dahlien und Hibiskus wandern, während die Kinder die Wasser-rutsche heruntersausen oder beim Gokartrennen starten. In der Bavaria Filmstadt führt Bully Herbig – virtuell – die Besucher hinter die Kulissen bekannter Filme. Und wer will, kann hier vor laufender Kamera testen, wie er als Wetterfrosch im Fernsehen rüberkommt. In der Western City, die Fred Rai vor vielen Jahren bei Dasing gegründet hat, lenkt man Pferde ohne Zaumzeug. Und im oberfränkischen Rattelsdorf lernt man im Monsterpark nicht etwa das Gruseln, sondern das Baggern – mit großen und kleinen Baumaschinen. Der erste dieser Parks, die Altweibermühle zu Tripsdrill, entstand schon im 19. Jahrhundert. Der Mühle kann man sich immer noch mit der Hoffnung auf Verjüngung anvertrauen – ausgerechnet im ältesten Freizeitpark Deutschlands. In klassischen Parks, wie dem Freizeit-Land Geiselwind oder dem Allgäu Skyline Park, steht dagegen oft eine Anlage im Mittelpunkt, von der viele glauben, sie sei in den USA erfunden worden: die Achterbahn. Aber die stammt aus Russland, wie der französische Name verrät: »Montagnes russes« – »russische Berge«. Ursprünglich waren das hölzerne Abfahrten, mit Wasser bespritzt, über deren Eis die Petersburger im Winter auf Schlitten zu Tal rasten. Ein kurzes Vergnügen. Von einer Fahrt mit der Achterbahn im Skyline Park hat man länger etwas: 580 Meter geht's auf und ab, 50 Stundenkilometer schnell. Da geht's im Günzburger Legoland beschaulicher zu. Bei einem gemütlichen Spaziergang kann man hier in einer halben Stunde Berlin und Frankfurt, den Hamburger Hafen, Schloss Neuschwanstein und ein schwäbisches Dorf besuchen – alles aus Legosteinen aufgebaut. Im größten dieser Bauten, der »Allianz Arena«, die im Maßstab eins zu 50 errichtet wurde, stecken eine Million Legosteine und in der Arena 30.000 Zuschauer – Plastikfigürchen natürlich! Zusammengesteckt wurde das alles von den acht Modellbauern, die im Legoland ständig neue Attraktionen basteln – aus einer Palette von 2.000 verschiedenen Steinen, deren Name sich von der dänischen Devise »leg godt«, »spiel gut«, ableitet. Manchmal müssen die Modellbauer schnell reagieren. Als Barack Obama 2009 Berlin besuchte, da spendierte ihm der Park vor einer Kopie des Reichstagsgebäudes eine Ehrenformation von Legomännlein – und an denen schnüffelte der Präsidentenhund »First Dog Bo«. ◆◆◆◆◆◆◆◆◆◆◆◆◆◆◆◆

Baggern, Bully, Bo: → *www.freizeitparks-bayern.de*

92

DAS NOTWENDIGE, NÜTZLICHE UND HEILSAME

Einmal ein Wechselbad der Gefühle erleben

Die folgende Szene spielt in der gemütlichen Wohnküche eines Ehepaares mittleren Alters, die Kinder sind aus dem Gröbsten heraus, man will sich mal was Gutes tun. Auf dem Küchentisch stapeln sich Prospekte bayerischer Heilbäder, die von den beiden in den letzten Wochen angefordert wurden.

Sie: »Schau, das wär doch was: ›Herrliche Kuranlage, schonendes Reizklima …‹«

Er: »A Reizklima hab ich daheim oft genug, bloß nicht immer schonend! Aber da: ›Entspannte Wellnesswochen mit Kneipp- und Thermal…‹«

Sie: »Is des net a bisserl allgemein? Kaltes Wasser und dann wieder warmes – wenn wir schon so viel Geld ausgeben. Sollen wir nicht lieber dahin fahren: ›Deutschlands stärkste Jodschwefelquellen‹? Das ist bestimmt gegen irgendwas gut. Oder da, ›Radon und Kohlensäure‹, das klingt auch vielversprechend, da wirst schon beim Lesen gsund …‹«

Er: »Dann lies nur weiter. Wenn's hilft! Da: ›Starke Schwefelquellen, Naturmoor, Mineralquelle, Bayerns wärmste Thermalsole, 56 Grad heißes schwefelhaltiges Heilwasser aus 1.000 Meter Tiefe …‹«

Sie: »Da verbrühst du dich ja bloß, bei deiner Schusseligkeit! Für dich wär das was: ›Geistige Frische aktivieren …‹«

Er: »Und ich buch für dich ›Traditionelle chinesische Medizin‹ – damit's dich recht stechen mit den Akupunkturnadeln …«

Sie: »Also, so kommen wir zwei nie gemeinsam auf Kur. Weißt was: Ich buch jetzt für mich zwei Wochen auf der Beautyfarm …«

Er: »Dann fahr ich dahin: ›Für alle, die's gerne kuschelig haben wollen‹! Ich werd schon einen Kurschatten finden zum Kuscheln …«

Es ist kein Wunder, dass unsere Eheleute begeistert, aber auch ein wenig ratlos vor der Vielfalt bayerischer Bäder stehen. In kaum einem anderen Bundesland gibt es so viele Kurorte, hat die »Badekur« eine so lange Tradition. Fast 50 bayerische Orte dürfen den begehrten Zusatz »Heilbad« oder »Kurort« tragen, dazu kommen noch zwei Dutzend Kliniken, Sanatorien und Thermen. Und seit der Begründer des deutschen Badewesens, der Mediziner und Botaniker Tabernaemontanus, 1581 in seinem Buch »Neuw Wasserschatz« die Heilbäder seiner Zeit aufführte, hat sich viel getan in der Zunft. Es gibt Heilbäder und Luftkurorte, Moorheilbäder und Kneippkurorte, Gemeinden mit Heilstollenkurbetrieb und solche mit Solekurbetrieb. Sie alle hoffen auf Besucher, die es mit der Lebensweisheit von Pfarrer Kneipp halten, dem »Wasserdoktor« von Bad Wörishofen: »Glücklich der Mensch, der es versteht und sich bemüht, das Notwendige, Nützliche und Heilsame mehr und mehr sich anzueignen.« Wenn unsere Eheleute nach der getrennt verbrachten Kur wieder zu Hause sind, sollten sie sich einen anderen Spruch von Sebastian Kneipp in den Flur hängen:

»Gesundheit bekommt man nicht im Handel, sondern durch den Lebenswandel.« ♦

Unter → www.gesundes-bayern.de finden Sie alle bayerischen Heilbäder – von »Reizklima« bis »kuschelig«.

93

BLUTSPENDER

Einmal beim Eishockey mit einem bayerischen Club mitfiebern

»Wir geh'n voran,
als Euer siebter Mann,
egal wohin,
ob Sturm oder Schnee,
wir singen EVR olé.«

Am besten könnte man das natürlich vom Eis aus, als Spieler – oder Spielerin. Eishockeyspielerin? Längst gang und gäbe! Der VfR München-Angerlohe hat schon 1992 eine Frauenabteilung gegründet und sucht immer wieder Spielerinnen für die Frauenlandesliga. Aber natürlich ist Eishockey immer noch eine Männerdomäne, das zeigen schon die Namen mancher Vereine: Wölfe und Tiger, Eisbären und Alligatoren – man muss nicht in den Zoo, um diesen Raubtieren zu begegnen. In Franken reicht ein Besuch im Eisstadion: bei den Selber Wölfen, den Nürnberg Ice Tigers, dem ESV Würzburg Eisbären oder den Höchstadt Alligators. Da denkt man an den alten Spruch: »Spende Blut – spiele Eishockey«. Fast 400 Mannschaften sind im Bayerischen Eissport-Verband spielberechtigt, 14.000 Spieler in 100 Vereinen. Eine Randsportart sieht anders aus. Es liegt an der langen Tradition der bayerischen Eishockeymannschaften, dass der Sport heute noch so viele Fans hat, auf dem Eis und auf den Zuschauerbänken. Premiere hatte er in München im Jahr 1900, mitten im Englischen Garten, auf dem zugefrorenen Kleinhesseloher See. Wenn's in München nicht längst Kunsteis gäbe, dann würde wegen unserer milden Winter so manche Saison ausfallen. Aber damals scheint's kälter gewesen zu sein, und der MTV 1879, der auf dem See trainierte, nahm ab 1912 sogar erfolgreich an den ersten Deutschen Meisterschaften teil, wo er dann im Finale aber immer wieder dem Berliner Schlittschuh-Club unterlag. Die Torhüter trugen damals noch keine Maske, es galt die Devise, die viele Jahre später der kanadische Eishockeytorwart Glenn Hall über die maskenlose Zeit ausgab: »Höchste Priorität hatte das Überleben, danach kam das Aufhalten des Pucks!« 1933 wurde das Münchner Prinzregentenstadion eröffnet, und hier, im »Prinze«, wurde Eishockeygeschichte geschrieben. Wenn der SC Riessersee gegen den Berliner Schlittschuh-Club antrat, kamen 5.000 Zuschauer. Auch der EV Füssen, wie die Garmischer eine Spitzenmannschaft, trug hier seine Meisterschaftsspiele aus. Berühmte Mannschaften, Derbys, an die sich heute noch manche erinnern und an die immer wieder erinnert wird. Etwa wenn in der Eishockey-Bundesliga der ESV Kaufbeuren auf den alten bayerischen Rivalen aus Landshut trifft. Dann heizt man die Stimmung in den Fanlagern mit einem Blick zurück an: »Wer erinnert sich nicht an die legendären Spiele in den 80er- und 90er-Jahren mit den großen Emotionen auf und neben dem Eis ...« Die Altbayern scheinen im Eishockey übrigens weniger aggressiv zu sein als der nördliche Bruderstamm. Ihre Vereine heißen nicht nach Raubtieren, sondern schlicht ESV Türkheim, SC Reichersbeuern oder SV Apfeldorf. ♦♦♦♦♦♦♦♦♦♦♦♦♦♦♦♦♦♦♦♦♦♦

Hier geht's ans Eis: → *www.bev-eissport.de*
Auch Frauen können Blut spenden: → *www.bundesliga.frauen-eishockey.com*

Vom Ball zum Puck

Der Puck, Dreh- und Angelpunkt des Eishockeys, wurde angeblich in Montreal erfunden – von einem Mister William Fleet Robertson. Da bei einem der ersten Spiele der damals verwendete Gummiball immer wieder über die Außenbegrenzung hüpfte und das Spiel unterbrochen wurde, schnitt Robertson einfach den oberen und unteren Teil ab, und übrig blieb: der Puck.

94

KRAFT SAMMELN

Einmal in ein bayerisches Kloster gehen

»Man muss zum Teil akzeptieren, unnütz zu sein in einer Welt,
in der jeder hinter etwas herrennt und etwas erreichen muss.«

Armand Veilleux, Generalprokurator des Trappistenordens

Größer kann das Angebot kaum sein. Es beginnt bei Stippvisiten wie der alternativen Kirchenführung durch die Benediktinerinnenabtei Frauenwörth auf der Chiemsee-Fraueninsel oder einem kurzen Besuch bei den Münchner Pallottinerinnen zu einer Aussprache unter dem Motto: »Im Gespräch der eigenen Sehnsucht auf die Spur kommen«. Die oberfränkischen Eucharistinerinnen laden zu einer »Alternativ-Silvesterparty«, bei der man dem Jahreswechsel »mit Liedern und eucharistischer Anbetung entgegen geht«. Da ist nur noch wenig zu spüren von den körperlichen und geistigen Anstrengungen, die dereinst mit einem Besuch hinter Klostermauern verbunden waren, nach den Regeln der »ejercicios espirituales«, der »geistlichen Übungen«, die Ignatius von Loyola, der Gründer des Jesuitenordens, aufgestellt hatte. Solchen Exerzitien unterzogen sich früher viele Katholiken, vierwöchigen Glaubensübungen, bei denen nach einem strengen Plan Themen wie Sünde, Auferstehung oder Gewissenserforschung durchgenommen wurden. Nicht weniger anspruchsvoll sind die Exerzitien der Benediktiner, in denen die »Pflege des Schweigens« geübt wird, unterbrochen nur durch die »lectio divina«, das »wiederkäuende Betrachten« biblischer Texte. Es ist schwierig geworden, mit solchen Konzepten Menschen hinter Klostermauern zu locken. Umso mehr, als ja immer noch die wildesten Gerüchte im Umlauf sind über das Leben hinter diesen Mauern: Mönche, die in Särgen schlafen, Trappisten, die ihr Leben lang kein Sterbenswörtchen verlauten lassen, ewiges Fasten und endloses Beten fast rund um die Uhr. Auch um gegen solche Vorurteile zu kämpfen, haben viele Orden das Konzept, mit dem sie auf Laien zugehen, geändert. Natürlich steht, wie bei der »Auszeit im Kloster«, die von der Benediktinerabtei Niederaltaich angeboten wird, immer noch das »Mysterium Gottes« im Mittelpunkt. Aber dem will man sich nun im geschwisterlichen Gespräch, bei Gottesdiensten und Spaziergängen in der Natur nähern. Die Würzburger Ritaschwestern bieten Frauen ausdrücklich »erholsame und stille Tage in einer geistlich-klösterlichen Atmosphäre« an. Und

Byzantinische Mönche der Abtei
Niederaltaich beim Stundengebet

»*Bavaria terra benedicta, quia benedicta ...*
Bayern ist ein gesegnetes Land, weil es ein benediktinisches ist.«
Lieblingsspruch des ehemaligen bayerischen Ministerpräsidenten Alfons Goppel

bei den Schwestern von Maria Ward muss man sich nicht einmal mehr hinter Klostermauern begeben, um ein paar spirituelle Tage zu verbringen. Sie laden ein zu »Wanderexerzitien«, die von Augsburg nach Bad Wörishofen führen. Menschen, die den traditionellen Kirchen fernstehen, erreicht man wohl auch mit solchen eher lockeren Angeboten nicht. Und darum bietet die Benediktinerabtei Münsterschwarzach seit einiger Zeit sogar »Exerzitien für Atheisten, Andersgläubige und Suchende« an. Auch dieser Besuch hinter Klostermauern hat, wie all die anderen Angebote, letztlich das Ziel, das die Niederaltaicher Benediktiner ihren Gästen setzen: »Kraft sammeln und sich neu ausrichten für den Alltag«. ◆◆◆◆◆◆◆◆◆◆◆◆

Dieses Portal führt hinter die Klosterpforten: ➜ *www.klosterportal.org*

Entschleunigung

Anselm Bilgri war viele Jahre Mönch im Benediktinerkloster Andechs. Er verließ das Kloster und bietet heute über seine »Akademie der Muße« Einkehrtage an. Aus Erfahrung weiß er: »Es lohnt sich, weil ... der geregelte Rhythmus des Klosterlebens hilft, eine gute Balance von Leben und Arbeit zu finden. Die Zeiten von Stille und Gebet helfen darüber hinaus bei der Entschleunigung der verdichteten Zeit.«

95

IN SEINER HOHEN ZEIT

Einmal den Hirschen röhren hören

War das jetzt »ein junger Hirsch, am Rande des Brunftplatzes, suchend« oder doch ein »alter Hirsch, etwas abseits mit nur wenig Kahlwild«? Egal: Jetzt bloß nicht bücken, zum Beispiel weil das Schuhbandl aufgegangen ist. Ja, nicht einmal vorbeugen sollte man sich, um besser zu hören, wie der brunftige Hirsch im Gehölz röhrt. Denn, so wissen die Waidmänner, »eine gekrümmte Körperhaltung wird vom Hirsch grundsätzlich als Paarungsbereitschaft verstanden«. Und dann reitet er auf, der Hirsch, mit seinen 150 Kilo, und das möchte man sich dann doch ersparen. Überhaupt sollte man sich zur Brunftzeit des Rotwilds, im September und im Oktober, nicht auf eigene Faust an einen Brunftplatz heranschleichen, auf dem ein Rudel Hirschkühe darauf wartet, welcher von den röhrenden Rivalen letztendlich den Harem übernehmen wird. Liebe macht auch die Hirsche blind! Gott sei Dank gibt es in allen bayerischen Rotwildgebieten die Möglichkeit, sich von einem Fachmann an einen Brunftplatz führen zu lassen. Im Nationalpark Bayerischer Wald gibt's jeden Herbst Führungen ins Hirschrevier. In der Nähe des Sylvensteinspeichers, in Vorderriss, kann man im ehemaligen Jagdgebiet der bayerischen Könige dem Vuvuzelaruf der Hirsche lauschen. Ludwig Thoma schreibt in seinen Erinnerungen an die Jugendtage in Vorderriss, immer wieder habe der Jäger vormachen müssen, »wie die Gamsböcke blädern, und wie die Hirsche im Herbst schreien«. Besonders bequem lässt sich die Hirschbrunft auf dem Falkenstein bei Pfronten beobachten. Das Hotel auf dem Berg, den König Ludwig II. mit einem weiteren Neuschwanstein schmücken wollte, versichert, dass man von seinem Wellnessbereich aus das Brunftgeschrei miterleben kann. Die drei bis acht Einzelrufe, die der Hirsch »in seiner hohen Zeit« in einer Folge ausstößt, um Konkurrenten zu verscheuchen und seinen Harem beieinanderzuhalten, sind so charakteristisch, dass man die einzelnen Tiere an ihnen erkennen kann. Die Jäger haben den Rotwildlauten auch spezielle Namen verpasst. Im Wellnesstempel auf dem Falkenstein würden sich da zunächst vielleicht die »Behaglichkeitslaute« eines Hirschkalbs anbieten und dann vielleicht der Ruf: »Abgebrunfteter Hirsch im Bett«. Wenn Sie, wieder zu Hause, immer noch glauben, das Röhren eines Hirsches zu hören, dann hat Ihr Gegenüber vielleicht einen Klingelton am Handy, den die Deutsche Wildtierstiftung einmal im Angebot hatte, unter dem Motto: »Bei Anruf Hirschröhren!« In welchem Revier Sie den Ruf des Hirsches in seiner »hohen Zeit«, der Brunftzeit, ganz ohne Handy hören können, zeigt Ihnen eine Karte unter: ➜ *www.rothirsch.org/erleben/index.php* ◆◆◆◆◆◆◆◆◆◆◆◆◆◆◆◆◆◆◆◆

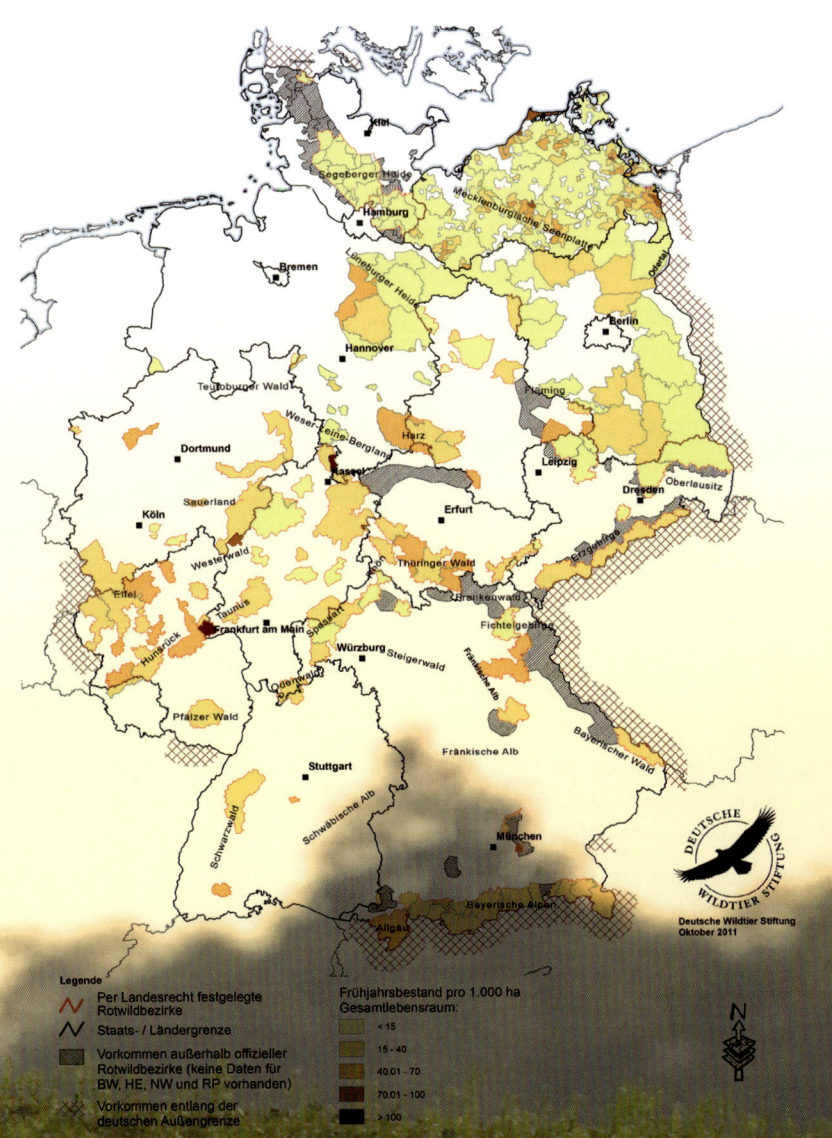

213

96

VOM KÖNIGSTRAUM ZUR MASSENWARE

Einmal von einem Teller aus Weiden essen

Der Markt Tettau im oberfränkischen Landkreis Kronach führt eine Henkelvase im Wappen. Sie ist silbern, aber eigentlich sollte sie »reinweiß und transparent« sein, wie die Tettauer Scherben, die den Ort berühmt gemacht haben. In Tettau steht die älteste Porzellanmanufaktur Bayerns, der berühmte Naturforscher Alexander von Humboldt hat sie mit aus der Taufe gehoben, 1794. Von den Werkstoren aus führt die Porzellanstraße 550 Kilometer weit durch ganz Nordbayern – über Bamberg und Bayreuth, Selb und Weiden bis ins oberpfälzische Vohenstrauß. Entlang dieser Strecke werden 80 Prozent des deutschen Porzellans geformt, glasiert, bemalt und gebrannt. Über 1.000 Jahre hatten die Chinesen geheim gehalten, wie sie das Porzellan herstellten, das sie im Jahr 620 erfunden hatten und das die Europäer spätestens seit den Zeiten Marco Polos kannten. Aus zerstoßenen Muschelschalen werde es gebrannt, mutmaßte man in Venedig und nannte die kostbaren weißen Schalen, die aus dem Osten kamen, nach einer Meerschneckenart, der Porcellana. Erst im Oktober 1708 entdeckte Johann Friedrich Böttger das Geheimnis des Porzellans, das erste Geschirr nach seiner »Rezeptur« wurde auf der Albrechtsburg in Meißen gefertigt. Aber schnell wanderten die Manufakturen weiter nach Nordostbayern – hier gab es alles, was man für die Produktion des begehrten Geschirrs brauchte: die Rohstoffe Kaolin und Quarz, Holz für die Brennöfen und Menschen, die um jede Arbeit froh waren, auch um die schwere und gesundheitsschädliche des Porzelliners. Der Quarzstaub in der Porzellanmasse und das Quecksilber in den Glasurfarben rafften die Mitarbeiter dahin, Mitte des 19. Jahrhunderts wurde in den Porzellanmanufakturen kaum einer älter als 40 Jahre, die meisten starben früh an der »Porzellinerkrankheit«. Entlang der Porzellanstraße erinnert man an diese harten

Zeiten, zeigt aber auch, wie etwa im Porzellanikum, einem Museum in Selb, die buchstäblich »glänzenden« Seiten eines Werkstoffs, der Fürstentafeln zierte, der es aber längst auch in Bürgerhäuser und Werkskantinen geschafft hat. »Königstraum und Massenware«, dieser Titel einer Ausstellung im Porzellanikum steht anschaulich für 300 Jahre europäische – und bayerische – Porzellangeschichte. Die

war, vor allem in Bayern, geprägt von einem ewigen Auf und Ab. Besonders hart traf es die Porzelliner von Tettau, Selb und Weiden in der großen Wirtschaftskrise Anfang des 20. Jahrhunderts. In den Inflationsjahren hatte niemand mehr Geld für Tafelgeschirr übrig. Einige Männer aus Selb, der einstigen »Weltstadt des Porzellans«, versuchten das Geschäft mit einer Verzweiflungstat anzukurbeln. Sie zogen eine auf Rädern gelagerte, 14 Zentner schwere und über vier Meter hohe Kaffeekanne quer durch Deutschland. Die Riesenkanne trug die Aufschrift: »Kauft Porzellan«. Heute hat sich Porzellan aus Bayern wieder einen festen Platz auf dem Weltmarkt erobert. Bei einer Fahrt auf der Porzellanstraße kann man sich davon überzeugen, in den vielen Manufakturen und Fabriken, in denen wieder Tausende von Porzellinern arbeiten – dank modernster Technik ohne Angst vor einem frühen Tod. ◇ ◇ ◇ ◇ ◇ ◇

Gießkarussell aus den 1960er-Jahren zum Gießen von Kaffeekannen

---

Vorsicht ist die Mutter der Porzellankiste

Nehmen Sie lieber keinen Elefanten mit, wenn Sie auf der Porzellanstraße unterwegs sind. Denn die führt Sie unter anderem ins Stadtmuseum Schlüsselfeld, mit Geschirr, Pfeifen und Puppen der Porzellanmanufaktur Reichmannsdorf. In eine Bayreuther Porzellanfabrik, die, wie könnte es anders sein »Walküre« heißt. Und ins Deutsche Porzellanmuseum Hohenberg, mit einer Ausstellung zur Kulturgeschichte des Porzellans.
→ *www.porzellanstrasse.de*

97

EIN SEUFZER GEHT

Einmal bei Nebel durchs Schwarze Moor gehen

Auch noch bei Nebel! Dabei ist's doch im Moor auch so schon gruselig genug. »O schaurig ist's, übers Moor zu gehn ...«, schrieb Annette von Droste-Hülshoff vor 170 Jahren. Wer diesen Schauer sucht, der den Moorlandschaften immer noch ein wenig innewohnt, der ist in Bayern gut bedient. Mit 220.000 Hektar Moorfläche gehört der Freistaat zu den moorreichsten Bundesländern. Fast jede Region hat ihre eigene Moorlandschaft: das Brombachmoor und das Leutstettener Moos, die Kendlmühlfilzn und das Fichtelseemoor, das Murnauer Moos, die Torfmoorhölle im oberfränkischen Weißenstadt oder das Schwarze Moor in der bayerischen Rhön, das man auf Bayerns erstem »Moorlehrpfad« durchwandern kann. Ganz eigene Landschaften sind das, in denen Kiefer und Moorbirke gedeihen, Moosbeere und Sonnentau, das Skorpionsmoos und der Wasserschlauch, eine Pflanze, die wurzellos im Moor treibt. All diese Pflanzen versinken irgendwann einmal im sauren Moorwasser und werden dann über die Jahrtausende zu Torf, einem begehrten Brennstoff unserer Vorfahren. In immer neuen Schächten und Gräben stach man den Torf und machte den Mooren so nach und nach den Garaus. Ein Übriges taten Kultivierungsprogramme wie das des bayerischen Kurfürsten Karl Theodor. Der schickte vor 200 Jahren Siedler ins Donaumoos, das größte Niedermoor Süddeutschlands, um die »nutzlose« Moorlandschaft in Äcker und Wiesen zu verwandeln. 2012 wurde das Donaumoos vom Bayerischen Umweltministerium zum »Boden des Jahres« gewählt, weil man hier dabei ist, die ursprüngliche Moorlandschaft wenigstens teilweise wieder zurückzugewinnen. Dann werden über dem Donaumoos vielleicht auch wieder die »Irrlichter« tanzen, die den Menschen der Moorregionen früher Rätsel aufgaben und Angst und Schrecken einjagten. Goethe lässt in seinem »Faust« so ein Moorwesen raunen:

»Und wenn ein Irrlicht Euch die Wege weisen soll
So müßt Ihr's so genau nicht nehmen.«

Annette von Droste-Hülshoff: »Der Knabe im Moor«

»Da birst das Moor, ein Seufzer geht
Hervor aus der klaffenden Höhle;
Weh, weh, da ruft die verdammte Margret:
›Ho, ho, meine arme Seele!‹

Der Knabe springt wie ein wundes Reh;
Wär' nicht Schutzengel in seiner Näh',,
Seine bleichenden Knöchelchen fände spät
Ein Gräber im Moorgeschwehle.«

Wer doch einem Irrlicht folgte und irreging im Moor, der konnte leicht als Moorleiche enden. Mehr als 1.000 solcher Moorleichen hat man bisher gefunden, einige auch in Bayern. Den Toten, die im sauren Wasser mumifiziert wurden, wohnt ein ganz eigener, gruseliger Zauber inne. Im Torfmuseum zu Rottau im Chiemgau kann man sich davon überzeugen: Hier zeigt man eine Nachbildung der »Rosalinde«, Bayerns prominentester Moorleiche, die in der Gegend von Hohenpeißenberg gefunden wurde. Im Winter 2014/15 soll die echte Rosalinde zusammen mit einer Dachauer Moormumie in einer großen Ausstellung in München gezeigt werden. Möglich ist das nur, weil Rosalinde das Glück hatte, erst 1957 entdeckt zu werden: Bis in die Neuzeit wurden Teile von Moorleichen gerne zu »Mumia« verarbeitet, einem geschätzten Arzneimittel, das gegen 21 Krankheiten helfen sollte, von Halsweh über Gichtbrüchigkeit bis zur Nierensucht. Fragen Sie Ihren Arzt oder Apotheker! ◆ ◆ ◆ ◆ ◆ ◆ ◆ ◆

Torfmuseum Rottau

Schwarzes Moor, Röhn

Achtung Irrlichter!
➔ *www.rhoenline.de/rotesmoor.html*
➔ *www.allgaeuer-moorallianz.de*
➔ *www.haus-im-moos.de*

98

FLINSERL

Einmal bayerisches Gold schürfen

𝔉linserl« ist das Zauberwort unter bayerischen Goldsuchern. Wer an einem Gewässer zwischen dem Fichtelsee und der Mangfall eine Goldwaschpfanne der Marke Goldblitz Ultra schwenkt, der hofft nicht darauf, einen taubeneigroßen Nugget zwischen den Sandkörnern zu finden, sondern ist schon froh, wenn am Boden der Pfanne ein »Flinserl« blinkt, bayerisch für »Flitter«. Winzige Goldpartikel sind das, alles, was noch übrig geblieben zu sein scheint von den glorreichen Zeiten, in denen sich an den bayerischen Flüssen und Seen die Goldsucher drängten, mit der allergnädigsten Erlaubnis ihres Landesherrn, an dessen Sammelstellen das gefundene Gold umgehend abzuliefern war. Die schönsten Beweise für den weiß-blauen Goldrausch stammen aus dem Jahr 1779: solide Golddukaten, geprägt in der Regierungszeit von Kurfürst Karl Theodor. Auf den Münzen sieht man die Türme der Frauenkirche und einen Flussgott, der Wasser in die Isar gießt – darunter die Schrift: »EX AURO ISARAE« (Aus dem Gold der Isar). Es gibt solche Dukaten auch mit der Aufschrift »EX AURO DANUBII« (Aus dem Gold der Donau) und »EX AURO OENI« (Aus dem Gold des Inns). Das Goldwaschen war schon damals ein recht mühseliges Geschäft, und das ist es bis heute geblieben. Wer sich, etwa im Fichtelgebirge, nahe den alten Goldfundstellen von Wunsiedel, auf die Suche macht, »ausgestattet mit Waschpfanne und Goldgräber-Hut«, wie's in einem Tourismusprospekt heißt, der weiß natürlich: Das Ganze ist nur eine Gaudi. Auch wenn der Veranstalter einen Goldfund garantiert – Gold-»Flinserl« halt, die man in einem Glasröhrchen stolz mit nach Hause nehmen darf. Ähnlich geht's zu, wenn man sich in der Bayerwaldgemeinde St. Oswald-Riedlhütte für einen Goldwaschkurs anmeldet. Aber es gibt auch viele Goldsucher in Bayern, die auf eigene Faust losziehen, professionell ausgestattet. Der Gustav zum Beispiel. In sieben Stunden harter Arbeit hat der dem Großen Regen bei Zwiesel ein Gramm Gold abgerungen. Bei einem Goldpreis von 30 Euro fürs Gramm kein ganz so toller Stundenlohn. Aber trotzdem schwenkt der Gustav bald darauf schon wieder seine Pfanne, im Goldbach bei Bamberg. Die genauen Fundstellen, die verrät natürlich niemand, das ist wie bei den Schwammerlplätzen. Aber gemunkelt wird: Die besten Plätze gibt's im Allgäu,

Salzach bei Burghausen

in der Wertach oder im Lech! Nein, nein, die Mangfall, die ist goldträchtig! Noch besser sind die Bäche, die aus dem Granit des Bayerischen Walds kommen! Sogar vom fränkischen Brombachsee wurde ein Goldfund gemeldet. Sofort wurde das Ufer gesperrt, um den Andrang zu kanalisieren – und man musste schon genau hinschauen, um über dem Bericht der Lokalzeitung ein verdächtiges Datum zu entdecken: 1. April. Ja mei, suchen kann man das Gold überall. Und immer gilt dabei die alte Goldgräberweisheit: »Gold ist da, wo man es findet.« Viel Glück, oder wie die Goldsucher sich zurufen: »Immer eine volle Pfanne!« ♦ ♦ ♦ ♦

Goldene Zeiten

Geologen gehen davon aus, dass in Bayern noch 50 Tonnen Gold auf Entdecker warten. Vieles davon als Flinserl in unseren Gewässern. Wer denen nicht mühsam mit einer Waschpfanne nachspüren will, kann es ja mit einer Methode aus dem Kaukasus versuchen: Der Schriftsteller Appian beschrieb sie im 2. Jahrhundert n. Chr.: »Die einheimischen Bewohner halten dichtwollige Schafsfelle ins Wasser, in denen sich der Goldsand fängt.« So ist sie entstanden, die Sage vom Goldenen Vlies!

ON TOUR

Einmal Bayern 1 live erleben

Die »Bayern 1 Wohnzimmertour« mit Claudia Koreck

ayern 1 kommt normalerweise ja aus dem Radio. Doch hin und wieder packt uns die Reiselust, und wir touren kreuz und quer durch Bayern. Es ist also nicht besonders schwer, uns zu treffen. Ob der große Wettkampf der Städte und Gemeinden »Bayerns beste Bayern«, ob das bunte Familienfest »Bayern 1 Sommerreise«, ob die Privatkonzerte der »Bayern 1 Wohnzimmertour« oder eine andere Aktion – jedes Jahr gibt es zahlreiche Gelegenheiten, Bayern 1 und seine Macher live zu erleben. Wo wir wann sind, das erfahren Sie wiederum übers Radio. Also einfach einschalten! ♦

Goldene Zeiten

Bayern 1 ist einer der beliebtesten Radiosender Deutschlands. Das Programm bietet internationale Oldies, die größten Hits der Musikgeschichte und aktuellen Softpop. Und – es hat bestens informierte Hörer. Sie lieferten 2 x 99 Sachen, die ein Bayer machen muss!

Alle Sendefrequenzen und weitere Informationen finden Sie natürlich auch unter:
→ *www.bayern1.de*

SACHEN, DIE ICH GEMACHT HABE (BAND 1)

	Stichwort	Seite	Wann?	Mit wem?	Meine Anmerkung	✔
01	Zugspitze	10				○
02	Kult-Fernsehserien	12				○
03	Nürnberger Christkind	14				○
04	Kuh melken	16				○
05	Brandner Kaspar	18				○
06	Spider Murphy Gang	20				○
07	Tracht	22				○
08	Königsschlösser	26				○
09	Schafkopfen	30				○
10	Monte Kaolino	32				○
11	Rieskrater Nördlingen	34				○
12	Mundart-Call	36				○
13	Bavaria	38				○
14	Bierfassl anzapfen	40				○
15	Edelweiß	42				○
16	Maibaumstehlen	44				○
17	Passionsspiele	46				○
18	Schichtl	50				○
19	Augsburger Puppenkiste	52				○
20	Echo am Königssee	54				○
21	Passau	56				○
22	Steinerne Brücke	58				○
23	Kässpätzle	60				○
24	Wolpertinger	62				○
25	Mia zwoa halt'n zamm	64				○
26	Volkstanz	66				○

	Stichwort	Seite	Wann?	Mit wem?	Meine Anmerkung	✔
53	Weiße Rose	122				○
54	Walberla	126				○
55	Club gegen Bayern	128				○
56	Durch die Hölle gehen	130				○
57	Mödlareuth	132				○
58	BMW Welt oder Audi Forum	134				○
59	Bayerns Gewässer	136				○
60	Fränkische Weinprobe	138				○
61	Salzbergwerk Berchtesgaden	142				○
62	Weihnachtsdorf Rothenburg	144				○
63	Postkutsche	146				○
64	Bohrloch Windischeschenbach	150				○
65	Schützenkönig	152				○
66	Wirtshaus im Spessart	154				○
67	Allgäuer Alpabtrieb	156				○
68	Leuchtturm	158				○
69	Albrecht Dürer	160				○
70	Fastnacht in Franken	164				○
71	Mühlhiasl	166				○
72	Bayerische Klassiker	168				○
73	Haindling	172				○
74	Blauer Reiter	174				○
75	Biergarten-Brotzeit	176				○

	Stichwort	Seite	Wann?	Mit wem?	Meine Anmerkung	✔
76	Gerhard Polt'ern	180				○
77	Spargel	182				○
78	Münchner Olympia Stadion	184				○
79	Schäfflertanz	186				○
80	Rossmarkt in Oberstimm	188				○
81	Kesselberg	190				○
82	Kandahar	192				○
83	Armdrücken	194				○
84	Der Letzte seines Standes	196				○
85	Waller	198				○
86	Bayerischer Landtag	202				○
87	Live-Sendung	204				○
88	Skiflugschanze Oberstdorf	206				○
89	Felsenlabyrinth Luisenburg	208				○
90	Isar-Floßfahrt	210				○
91	Eisbachsurfer	212				○
92	Jazzwoche Burghausen	214				○
93	Flohmarkt	216				○
94	Sternekoch	218				○
95	Braut entführen	222				○
96	Dackel	224				○
97	Bamberger Rauchbier	226				○
98	Lebkuchenherz	228				○
99	Bayernhymne	230				○

SACHEN, DIE ICH GEMACHT HABE (BAND 2)

	Stichwort	Seite	Wann?	Mit wem?	Meine Anmerkung	✓
01	eigenes Bier	10				○
02	Naturphänomen	12				○
03	Glasbläser	14				○
04	Schuhplattln	16				○
05	Knöcherlsulz	20				○
06	Schloss Harburg	22				○
07	Knabenchor	24				○
08	Sternstunden	26				○
09	Radi	28				○
10	Wittelsbacher	30				○
11	Bauerntheater	32				○
12	schiefer Turm	36				○
13	Sportart	38				○
14	Sonnenuntergang	40				○
15	siaßen Senf	42				○
16	Fuggerei	44				○
17	fünfte Jahreszeit	46				○
18	Winterzahnstocher	48				○
19	mit dem Kanu auf der Donau	50				○
20	Wurstkessel	52				○
21	Freilichtmuseum	54				○
22	heiße Kufe	56				○
23	nackert im Englischen Garten	58				○
24	Hau-den-Lukas	60				○
25	neue bayerische Musik live	62				○
26	Biathleten	64				○

	Stichwort	Seite	Wann?	Mit wem?	Meine Anmerkung ✔	
27	Asamkirche	66				○
28	Genius huldigen	70				○
29	Neujahrsspringen	72				○
30	Dreisesselberg	74				○
31	durch Bayern radeln	76				○
32	Musikinstrument	78				○
33	Allianz Arena	80				○
34	fränkischer Osterbrunnen	82				○
35	Waldfest	84				○
36	Nationalpark	86				○
37	Jodeln	88				○
38	Pichelsteiner	90				○
39	Main entlang wandern	92				○
40	Aschaffenburger Carillon	96				○
41	Songs an einem Sommerabend	98				○
42	ältestem Baum	100				○
43	sicherster Platz der Welt	102				○
44	Dampf ablassen	104				○
45	Perchten	106				○
46	Glücksbringer	108				○
47	Sisis Spuren	110				○
48	Bayerns Innerstes	114				○
49	Fischerstechen	116				○
50	Prinzregenten	118				○
51	Treidelschiff	120				○
52	Leonhardi	122				○

	Stichwort	Seite	Wann?	Mit wem?	Meine Anmerkung	✔
53	Urbayern in Manching	126				○
54	Klassik	128				○
55	Sterne	130				○
56	Frankenstein	132				○
57	Drachen	134				○
58	gegen den Strom schwimmen	136				○
59	Rottaler	138				○
60	beim Wattn ozoang	140				○
61	Schweinsbraten oder Schäuferla	142				○
62	Kaspar Hauser	144				○
63	lieben Gott hinters Licht führen	146				○
64	Pfalz	150				○
65	Rubensfrau	152				○
66	Käse	154				○
67	Huchen	156				○
68	Italien in Bayern entdecken	158				○
69	Silvaner	160				○
70	Falke	162				○
71	Kren	164				○
72	Tegelberg	166				○
73	Kluftinger	168				○
74	Kraut stampfen	170				○
75	Chinesenfasching	172				○

	Stichwort	Seite	Wann?	Mit wem?	Meine Anmerkung	✓
76	Tschüss sagen	174				○
77	abhängen	176				○
78	Gletscherspalte	178				○
79	Filmluft	180				○
80	Bamberger Hörnla	182				○
81	Chanukka	184				○
82	Walchenseekraftwerk	186				○
83	Brezn drehn	188				○
84	Gillamoos	190				○
85	Zirbelstube	192				○
86	grüner Daumen	194				○
87	Schneewittchen	196				○
88	Kraft der Kräuter	198				○
89	Nudel dampfen lassen	200				○
90	Nachtwächter	202				○
91	Bauklötze staunen	204				○
92	Wechselbad der Gefühle	206				○
93	Eishockey	208				○
94	Kloster	210				○
95	Hirsch	212				○
96	Teller aus Weiden	214				○
97	Schwarzes Moor	216				○
98	Gold schürfen	218				○
99	Bayern 1 live	220				○

BILDNACHWEIS

Vorwortfoto: BR / Ulrike Kreutzer
01 Fotolia / Africa Studio; Bier-Spass / Rolf H. H. Becker / Andreas Heiß; Fotolia / margo555
02 Tourist-Information Bischofswiesen; Gerhard Laußer / www.bayernreise.eu
Bayerisches Landesamt für Umwelt / Georg Loth; Heidi Sanz / www.sanzfoto.de
03 Tourismusverband Ostbayern e.V. / Stephan Moder; JOSKA Glasparadies in Bodenmais
04 Anja Bach Fotografie (2) / Trachtenverein-Diessen
05 VLG
06 Gemeinnützige Fürst zu Oettingen – Wallerstein Kulturstiftung (2)
07 Tölzer Knabenchor / Jan Roeder; www.domspatzen.de
08 MEV (3); Grundschule Wettstetten; FC Sternstunden; Sternstunden; Blues Brothers
Revival Band Erlangen; KJE Garmisch-Partenkirchen; Versicherungskammer Bayern;
Stiftung Bunter Kreis Augsburg
09 Fotolia / xiaoliangge
10 Wikipedia; Benediktinerabtei zum Hl. Kreuz Scheyern (2)
11 Volksbühne Neubiberg-Ottobrunn e.V. 1948; Ursula Gloor / Schlierseer Bauerntheater e.V.; VLG
12 B. Stiegel / Pfarrkirche St. Stephan
13 Fingerhaklerverein Pflugdorf-Stadl / Sonja Bertl
14 Chiemsee-Alpenland Tourismus
15 Fotolia / Rob Stark; Develey Senf & Feinkost GmbH
16 Medien- und Kommunikationsamt der Stadt Augsburg (2)
17 Sebastian Hemmer / www.Bier-Universum.de (10);
Markus Raupach / www.bierakademie.net, Fotolia / asmakar
18 Valentin-Karlstadt-Musäum
19 Piratenherberge Jack Rattle / Artphotography Frank Luger
20 Fotolia / photocrew; Fotolia / Mocoloco
21 Archiv FLM Glentleiten (2)
22 Martin Siepmann, Geretsried; Angus Spelthahn (2)
23 picture-alliance / Sueddeutsche Zeitung Photo
24 picture-alliance / dpa
25 Rolf Krahl; Lena Semmelroggen (Koreck)
26 Ruhpolding Tourismus GmbH (2)
27 Wikipedia / M. Schönitzer; Fotolia / ArTo; Ingolstadt Tourismus und Kongress GmbH / Tanja Kraus (2)
28 Wikipedia / Richard Huber
29 Skiclub Partenkirchen; GEPA pictures; Wikipedia / Yaxxor
30 Touristinfo Neureichenau (3)
31 Bayerisches Wirtschaftsministerium, Projekt Bayernnetz für Radler / Fotos: Erik Doffek (2)
32 Fotolia / Comugnero Silvana; Fotolia / Anselm Baumgart
33 VLG; imago / Sven Simon
34 Touristinformation Muggendorf; Heimatverein Club 22 Bieberbach
35 Chronik 100 Jahre Gebirgstrachtenerhaltungsverein D´Hirschbergler Reitrain;
Jugendgruppe Hirschbergler
36 Fotolia / byrdyak; Nationalpark Berchtesgarden
37 photocase / time.
38 Pichelsteinerfest / Martin Vanek (2)
39 TZ Fichtelgebirge / F. Thriemer (2); Fotolia / gallas; Tourismus Wertheim GmbH;
Fotolia (11); MEV (7), VLG
40 Stadt Aschaffenburg
41 Kur & Tourismus Service Bad Staffelstein
42 Gästeinfo Balderschwang; Wikipedia / Rainer Lippert
43 Deutsches Museum / S. Wameser
44 Bayerisches Eisenbahnmuseum / Holger Graf
45 Bad Birnbach Perchten / Kurverwaltung
46 Siegfried Kerpf / Stadt Augsburg; Simone Riefke
47 Tourismusverband Starnberger Fünf-Seen-Land (2); Wikipedia / F. X. Winterhalter; Stadt Aichach
48 Tourismusbüro Pottenstein
49 Sandkerwa / Archiv Bürgerverein 4. Distrikt

50 Marzipanfigur „Luitpold": Marzipan & Trüffel Konditorei Bernd Lembach –
    www.marzipan-trueffel.de
51 Gemeinde Burgthann (2)
52 Martin Siepmann, Geretsried (3)
53 Museum Manching / Wolfgang David
55 Fotolia / JohanSwanepoel; DLR
56 Ingolstadt erleben (2)
57 Fred Wutz, Furth im Wald
58 istockphoto / mcseem; Stadt Neuburg, Donau
59 Evi Schmidhuber, Hebertsfelden
60 Josef Straßer
61 Fotolia / Eric Isselée; www.schaeufle.de
62 Wikipedia / J. G. Laminit; Stadt Ansbach / J. Albright
63 Fotolia / Richard Oechsner; istockphoto / Ladida; Klosterbräuhaus Ursberg / Herr Frei
64 GDKE Rheinland-Pfalz; Landesmedienzentrum Ba.-Wü.
65 Alte Pinakothek, München / Peter P. Rubens & Isabella Brant
66 Georg Gründl / Käseschule Allgäu
67 Archiv FISCH & FANG
68 Fotolia / Martin Kloss
69 Martin Siepmann, Geretsried; Fotolia / Visions-AD
70 Fotolia / Fabio Lotti
71 Schamel Meerrettich (3)
72 Tourist Information Schwangau
73 Kluftinger / Helmut Henkensiefken
74 B. Neumann / Burschenverein Flossenbürg; Fotolia / W. Heiber Fotostudio
75 Tourist-Information Dietfurt a.d. Altmühl
76 Fotolia / Kitty
77 Alexander Huber
78 Photocase / aussi97; Wilfried Hagg, www.bayerische-gletscher.de
79 Fotolia / ferkelraggae; Bavaria Film (4); Bavaria Filmstadt 2009; www.movienetfilm.de
80 H. Kaiser / www.erlebnisernte.de
81 München Tourismus / R. Haas; Daniel von Loeper, München
82 E.ON Kraftwerke GmbH (2)
83 Fotolia / Jürgen Fälchle / ikonoklast_hh; Wikipedia / Standardizer
    Breznreiter Asamkirche Deckenfresko
84 Stadt Abensberg (2) / Carolin Bayerlein / Fotografie Marco Holzhäuser
85 Bayerische Staatskanzlei; Fotolia / Coloreye
86 Adolf Bruckbauer, Obst- und Gartenbauverein Thierhaupten;
    Gemeinde Sommerach
87 Wikipedia / Ofterdinger / Manfred Scherer
88 Wikipedia / Cholo Aleman; istockphoto / BasieB; Penninger Bärwurz
89 Fotolia / TwilightArtPictures; Uwe Moosburger (2)
90 Hans Georg Baumgartner
91 LEGOLAND® Deutschland; www.freizeitlandgeiselwind.de
92 Fotolia / Ewald Fröch
93 Stefan Riedl Fotografie; Fotolia / piai
94 Weltenburger Klosterbetriebe GmbH / Dr. Stefan Satzl;
    Dr. Wilfried Bahnmüller, Geretsried-Gelting
95 Deutsche Wildtier Stiftung / T. Martin (2)
96 www.porzellanikon.org
97 Fotolia / Eugenijus Marozas; Museumsverein Torfbahnhof Rottau e.V.;
    www.rhoentourist.de
98 Münzarchiv, Kolbermoor / Bayern; Kilian Fleißner / Jugendrotkreuz Tüßling
99 BR / Markus Konvalin

Das Literaturverzeichnis finden Sie auf ➜ *www.vlg.de*